Jan Seifert

**Preismodellierung und Derivatebewertung im Strommarkt –
Theorie und Empirie**

Preismodellierung und Derivatebewertung im Strommarkt – Theorie und Empirie

von
Jan Seifert

Dissertation, Universität Karlsruhe (TH)
Fakultät für Wirtschaftswissenschaften,
Tag der mündlichen Prüfung: 26.02.2009
Referenten: Prof. Dr. Marliese Uhrig-Homburg, Prof. Dr. Karl-Heinz Waldmann

Impressum

Karlsruher Institut für Technologie (KIT)
KIT Scientific Publishing
Straße am Forum 2
D-76131 Karlsruhe
www.ksp.kit.edu

KIT – Universität des Landes Baden-Württemberg und nationales
Forschungszentrum in der Helmholtz-Gemeinschaft

KIT Scientific Publishing 2010
Print on Demand

ISBN 978-3-86644-517-8

Danksagung

Die vorliegende Arbeit entstand während meiner Zeit als wissenschaftlicher Mitarbeiter am Lehrstuhl für Financial Engineering und Derivate an der Universität Karlsruhe (TH). Dies ermöglicht wurde mir von meiner Doktormutter Frau Prof. Dr. Uhrig-Homburg, der mein besonderer Dank gilt. Frau Prof. Dr. Uhrig-Homburg stand mir während meiner gesamten Zeit am Lehrstuhl immer helfend und fördernd zur Seite und hat mich durch Ihre aufgeschlossene, hinterfragende und anspruchsvolle Art immer wieder angespornt und motiviert.

Weiter möchte ich auch meinen Kollegen am Lehrstuhl, Michael, Michael, Stefan, Thorsten, Timo, Nils, Sorana, Regina, Yalin und Gudrun danken. Ihr hattet für meine Fragen und Probleme immer ein offenes Ohr und habt mir in vielfältiger Weise geholfen die Arbeit immer weiter voranzubringen.

Mein ganz spezieller Dank gilt meiner Frau Helene Schelle-Seifert. Ohne Deine Rücksicht, Aufmunterung und Unterstützung hätte ich diese Arbeit nicht vollenden können. Du, Finn und Bastian haben mir auch in anstrengenden und fordernden Zeiten immer wieder ein Lächeln und Kraft gegeben.

Danken möchte ich auch meinen Eltern, ohne deren Hilfe und Rückhalt ich nicht so weit gekommen wäre.

Jan Seifert

Inhaltsverzeichnis

Abbildungsverzeichnis

Tabellenverzeichnis

Symbolverzeichnis

$\mathbf{1}_{(.)}(t)$	Indikatorfunktion
a^C, a^G	Effizienzgrad der Stromerzeugung aus Steinkohle (C) und Gas (G)
A	Menge von Konstanten
$A^i, A^i_{j,k}$	Ausübungswert des Pfades i
b, b^j	Konstante zur Beschreibung des Brückentagsniveaus
b^C, b^G	Emissionsfaktor von Steinkohle (C) und Gas (G)
c	Konstante zur Beschreibung des Weihnachtsniveaus
$c_{(.)}$	Tagesabhängige Konstante zur Beschreibung des Weihnachtsniveaus
$C^A_t(T, K)$	Wert einer amerikanischen Call Option
$C^E_t(T, K)$	Wert einer europäischen Call Option
$C^S_t(T, K, R, \overline{t})$	Wert einer Swing Option mit Kaufrechten
$C^T_t(T_0, K)$	Wert einer Call Option auf einen Terminkontrakt
co	Konstante zur Beschreibung des Preiseinflusses der Emissionszertifikate
CO_t	Preis eines CO_2 Emissionszertifikats
CO^i_t	Preis eines CO_2 Emissionszertifikats der i-ten Handelsperiode
d	Konstante zur Beschreibung des Wochenniveaus
$d_{(.)}, d^j_{(.)}$	Konstante zur Beschreibung von Tagesniveaus
D_t, D^{CO}_t	deterministische Komponente
f, f^j	Konstante zur Beschreibung des Feiertagsniveaus bzw. des Wochenend- und Feiertagsniveaus
$f(t, \overline{Y}_t, v_t)$	Merit Order Funktion
$f_t(T)$	Wert eines derivativen Instruments zum Zeitpunkt t mit Laufzeit T

μ, μ_{CO^i}	Driftkomponente
$\mu_\xi, \mu_\xi^u, \mu_\xi^d, \mu_\xi^{CO^i}$	Mittelwert der Sprungverteilung
ν_S, ν_L	Langfristiges Mittel der Kurzfrist- (S) und Langfristkomponente (L)
$\nu_{S_{z_t}}$	Langfristiges Mittel der Kurzfristkomponente in Regime z_t
ν_{σ_S}	Langfristiges Mittel des Volatilitätsprozesses
ν_h, ν_h^i	Langfristiges Mittel der Sprungintensität
$\xi_t, \xi_t^i, \xi_t^{CO^i}$	Verteilung der Sprunghöhe zum Zeitpunkt t
$\xi_h, \xi_h^{i,j}$	Sprunghöhe der Sprungintensität
ρ	Korrelationskoeffizient
$\sigma_S, \sigma_M, \sigma_L$	Volatilität der Kurzfrist- (S), Mittelfrist- (M) und Langfristkomponente (L)
$\sigma_{S_{z_t}}$	Volatilität der Kurzfristkomponente in Regime z_t
σ_{CO^i}	Volatilität der CO_2 Komponente
$\sigma_S(t)$	Volatilitätsprozess
$\sigma_i(t, T)$	Zeitabhängige Volatilität des i-ten Faktors der Terminpreisdynamik
$\sigma_S(T_i)$	Vom Lieferzeitpunkt abhängiger Volatilitätsparameter
σ_{σ_S}	Volatilität des Volatilitätsprozesses
$\sigma_t(T_1, T_2)$	Volatilitätsstruktur des Terminkontraktes
$\sigma_t(F^{P_{CO}}(T_1, T_2))$	Volatilitätsstruktur des Terminkontraktes unter Berücksichtigung der CO_2 Kosten
$\sigma_t^{F_{T_0}(T_1, T_2)}$	Am Markt beobachtete Black-Volatilität
$\sigma_\xi, \sigma_\xi^u, \sigma_\xi^d, \sigma_\xi^{CO^i}$	Standardabweichung der Sprungverteilung
$\overline{\sigma}_t(F_{T_0}(T_1, T_2))$	Annualisierte modellimplizierte Volatilitätsstruktur
τ	Konstante zur Beschreibung des Verlaufs der jährlichen Saisonalität
τ_J	Lebensdauer eines Sprungs
χ	Konstante zur Beschreibung der Terminvolatlität
ω_j, ω_j^i	Regressionskonstanten

Kapitel 1

Einleitung

Die Strommärkte haben sich seit ihrer Liberalisierung in vielen Ländern der Welt enorm weiterentwickelt. Seitdem sind die Handelsvolumina an den Spot- und Terminmärkten für Stromprodukte stark angestiegen und die Zahl der Handelsteilnehmer hat sich deutlich erhöht. Aber auch die Anzahl und Komplexität gehandelter Stromderivate ist der Entwicklung der Märkte gefolgt. So werden immer mehr und stärker strukturierte Optionalitäten zwischen den Marktteilnehmern gehandelt.

Basierend auf den Entwicklungen im Stromhandel gab es in den letzten Jahren in den Bereichen des Risikomanagements und der Bewertungstheorie von Derivaten auf Stromprodukte einige Fortschritte. Dabei wurden Modelle zur Beschreibung der Preisdynamik, welche aus verwandten Märkten wie dem Ölmarkt bekannt und bereits länger im Einsatz sind, für den Strommarkt adaptiert und in Bereichen der Saisonalitäts- und der Sprungmodellierung grundlegend erweitert. Die volle Komplexität von Strommärkten, welche in den besonderen Eigenschaften von Strom wie z.B. der sehr eingeschränkten Lagerbarkeit oder der Notwendigkeit eines Gleichgewichts zwischen Angebot und Nachfrage begründet liegt, wurde jedoch noch nicht erfasst. So kann die Verwendung von derzeit verbreiteten Verfahren zur deutlichen Fehleinschätzung bestehender Risiken und zur Fehlbewertung vorhandener Optionalitäten führen. Dabei zeigt sich, dass vor allem Optionalitäten mit hohen Strikes betroffen sind, welche unter anderem in hoher Anzahl als Realoptionen sowohl bei Stromerzeugern als auch bei Industrieunternehmen existieren.

Die vorliegende Arbeit beschäftigt sich mit der Modellierung der Dynamik des Strompreises. Dabei sollen bisher noch nicht erfasste Eigenschaften der Strompreisdynamik ausführlich diskutiert und analysiert werden. Ausgehend von bereits existierenden Modellierungsansätzen

werden eigene Erweiterungen verwendet, um die Besonderheiten der Strompreisdynamik wie
z.B. das Auftreten extremer Preissprünge zu erfassen. Um konkrete Aussagen über die Güte
dieser Preismodelle zu treffen, werden die jeweiligen Modellparameter mittels Markov Chain
Monte Carlo (MCMC) Methoden anhand verfügbarer Strompreisinformationen der EEX geschätzt. Basierend auf den Schätzergebnissen wird mit Hilfe von trajektoriellen sowie statistischen Tests die Güte der Modelle bestimmt. Weiter werden Verfahren entwickelt, mit denen
die Modelle konsistent zu Preisinformationen börslich gehandelter Derivate gestaltet werden.
Um das verbleibende Modellrisiko bei der Bewertung weiterer nicht börslich gehandelter Optionalitäten zu bestimmen, werden umfangreiche Bewertungsreihen durchgeführt. So werden
entscheidende Erkenntnisse gewonnen und es gelingt ein für den Strommarkt adäquates Risikomanagement zu ermöglichen und die Bewertungsunsicherheit auch komplexer Optionalitäten
zu quantifizieren.

Ein weiterer in der Literatur bisher noch nicht betrachteter Aspekt sind die Auswirkungen der
Einführung des CO_2 Emissionszertifikatehandels auf die Strompreisdynamik. Während der Einfluss auf das Strompreisniveau bereits vielfach diskutiert wurde, sind die Einflüsse für die Volatilität und Schwankungsbreite des Strompreises bisher vernachlässigt worden. Um die Folgen
für das Risikomanagement sowie die Bewertung von Optionalitäten zu verstehen und diese
geeignet abbilden zu können, werden die Zusammenhänge von CO_2 Markt und Strommarkt
dahingehend untersucht. Dazu wird ein Strompreismodell unter Berücksichtigung einer CO_2
Preiskomponente eingeführt, welches die Grundlage für ausführliche Analysen über mögliche
Auswirkungen auf die Derivatebewertung im Strommarkt bildet.

Somit stellen sich insbesondere für die Modellierung der Strompreisdynamik und die Bewertung von Derivaten im Strommarkt entscheidende Fragen:

- *Wie findet eine geeignete Modellierung der Strompreisdynamik statt?*

- *Welche Marktinformationen können und sollten bei der Modellierung und Bewertung berücksichtigt werden?*

- *Für welche Optionalitäten ist eine adäquate Bewertung am bedeutendsten?*

- *Wie groß ist das mit der Modellwahl verbundene Modellrisiko bei der Bewertung dieser
  Optionalitäten?*

- *Welche Auswirkungen hat die Einführung des Emissionszertifikatehandels auf die Bewertung von Stromderivaten?*

Ziel der vorliegenden Arbeit ist es, auf diese Fragen Antworten zu finden. Dazu ist die Arbeit wie folgt strukturiert. In Kapitel 2 wird eine Einführung in die Grundlagen des Strommarktes gegeben. Dazu werden die fundamentalen Preisfaktoren, welche den Strompreis beeinflussen, diskutiert und der Spotmarkt sowie die Derivatemärkte vorgestellt. Hiermit können die aufgeführten Modellierungs- und Bewertungsfragen konkretisiert werden. Um auf diese eingehen zu können, werden in Kapitel 3 die Grundlagen der Strompreismodellierung anhand der bestehenden Literatur zu diesem Thema vorgestellt und in einen allgemeinen Modellierungsrahmen überführt. Dieser allgemeine Rahmen wird in Kapitel 4 mit einem Grundmodell konkretisiert, welches für die weiteren Untersuchungen und Erweiterungen als Ausgangspunkt dient. Um die Modellparameter zu schätzen, wird die in dieser Arbeit herangezogene Datengrundlage vorgestellt und die MCMC Methode als Schätzverfahren eingeführt. Weiter wird das Grundmodell in das äquivalente Martingalmaß überführt und konsistent zu börslich gehandelten Derivaten gestaltet. Kapitel 5 fuhrt die Bewertungsverfahren für die zur Quantifizierung des Modellrisikos herangezogenen Derivate ein. Kernpunkte dieser Arbeit sind die Kapitel 6 und 7, welche Modellerweiterung des Grundmodells einführen und den Einfluss des CO_2 Emissionszertifikatehandels untersuchen. Dabei werden das Modellrisiko sowie Folgerungen für das Risikomanagement ausführlich diskutiert. Kapitel 8 schließt diese Arbeit mit einer Zusammenfassung der Ergebnisse und einem Ausblick ab.

Kapitel 2

Der Strommarkt

Um Antworten auf die in der Einleitung gestellten Fragen zu erhalten, ist es von großer Bedeutung, die Strukturen und Besonderheiten des Strommarktes zu verstehen. Zuerst soll dazu auf die fundamentalen Preisfaktoren am Strommarkt eingegangen werden. Diese sind vor allem für die Modellierung des Strompreises relevant, da viele Charakteristika der Strompreisdynamik hierauf basieren. Dabei sind besonders die Nachfrage- sowie die Angebotsstruktur des Marktes von zentraler Bedeutung, welche hinsichtlich ihres Einflusses auf die Preisbildung ausführlich diskutiert werden sollen. Hiermit können erste Folgerungen für mögliche Modellierungsansätze und darin notwendige Modellkomponenten getroffen werden. Daran anschließend wird mit den am Strommarkt gehandelten Spotkontrakten die zu modellierende Größe vorgestellt. Zu beachten ist dabei, dass sich der Spotmarkt für Strom entscheidend von den Spotmärkten für sonstige Waren oder Wertpapiere unterscheidet, was weitreichende Folgen auf die Modellierungs- sowie Bewertungsverfahren hat. Neben den Spotkontrakten werden weiter die am Strommarkt gehandelten Derivate sowie bei Marktteilnehmern vorhandene Realoptionen vorgestellt. Anhand dieser kann zum einen ein Überblick über die börslich verfügbaren Preisinformationen erlangt werden. Zum anderen zeigt sich anhand der großen Anzahl nicht börslich gehandelter Optionalitäten die Bedeutung der Optionsbewertung im Strommarkt, welche auf Grund der Liberalisierung der Märkte und der damit aufgekommenen Preisvolatilität immer stärker in den Fokus der Marktteilnehmer gerückt ist.

2.1 Fundamentale Preisfaktoren im Strommarkt

Wie findet eine geeignete Modellierung der Strompreisdynamik statt?

Viele Aspekte der Preisbildung im Strommarkt basieren auf den technischen Grundlagen der Stromerzeugung. Somit ist die Frage nach der Modellierung der Strompreisdynamik eng verknüpft mit den fundamentalen Eigenschaften der Strommärkte. Um diese Zusammenhänge zu verdeutlichen, sollen im Folgenden die wichtigsten Faktoren, welche die Preisbildung beeinflussen, erläutert werden. Hiermit lassen sich erste Aussagen über mögliche Modellierungsansätze der Preisdynamik sowie erforderliche Modellkomponenten treffen.

Die bedeutendste Eigenschaft von Strom ist die kaum vorhandene Lagerfähigkeit. Eine Lagerung von Strom und damit eine Verfügbarkeit von bereits erzeugtem Strom zu einem späteren Zeitpunkt ist nur in sehr begrenztem Maße z.b. durch Pumpspeicherkraftwerke möglich. Während in Ländern wie der Schweiz mit bedeutendem Kapazitätsanteil von Pumpspeicherkraftwerken diese noch als preisbeeinflussender Faktor mit glättendem Einfluss auf den Preisverlauf angesehen werden können, ist die Kapazität von Speichermöglichkeiten in Deutschland vernachlässigbar klein. Dieses, kombiniert mit einer nur begrenzten länderübergreifenden Übertragungsfähigkeit von Strom,[1] begründet das Erfordernis eines ausgeglichenen Verhältnisses von Stromnachfrage und Stromerzeugung zu jedem Zeitpunkt. Die Struktur der Stromnachfrage und die Möglichkeit der Stromerzeugung eines Landes sind also die entscheidenden Faktoren, welche die Preisbildung im Strommarkt grundlegend bestimmen.

2.1.1 Die Nachfragestruktur im Strommarkt

Der Strommarkt zeichnet sich durch eine sehr preisunelastische Nachfrage aus. Die meisten Endkunden beziehen Strom vertraglich zu einem festen Preis pro MWh Strom und sind nicht direkt von den kurzfristigen Preisschwankungen im Großhandel betroffen. Daher reagiert die Nachfrage nur sehr unelastisch auch auf starke Preisschwankungen.

Hauptsächliche Einflussfaktoren auf die Stromnachfrage sind dagegen das Wetter sowie die Tages- und Jahreszeit, welche sowohl unsichere als auch vorhersagbare Einflüsse auf die Strompreisnachfrage haben. Dabei kann bei den vorhersagbaren Einflüssen zwischen einer täglichen,

---

[1]Die begrenzte Übertragungsfähigkeit resultiert aus Übertragungsverlusten über längere Strecken im Hochspannungsnetz als auch in begrenzten länderübergreifenden Leitungskapazitäten.

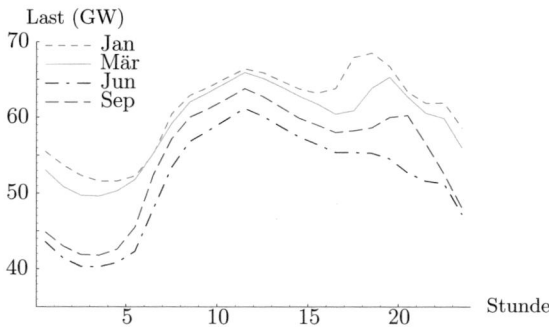

Abbildung 2.1: Die Abbildung zeigt die durchschnittliche tägliche deutsche Lastkurve für die Monate Januar, März, Juni und September des Jahres 2006. Quelle: UCTE Online-Statistiken.

wöchentlichen und jährlichen Struktur in der Nachfrage unterschieden werden. Abbildung 2.1 zeigt die durchschnittliche tägliche deutsche Lastkurve in GW für die Monate Januar, März, Juni und September des Jahres 2006. Deutlich zu erkennen ist die grundlegende tägliche Struktur mit höherer Nachfrage während des Tages, welche auf der über den Tag erhöhten industriellen und privaten Stromnachfrage beruht. Während diese Ausprägung in allen Jahreszeiten gegeben ist, ergeben sich Unterschiede in der feineren Struktur. So ist in den Wintermonaten eine nochmals erhöhte Nachfrage ab 17:00 Uhr mit Eintritt der Dunkelheit zu sehen, die sich mit längerem Tagesverlauf im Frühjahr und Herbst mit schwächerem Grad in die späteren Stunden verschiebt und in den Sommermonaten nicht mehr zu erkennen ist. Die tägliche Nachfragestruktur weist demnach Nachfragespitzen um die Mittagszeit und in den Wintermonaten zusätzlich um die frühen Abendstunden auf bei deutlich geringerer Nachfrage in der Nacht.

Weiter ist diese tägliche Nachfragestruktur abhängig vom Wochentag. Abbildung 2.2 zeigt die Lastkurve eines Werktags, Samstags und Sonntags im Januar sowie Juni. Gut zu erkennen ist die auf der industriellen Nachfrage begründete höhere Stromnachfrage an Werktagen, wobei an den Wochenenden die Nachfrage vor allem tagsüber deutlich geringer ist. Die wöchentliche Struktur zeichnet sich somit durch eine höhere Nachfrage an Werktagen bei leicht niedrigerer Nachfrage an Samstagen und deutlich niedrigerer Nachfrage an Sonntagen aus. Zu berücksichtigen sind weiterhin noch Feiertage, die zu vergleichbaren Nachfrageeffekten wie Wochenenden führen.

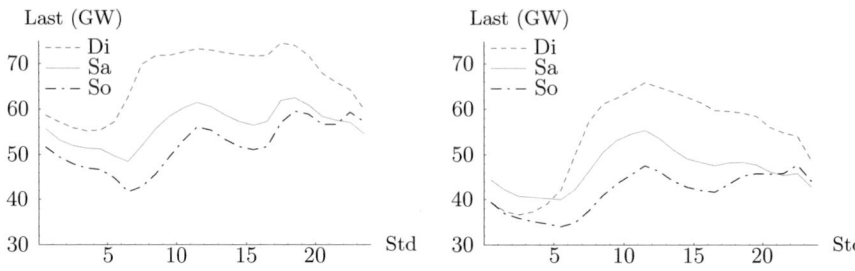

Abbildung 2.2: Die Abbildung zeigt exemplarisch die deutsche Lastkurve eines Werktags, Samstags und Sonntags im Januar (links) sowie Juni (rechts). Quelle: UCTE Online-Statistiken.

Überlagert wird dies von einer jährlichen Nachfragestruktur. Wie in den Abbildungen 2.1 und 2.2 ersichtlich, zeichnet sich die Struktur durch eine hohe Nachfrage in den kalten Wintermonaten, eine niedrige Nachfrage in den Jahreszeiten Frühjahr und Herbst sowie eine leicht erhöhte Nachfrage in den Sommermonaten aus. Dabei resultiert die hohe Nachfrage im Winter aus einem erhöhten Heizbedarf und im Sommer aus einem verstärkten Einsatz von Klimaanlagen, wobei vor allem extreme Temperaturen zu einem starken Anstieg der Stromnachfrage führen. Diese treten in den Jahreszeiten Frühling und Herbst in geringerem Maße auf.

Insgesamt ergibt sich eine in vielfältiger Weise von deterministischen Faktoren abhängige Nachfrage. Kombiniert mit der kaum vorhandenen Elastizität der Nachfrage bezüglich des Preises lässt sich folgern, dass die beschriebenen deterministischen Faktoren auch in der Strompreisentwicklung zu finden sind. Damit folgt für die Strompreismodellierung die Notwendigkeit, eine *deterministische Komponente* zu berücksichtigen, welche die beschriebenen Eigenschaften einer *täglichen*, *wöchentlichen* und *jährlichen Saisonalität* sowie mögliche *weitere Effekte* wie z.B. den Feiertagseffekt berücksichtigt. Das Ausmaß des deterministischen Einflusses und der nicht vorhersagbaren Nachfrageschwankungen auf den Preis ist dabei abhängig von der Angebotsseite, welche flexibel auf die deterministischen Nachfrageschwankungen reagieren muss. Diese ist vor allem durch den Kraftwerkspark charakterisiert.

Kraftwerkstyp	Kapazität in GW (%)	Erzeugung in TWh (%)
Braunkohle	22,0 (16,6)	154,1 (24,8)
Steinkohle	29,4 (22,2)	134,1 (21,6)
Öl	5,5 (4,2)	11,6 (1,9)
Gas	20,6 (15,5)	71,0 (11,4)
Kernenergie	21,4 (16,1)	163,0 (26,3)
Wasser	10,2 (7,7)	27,3 (4,4)
Wind	18,4 (13,9)	27,2 (4,4)
Sonstige	5,0 (3,8)	32,0 (5,2)
Insgesamt	132,5 (100,0)	620,3 (100,0)

Tabelle 2.1: Die Tabelle zeigt die Bruttostromerzeugungskapazitäten in GW sowie die Bruttostromerzeugung in TWh im Jahr 2005 je Kraftwerkstyp in Deutschland. Quelle: Bundesministerium für Wirtschaft und Technologie (2007).

2.1.2 Die Angebotsstruktur im Strommarkt

Um flexibel auf Nachfrageschwankungen reagieren zu können, jedoch auch die Grundlast dauerhaft bedienen zu können, weisen die meisten Länder einen gemischten Kraftwerkspark auf. Tabelle 2.1 zeigt die Bruttostromerzeugungskapazitäten in GW sowie die Bruttostromerzeugung in TWh im Jahr 2005 je Kraftwerkstyp in Deutschland. Dabei lassen sich die Kraftwerkstypen in drei Kategorien einteilen. Während Kernenergie-, Braunkohle- und Laufwasserkraftwerke als Grundlastkraftwerke annähernd durchgehend in Betrieb sind und somit auch den Großteil des erzeugten Stroms liefern, zählen Steinkohle- und GuD-Kraftwerke[2] zur Mittellast und werden bei Tagen mit niedriger Last heruntergefahren. Gas-, Öl- und Pumpspeicherkraftwerke sind dagegen Spitzenlastkraftwerke und werden nur zu Zeiten hoher Last oder niedriger Windstromeinspeisung sowie zum flexiblen Einsatz bei Nachfragespitzen genutzt. Die Aufteilung in diese Klassen basiert zum einen auf der Flexibilität der Kraftwerke. Zum anderen, und dies ist der entscheidende Faktor für das Anfahren eines Kraftwerks, auf den Erzeugungskosten von Strom. So wird bei fehlender Erzeugungskapazität das Kraftwerk mit den nächst günstigsten Erzeugungskosten hinzu geschaltet.

---

[2]GuD-Kraftwerk steht für Gas- und Dampfturbinen-Kraftwerk und bezeichnet eine spezielle Bauart von Gaskraftwerken mit hohem Wirkungsgrad.

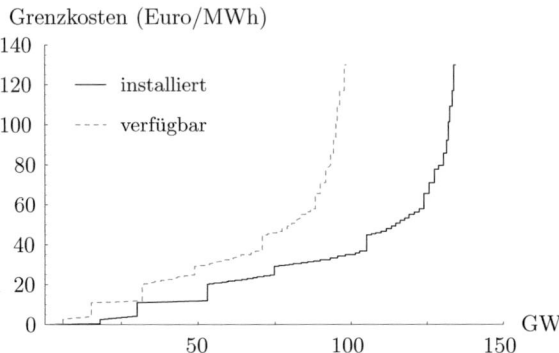

Abbildung 2.3: Die Abbildung zeigt exemplarisch eine Merit Order Kurve der installierten sowie verfügbaren Erzeugungskapazität.

Abbildung 2.3 zeigt beispielhaft eine hypothetische Merit Order Kurve, welche die Grenzkosten der Stromerzeugung über der installierten Erzeugungskapazität abträgt. Hier findet sich auch die bereits erwähnte grundlegende Aufteilung in Grundlast-, Mittellast- und Spitzenlastkraftwerke wieder. Mit Kenntnis der Merit Order Kurve lässt sich bei gegebener Nachfrage ein fundamental begründeter Strompreis bestimmen. Dieser ergibt sich als Grenzkosten der Nachfrage deckenden Erzeugungskapazität. Bei der Grenzkostenbestimmung sind jedoch zwei Punkte zu beachten.

Zum einen ist für die Preisbildung nicht die installierte Erzeugungskapazität sondern die zu einem bestimmten Zeitpunkt verfügbare Kapazität entscheidend. So können z.B. Kraftwerkswartungen, ein falsch prognostiziertes Windaufkommen, Kühlwassereinschränkungen oder Kraftwerksausfälle zu teilweise deutlichen Änderungen der verfügbaren Erzeugungskapazität führen. Daher unterliegt die verfügbare Kapazität einer beachtlichen kurzfristigen Unsicherheit. Dieses kombiniert mit auftretenden Nachfrageschwankungen führt zu einem hohen kurzfristigen Preisrisiko, welches die Notwendigkeit einer *kurzfristigen stochastischen Komponente* in der Strompreismodellierung aufzeigt.

Zum anderen sind die Erzeugungskosten stark von Rohstoffpreisen und CO_2 Zertifikatepreisen abhängig. Dadurch kommt es zu sich ändernden Kostenniveaus sowie bei stärkeren Schwankungen der Eingangsgrößen zu Verschiebungen in der Reihenfolge der Kraftwerke in der Merit Order Kurve. Somit ergibt sich eine von aktuellen Marktdaten abhängige Merit Order Kurve der verfügbaren Erzeugungskapazität, aus dem der fundamentale Strompreis abgeleitet werden kann. Die Einflüsse auf die Merit Order Kurve sind dabei eher mittelfristiger bis langfristiger Natur, was an den deutlich geringeren Schwankungen in den Erzeugungskosten begründet liegt. Diese abzubilden legt daher nahe, eine *mittelfristige stochastische Komponente* bzw. *langfristige stochastische Komponente* in der Strompreismodellierung zu berücksichtigen.

Darüber hinaus können auch marktpsychologische Aspekte z.B. auf Grund der Unsicherheit über die verfügbare Kapazität den Preis beeinflussen. Somit besteht im Markt keine eindeutige Beziehung zwischen Grenzkosten und Strompreis, auch wenn der grundlegende Zusammenhang bestehen bleibt.

Weiter interessant für die Preismodellierung ist der nicht-lineare Verlauf der Merit Order Kurve. Während bei niedriger Last die Merit Order Kurve eine nur schwache Steigung aufweist, ist der Verlauf der Kurve bei hoher Last sehr steil. Dies führt bei einer leichten Nachfrageänderung zu deutlich stärkeren Preisschwankungen bis zu extremen Preissprüngen wenn die Last bereits auf einem hohen Niveau ist, während eine vergleichbare Nachfrageänderung bei niedriger Last nur eine geringe Änderung des Preises bewirkt. Um den Effekt des steilen Endes der Merit Order Kurve in der Strompreismodellierung abzubilden, liegt es nahe, eine *Sprungkomponente* in der Modellierung zu verwenden.

Zusammenfassend lassen sich aus den fundamentalen Preisfaktoren des Strommarktes die Modellkomponenten

- deterministische Komponente

- kurzfristige stochastische Komponente

- mittelfristige stochastische Komponente

- langfristige stochastische Komponente

- Sprungkomponente

als wichtig für die Strompreismodellierung folgern. Im weiteren Verlauf dieser Arbeit gilt es zu bestimmen, welche Bedeutung diesen Modellkomponenten in der Beschreibung der Strompreisdynamik zukommt und wie diese Komponenten zu modellieren sind.

2.2 Börslich gehandelte Instrumente im Strommarkt

Welche Marktinformationen können und sollten bei der Modellierung und Bewertung
berücksichtigt werden?

Diese Frage soll in zwei Schritten beantwortet werden. Als erstes wird geklärt, was die zu modellierende Größe für die Strompreisdynamik ist und welche Preisinformationen für diese vorliegen. Dazu sollen die Spotkontrakte im Strommarkt näher beleuchtet werden. Als zweites werden börslich gehandelte Derivate betrachtet, welche weitere Informationen zur Modellierung sowie Bewertung beitragen können. Dabei werden Terminkontrakte[3] sowie Optionen auf diese an der EEX gelistet.

2.2.1 Spotkontrakte

Auf Grund der bereits diskutierten Besonderheiten des Strommarktes ist das Verständnis des Begriffs „Spotmarkt" anderer Finanzmärkte nicht direkt auf den Stromspotmarkt zu übertragen. Während in den meisten Finanzmärkten im Spotmarkt ein unmittelbarer Austausch von Preis und Leistung stattfindet, ist dieses auf Grund der fehlenden Lagerbarkeit von Strom nicht möglich. Dagegen kommt es zu einer Vereinbarung über einen in naher Zukunft liegenden Lieferzeitraum, in dem eine konstante Leistung in ein Stromnetz eingespeist wird. Dabei kann in Strommärkten zwischen zwei kurzfristigen Märkten unterschieden werden. Der kurzfristigste Markt ist der Intradaymarkt, in dem ein Handel bis zu 75 Minuten vor Lieferung abgeschlossen werden kann. Jedoch ist die Liquidität in diesem Markt derzeit noch sehr beschränkt. Die bei weitem größere Bedeutung kommt dagegen dem Day-Ahead Markt mit über 99% des umgesetzten Spotvolumens zu, an dem Stromlieferungen des folgenden Tages gehandelt werden.[4] Der börsliche Handel der Day-Ahead Kontrakte findet dabei in einer täglichen Auktion statt, welche dem Meistausführungsprinzip unterliegt. Bei dieser können Gebote bis 12:00 Uhr ab-

---

[3]Unter dem Begriff Terminkontrakt sei dabei ein linearer Konstrakt bzw. Forward oder Future zu verstehen.

[4]Bis einschließlich dem 30.09.2008 fand noch kein täglicher Handel statt. Somit wurden vor handelsfreien Tagen alle folgenden Tage bis einschließlich des nächsten Handelstages gehandelt. Handelsfreie Tage waren Wochenenden sowie Feiertage.

gegeben werden, die Auktionsergebnisse werden ab 12:15 Uhr bekanntgegeben.[5] Somit gibt es für die Day-Ahead Kontrakte täglich nur einen Preis.

Da nahezu alle Derivate im Strommarkt sich auf die Preise des Day-Ahead Marktes beziehen, ist dieser von entscheidender Bedeutung für diese Arbeit. Der Intradaymarkt kann dagegen vernachlässigt werden. Daher wird im Folgenden der Begriff Spotmarkt synonym zu Day-Ahead Markt genutzt. Im folgenden sollen nun die an der EEX im Spotmarkt gehandelten Kontrakte vorgestellt werden.

Spotkontrakte sind durch den Erfüllungstag, die Lieferperiode sowie den Lieferort spezifiziert. Dabei wird zwischen Stunden- und Blockkontrakten unterschieden.[6]

Stundenkontrakte

Für jeden Tag werden 24 Stundenkontrakte gehandelt.[7] Ein Stundenkontrakt entspricht dabei der Lieferleistung von 0,1 MW Strom über die entsprechende Lieferstunde (0:00 Uhr bis 1:00 Uhr, 1:00 Uhr bis 2:00 Uhr, ..., 23:00 Uhr bis 24:00 Uhr) und somit insgesamt einem Kontraktvolumen von 0,1 MWh Strom.[8] Stundenkontrakte bilden dabei die Grundbausteine für die Blockkontrakte.

Blockkontrakte

Blockkontrakte bestehen aus einer beliebigen Kombination von mindestens zwei Stundenkontrakten. Die bedeutendsten Blockkontrakte sind

- der Baseload Kontrakt mit Lieferung von 0:00 Uhr bis 24:00 Uhr,

- der Peakload Kontrakt mit Lieferung von 8:00 Uhr bis 20:00 Uhr und

- der Off-Peak-Load Kontrakt mit Lieferung von 0:00 Uhr bis 8:00 Uhr und von 20:00 Uhr bis 24:00 Uhr,

welche Grundlastzeiten, die Spitzenlastzeiten sowie deren Gegenstück der Nachfrage abbilden. Die Lieferleistung eines Blockkontraktes beträgt dabei 1 MW. Dabei ergibt sich der Preis eines Blockkontraktes immer als gemittelter Preis der im Blockkontrakt enthaltenen Stundenkontrakte.

---

[5]Siehe EEX (2006).

[6]Vgl. EEX (2007a).

[7]Ausnahme ist mit 23 Stundenkontrakten der Sonntag, an dem von Winter- auf Sommerzeit umgestellt wird.

[8]Ausnahme ist mit 0,2 MWh Kontraktvolumen der Stundenkontrakt von 2:00 Uhr bis 3:00 Uhr am Sonntag, an dem von Sommer- auf Winterzeit umgestellt wird.

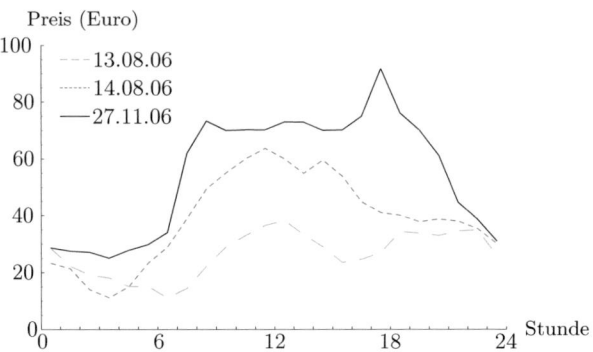

Abbildung 2.4: Die Abbildung zeigt die Stundenpreise an der EEX für Sonntag, den
13.08.2006, Montag, den 14.08.2006 sowie Montag, den 27.11.2006.

Abbildung 2.4 zeigt den Verlauf des Spotpreises der Stundenkontrakte exemplarisch an drei
Tagen. Dabei veranschaulicht sich sehr deutlich, wie sich das Niveau und der Verlauf der Last
auf den Preis überträgt.[9] Der gleiche Effekt ist in Abbildung 2.5 zu sehen, welche die Preisentwicklung des Baseload und Peakload Kontraktes sowie der Stundenkontrakte mit Lieferung
von 3:00 Uhr bis 4:00 Uhr sowie von 11:00 Uhr bis 12:00 Uhr an der EEX über die zweite
Jahreshälfte von 2006 zeigt. Die Preise folgen dabei deutlich der wöchentlichen und jährlichen
Nachfragestruktur. Dies verdeutlicht die bereits vermutete Notwendigkeit einer deterministischen Komponente bei der Strompreismodellierung, um saisonale Effekte geeignet erfassen
zu können. Weiter zu erkennen ist die stark volatile Preisentwicklung des mittäglichen Stundenkontraktes, während der nächtliche Stundenkontrakt einen verhältnismäßig ruhigen Verlauf
aufweist. Dabei erklärt sich das Volatilitätsverhalten durch die zunehmende Steilheit der Merit
Order Kurve bei höherer Last. Der Preisverlauf des Peakload Kontraktes ist durch die Berechnung des durchschnittlichen Peakload Stundenpreises gemäßigter als eine einzelne Peakload
Stunde. Er weist aber eine höhere Schwankungsbreite auf als der Baseload Kontrakt, welcher
den Tagesmittelpreis abbildet. Mit Ausnahme des nächtlichen Stundenkontraktes zeigen sich
bei allen Preisverläufen zusätzlich deutliche Preissprünge, welche beim Stundenkontrakt mit
Lieferung von 11:00 Uhr bis 12:00 Uhr am stärksten ausfallen. Somit hat die Modellierung einer Sprungkomponente die größte Bedeutung bei den Stundenkontrakten in Zeiten einer hohen

---

[9]Vgl. Abbildung 2.2.

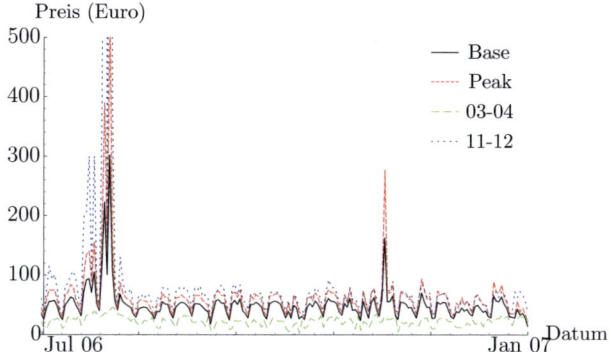

Abbildung 2.5: Die Abbildung zeigt die Spotpreisentwicklung an der EEX der Stunden-kontrakte von 3:00 Uhr bis 04:00 Uhr und 11:00 Uhr bis 12:00 Uhr sowie der Baseload und Peakload Blockkontrakte.

Last, aber auch beim Peak- sowie Baseload Kontrakt ist die Berücksichtigung einer Sprung-komponente erforderlich.

2.2.2 Terminkontrakte

Wie bei den Spotkontrakten werden Terminkontrakte durch die Lieferperiode, das Lastprofil sowie bei physischer Lieferung den Lieferort charakterisiert. Neben der physischen Lieferung ist bei der Ausgestaltung des Terminkontraktes auch ein Barausgleich möglich. Während im OTC Markt Lieferperiode sowie Lastprofil sehr flexibel gestaltet werden können, werden an der EEX die folgenden drei Futurestypen angeboten:[10]

- Monatskontrakte für die nächsten sechs Monate

- Quartalskontrakte für die nächsten sieben Quartale

- Jahreskontrakte für die nächsten sechs Jahre

Als Lastprofile werden dabei Base- und Peakload-Futures mit einer Lieferrate von einem MW angeboten.

---

[10]Vgl. EEX (2007a).

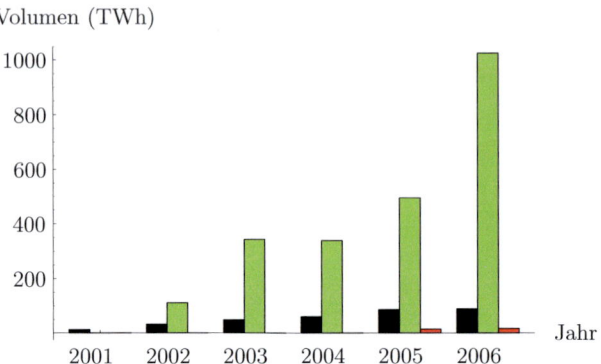

Abbildung 2.6: Die Abbildung zeigt das Handelsvolumen am Spotmarkt (links), Termin-markt (mittig) und Optionsmarkt (rechts) an der EEX in TWh. Quelle: EEX.

Somit enthalten die Terminkontrakte an der EEX gewisse Informationen über längerfristige Liefervereinbarungen, welche im mittelfristigen Horizont mit einer monatlichen bzw. quartals-weisen Lieferperiode feiner granuliert sind als im langfristigen Horizont mit jährlichen Liefer-perioden. Wie diese Informationen bei der Modellierung bzw. Bewertung zu berücksichtigen sind, ist noch zu klären. Die Bedeutung des Terminmarktes wird jedoch bei dem Vergleich des Handelsvolumens mit dem Spotmarkt in Abbildung 2.6 deutlich. So wurde im Jahr 2006 an der EEX im Terminmarkt ein Handelsvolumen von 1024 TWh im Vergleich zu 88,7 TWh am Spotmarkt erreicht.[11]

2.2.3   Optionen auf Terminkontrakte

Neben den Terminkontrakten sind an der EEX Terminoptionen gelistet. Dabei handelt es sich ausschließlich um Optionen europäischen Typs. Als Basiswert werden die nächsten fünf fälligen Monatskontrakte, die nächsten sechs fälligen Quartalskontrakte sowie die nächsten drei fälligen Jahreskontrakte herangezogen. Die Wahl der Strikes, bzw. der Optionsserien, wird von der EEX festgelegt. Dabei wird versucht, sowohl in-the-money (ITM), at-the-money (ATM) als auch out-of-the-money (OTM) Optionen anzubieten.

---

[11]Vgl. EEX (2007b).

Die Preise dieser Optionen enthalten dabei Informationen über die Unsicherheit von mittelfristigen sowie langfristigen Preisniveaus, welche für die Modellierung der Strompreisdynamik von Interesse sein könnten. Die Liquidität dieser Optionen ist jedoch bisher sehr gering. So war das Handelsvolumen aller Optionskontrakte in 2006 an der EEX nur bei knapp 17 TWh.

Somit ergeben sich insgesamt drei Quellen von börslichen Preisinformationen:

- *Spotkontrakte* mit täglich einem Kurs

- *Terminkontrakte* mit Lieferzeiten bis zu sechs Jahren

- *Optionen auf Terminkontrakte* mit Lieferzeiten von bis zu drei Jahren

Dabei bleibt zu klären, wie diese Informationen bei der Modellierung bzw. Bewertung zu berücksichtigen sind.

2.3 Außerbörsliche Optionen im Strommarkt

Für welche Optionalitäten ist eine adäquate Bewertung am bedeutendsten?

Neben den bereits vorgestellten börslich gehandelten Derivaten, welche teils in großem Umfang auch over-the-counter (OTC) gehandelt werden, gibt es noch viele weitere außerbörsliche Optionalitäten im Strommarkt. So sind Optionen auf Spotkontrakte bisher reine OTC Geschäfte. Dies liegt vor allem an der nur sehr geringen Standardisierung und hohen Komplexität dieser Kontrakte. Neben diesen außerbörslich gehandelten Kontrakten liegen im Strommarkt weiter viele Realoptionen vor, deren Bewertung von großer Bedeutung sind. Auf diese soll im folgenden auch eingegangen werden.

2.3.1 Optionen auf Spotkontrakte

Im Gegensatz zu den Terminoptionen, welche einen hohen Standardisierungsgrad haben, sind Optionen auf Spotkontrakte sehr vielfältig ausgestaltet. Neben europäischen und amerikanischen Optionen, die im Strommarkt nur in begrenztem Umfang Verwendung finden, sind vor allem komplexere Optionskontrakte von Interesse, welche Optionalitäten z.B. im Kraftwerkspark abbilden. Dabei stehen vor allem Spread Optionen und Swing Optionen im Fokus.

Spread Optionen

Bei den Spread Optionen sind im Strommarkt vor allem Inter-Commodity-Spreads, welche die Preisunterschiede zwischen Energieträger und Strom beschreiben, als Basiswert von großem Interesse. Hierbei kommt dem Dark Spread $P_t - a^C \cdot P_t^C$ sowie dem Spark Spread $P_t - a^G \cdot P_t^G$ eine große Bedeutung zu, die den Unterschied zwischen dem Strompreis P_t und dem mit einem konstanten Faktor a^C bzw. a^G gewichteten Steinkohlepreis P_t^C bzw. Gaspreis P_t^G beschreiben. Seit der Einführung des CO_2 Emissionszertifikatehandels werden im europäischen Raum weiter die CO_2 Zertifikatepreise mit in den Spread einbezogen. Somit wird vom Clean Dark Spread $P_t - a^C \cdot P_t^C - b^C \cdot CO_t$ bzw. Clean Spark Spread $P_t - a^G \cdot P_t^G - b^G \cdot CO_t$ gesprochen. Hierbei ist b^C bzw. b^G eine Konstante und CO_t beschreibt den Preis eines CO_2 Emissionszertifikats. Als Optionstyp auf diese Spreads wird meist eine europäische Call Option bzw. ein Strip von europäischen Call Optionen über einen längeren Zeitraum gewählt. Die große Bedeutung der Spread Optionen im Strommarkt begründet sich dabei auf der vergleichbaren Optionalität von Kraftwerken, welche unter den Realoptionen noch näher betrachtet wird.

Swing Optionen

Eine Swing Option kann vereinfachend als ein Bündel Amerikanischer Optionen gleicher Laufzeit verstanden werden, welche nicht zeitgleich ausgeübt werden können. Somit berechtigt eine Swing Option zu mehrmaligem Kauf bzw. Verkauf einer bestimmten Menge von Strom über die gegebene Laufzeit. Dabei können Swing Optionen jedoch noch weitere Merkmale aufweisen, wie z.B. Mindestabnahmemengen oder Sperrfristen nach einer Aus- übung.[12] Swing Optionen dienen wegen ihrer Flexibilität der Absicherung von Mengenrisiken, welchen auf Grund der fehlenden Lagerbarkeit von Strom vor allem im Strommarkt eine große Bedeutung zukommt.

Neben diesen Optionen finden noch weitere exotische Optionen und strukturierte Produkte Anwendung,[13] welche allerdings weniger bedeutend sind. All diesen Derivaten gemein bleibt jedoch, dass ihr Handelsvolumen noch sehr gering ist. Um so größer ist die Bedeutung eines adäquaten Bewertungsverfahrens für diese Derivate. Dieses bzw. das mit den Bewertungsverfahren verbundene Modellrisiko soll in dieser Arbeit ausführlich behandelt werden.

---

[12]Für eine ausführliche Beschreibung von Swing Optionen und deren Ausstattungsmerkmale siehe Jaillet, Ronn und Tompaidis (2004).

[13]Siehe Deng und Oren (2006) für eine Vorstellung weiterer verwendeter Derivate im Strommarkt.

2.3.2 Realoptionen

Der derzeit größte Umfang an Optionalitäten im Strommarkt ist durch die im Markt vorhandenen Realoptionen gegeben. Daher sollen die drei bedeutendsten Realoptionen näher betrachtet werden:

Fossile Kraftwerke

In einem Kraftwerk findet die Umwandlung von Energieträger in Strom statt. Diese Umwandlung sollte immer dann durchgeführt werden, wenn das erzeugte Produkt mehr wert ist als die Produktionsfaktoren. Unter Abstraktion gegebener technischer Beschränkungen des Kraftwerks kann somit ein fossiles Kraftwerk vereinfachend als eine Spread Option bzw. im europäischen Raum eine Clean Spread Option aufgefasst werden. Hierbei entsprechen die Optionsfaktoren a^i und b^i der Heat-Rate[14] und dem Emissionsfaktor[15] des Rohstoffs i. Um eine realistischere Beschreibung eines Kraftwerks zu erreichen, müssen jedoch in einem weiteren Schritt die technischen Restriktionen des Kraftwerks wie u.a. Hoch- und Abfahrzeiten sowie Hoch- und Abfahrkosten, minimale An- und Auszeiten sowie minimaler und maximaler Produktionslevel berücksichtigt werden. Das jährliche Volumen dieser Realoptionen liegt in Deutschland bei 679 TWh bzw. 487 TWh bei Vernachlässigung der Braunkohlekraftwerke.[16] Zu einem direkten Handel dieser Optionalität kommt es bei dem Handel bzw. der Auktionierung von Kraftwerksscheiben bzw. virtuellen Kraftwerken.[17] Dabei wird bei einer Kraftwerksscheibe ein bestimmter Anteil an der Kapazität eines Kraftwerks verkauft. Ein virtuelles Kraftwerk dagegen verbrieft auch die Optionalität eines Kraftwerks, ist aber nicht mit den operationellen Risiken eines bestimmten Kraftwerks behaftet. Über solche Kontrakte können sich Unternehmen an Kraftwerken beteiligen, ohne selbst ein Kraftwerk zu bauen bzw. sich über einen Minderheitsanteil an einem Kraftwerk zu beteiligen.

---

[14]Die Heat-Rate beschreibt die Menge an zu Grunde liegendem Energieträger, welche benötigt wird, um eine MWh Strom zu erzeugen.

[15]Der Emissionsfaktor gibt die Menge an CO_2 in Tonnen an, welche bei der Erzeugung einer MWh Strom von dem Kraftwerk emittiert wird.

[16]Siehe Tabelle 2.1, basierend auf der Erzeugungskapazität von thermischen Kraftwerken. Da Braunkohlekraftwerke zu den Grundlastkraftwerken gehören und bis wenige Ausnahmen dauerhaft in Betrieb sind, spielt bei diesem Kraftwerkstyp die Optionalität eine untergeordnete Rolle.

[17]Siehe z.B. E.ON Sales and Trading GmbH (2007).

Speicherkraftwerke

Ein Speicherkraftwerk ermöglicht es dem Betreiber, mittels Nutzung des gespeicherten Wassers Strom zu erzeugen. Somit besitzt dieser, so lange der Speicher gefüllt ist, die Optionalität der Stromerzeugung. Diese Optionalität lässt sich mit der einer Swing Option mit Verkaufsrechten vergleichen. Dabei leitet sich die Anzahl der Rechte aus dem gespeicherten Wasservolumen ab. Eine Nutzung des gespeicherten Wassers kommt dem Ausüben eines Rechtes gleich, wobei wie bei einer Swing Option nicht das gesamte Speichervolumen auf einmal genutzt werden kann. Ein Pumpspeicherkraftwerk bietet zusätzlich die Optionalität, Wasser in das Speicherbecken zu pumpen. Ein Einspeichern von Wasser entspricht dabei einem Rückerwerb von Rechten, welches bei niedrigen Strompreisen vorteilhaft sein kann. Das Volumen solcher Optionalitäten beläuft sich auf bis zu 89 TWh.[18]

Produktionsstop

Für stromintensive Produktionsunternehmen kann es optimal sein, bei extremen Strompreisen die Produktion zu stoppen und den sonst benötigten Strom zu verkaufen. Auch dieses lässt sich als Swing Option beschreiben. Dabei liegen abhängig vom Produktionsvorgang bis zu beliebig viele Verkaufsrechte vor,[19] wobei das Volumen einer Ausübung der einsparbaren Strommenge entspricht. Der Strike ergibt sich aus dem Wertzuwachs, welcher durch den Produktionsvorgang ansonsten entstände, zuzüglich der meist langfristig vereinbarten Strombezugskosten.

Neben diesen vorgestellten Optionalitäten finden sich noch weitere Realoptionen im Strommarkt. Insgesamt übersteigt das Volumen der Realoptionen das der gehandelten vergleichbaren Derivate derzeit bei weitem.

Ubergreifend lässt sich sagen, dass vor allem zwei Optionstypen von herausragendem Interesse sind:

- *Spread Optionen*, zu denen auch fossile Kraftwerke gezählt werden können

- *Swing Optionen*, zu denen auch Speicherkraftwerke und Produktionsstops gezählt werden können

Daher ist vor allem bei diesen Optionstypen die Frage nach dem vorhandenen Modellrisiko bei der Bewertung von besonderem Interesse.

---

[18]Siehe Tabelle 2.1, basierend auf der Erzeugungskapazität von Wasserkraftwerken.

[19]Einige Produktionsvorgänge, z.B. Aluminiumschmelzen, dürfen nur für maximal eine begrenzte Zeit unterbrochen werden. Somit liegt hierbei eine Beschränkung der Ausübungsrechte vor.

2.4 Bewertungsfragen

Auch wenn der Handel von Stromderivaten mit Ausnahme von Terminkontrakten bisher verhältnismäßig illiquide ist, ist vor allem die Anzahl der vorhandenen Realoptionen sehr groß. Dieses deutet bereits den noch großen Bedarf an Absicherungsinstrumenten im Strommarkt an, da das Risikomanagement bisher nur in sehr geringem Maße an die Strukturen der Realoptionen angepasst ist. Weiter zeigt dies das Erfordernis für geeignete Bewertungsverfahren zur Bestimmung der fairen Werte sowohl von finanziellen Optionen als auch von den bisher umfangreicheren Realoptionen sowie in Stromlieferverträgen verankerten Optionalitäten.

Um ein geeignetes Modell zur Bewertung dieser Optionalitäten im Strommarkt aufzustellen, stellt sich die Frage, mittels welchen Ansatzes die Derivatebewertung durchgeführt werden kann. Dabei können zwei Ansätze bezüglich der verwendeten Informationsgrundlage unterschieden werden. Zum einen kann die Bewertung eines Derivats über die Preismodellierung des zugrunde liegenden Underlyings vorgenommen werden. Dabei wird auf die Preishistorie des Underlyings sowie gegebenenfalls auf Preise gehandelter Derivate zurückgegriffen. Zum anderen wird eine implizite Bewertung rein auf Basis der Preise anderer gehandelter Derivate verwendet. Jedoch ist für die implizite Bewertung ein liquider Derivatemarkt notwendig, welcher im Strommarkt derzeit vor allem bei Derivaten auf den Spotpreis noch nicht vorhanden ist. Daher ist die Modellierung des Underlyings zur Bewertung von Derivaten der einzig praktikable Ansatz.

Um eine derartige Bewertung durchzuführen und weitere Erkenntnisse für das Risikomanagement zu gewinnen, können die Fragen der Einleitung auf Basis der Erkenntnisse dieses Kapitels konkretisiert werden:

- *Wie findet eine geeignete Modellierung der*

  - *deterministischen Komponente,*

  - *kurzfristigen Komponente,*

  - *mittelfristigen Komponente,*

  - *langfristigen Komponente und*

  - *Sprungkomponente*

  statt?

- *Wie können und sollen die Preisinformationen von*

    - *Spotkontrakten,*

    - *Terminkontrakten und*

    - *Terminoptionen*

    bei der Modellierung und Bewertung berücksichtigt werden?

- *Wie groß ist das mit der Modellwahl verbundene Modellrisiko bei*

    - *Spread Optionen sowie*

    - *Swing Optionen?*

- *Welche Auswirkungen hat die Einführung des Emissionszertifikatehandels auf die Bewertung von Stromderivaten?*

Diese sollen in den folgenden Kapiteln beantwortet werden.

Kapitel 3

Grundlagen der Strompreismodellierung

Analog zum Underlying von Stromderivaten, für welches, wie in Kapitel 2 beschrieben, sowohl der Spot- als auch der Terminpreis Verwendung findet, wird auch bei der Modellierung zwischen der Spotpreis- und der Terminpreismodellierung unterschieden. Dabei weisen die beiden Modellierungsansätze unterschiedliche Schwerpunkte in der Wahl der Modellkomponenten auf. Bei der Spotpreismodellierung stehen neben der deterministischen Komponente vor allem Modellkomponenten zur Beschreibung kurzfristiger Unsicherheiten wie die Kurzfristkomponente und die Sprungkomponente im Vordergrund. Die mittel- und langfristige Komponente werden nicht in vollem Umfang berücksichtigt. Für die Terminpreismodellierung ist dagegen vor allem die Beschreibung der mittel- und langfristigen Unsicherheiten von großer Bedeutung. Folgerichtig liegt der Schwerpunkt auf der Mittel- und Langfristkomponente, während sich zeigen wird, dass auf eine kurzfristige Komponente sowie die Sprungkomponente verzichtet werden kann. Auch ist die Berücksichtigung einer Saisonalität nicht erforderlich. Um alle zentralen Aspekte der Preismodellierung im Strommarkt zu erhalten, sollen daher die Kernpunkte der beiden Ansätze herausgearbeitet und anhand bereits in der Literatur verwendeter Modellansätze veranschaulicht werden. Hierüber wird ein erster Einblick in die Modellierungsmöglichkeiten für die jeweiligen Modellkomponenten gewonnen und es können teilweise schon Antworten auf die Frage nach der geeigneten Modellierung gefunden werden. Aufbauend auf den in diesem Kapitel erhaltenen Erkenntnissen werden dann für die einzelnen Modellkomponenten, bei denen die Modellierungsfrage in der Literatur nicht beantwortet wurde, interessante Modellierungsansätze und eigene Erweiterungen empirisch getestet werden, um ein geeignetes Modell zur Beschreibung der Spotpreisdynamik aufzustellen.

3.1   Spotpreismodellierung

Bei der Spotpreismodellierung wird direkt der Spotpreis P_t bzw. der logarithmierte Spotpreis $\ln P_t$ modelliert. Dabei ist zu berücksichtigen, dass unter dem Spotpreis der Day- Ahead Preis von Strom verstanden wird. Hierbei kann sowohl der Preis von Blockkontrakten wie z.b. des Baseloads, Peakloads oder Off-Peaks beschrieben werden, als auch der Preis einzelner Stundenkontrakte. Auch wenn sich die Bedeutung einzelner Modellkomponenten zwischen den zu modellierenden Spotkontrakten unterscheiden kann, ist die grundlegende Modellierungsproblematik bei allen Kontrakten sehr ähnlich.

Wird die bereits bestehende Literatur zur Spotpreismodellierung betrachtet, sind die verwendeten Ansätze in den Feinheiten der Modellierung teilweise sehr unterschiedlich, jedoch lassen sich die gleichen grundsätzlichen Modellkomponenten in den meisten Modellen finden. Diese bei der Modellierung des Strompreises berücksichtigten zentralen Komponenten sollen hier ausführlich beschrieben werden.

3.1.1   Die kurzfristige Komponente

Um den unsystematischen Teil der kurzfristigen Strompreisbewegungen zu beschreiben, wird in fast allen in der Literatur vorgestellten Modellen ein Ornstein-Uhlenbeck Prozess zur Beschreibung der kurzfristigen Unsicherheit herangezogen. Grundlage hierbei ist die Arbeit von Schwartz (1997) zur Beschreibung von Rohstoffpreisen, in welcher der logarithmierte Rohstoffpreis $\ln P_t^r$ modelliert wird als

$$\ln P_t^r = S_t \tag{3.1}$$
$$\text{mit } dS_t = \kappa_S(\nu_S - S_t)dt + \sigma_S dW_t^S. \tag{3.2}$$

κ_S beschreibt die Mean-Reversion Rate, ν_S das langfristige Mittel, σ_S die Volatilität und W_t^S einen Wiener Prozess. Die bedeutendste Eigenschaft eines Ornstein-Uhlenbeck Prozesses ist, dass Abweichungen vom langfristigen Mittel wieder zu diesem zurückgezogen werden. Die Stärke dieses mean-reverting Verhaltens wird durch die Mean-Reversion Rate κ_S bestimmt. Je höher diese ist, desto schneller werden Abweichungen vom langfristigen Mittel wieder ausgeglichen. Die Geschwindigkeit dieser Eigenschaft kann über die Halbwertszeit beschrieben werden, welche den benötigten Zeitraum bezeichnet, um eine durch die Volatilität erzeugte Preisinnovation zur Hälfte abzubauen. Mit diesem Prozess lässt sich die in Strommärkten beobachtete starke Mean-Reversion Eigenschaft gut beschreiben. Dabei ist die Halbwertszeit mit ein bis drei Tagen in Strommärkten extrem gering. Innovationen sind somit nur wenige Tage für die Preisentwicklung relevant. Dieses verdeutlicht, dass die Komponente ausschließlich kurzfristig auftretende Preiseinflüsse beschreibt, welche z.b. auf das Wetter oder kurzfristige unerwartete Nachfrageschwankungen zurückzuführen sind.

Wie findet eine geeignete Modellierung der kurzfristigen Komponente statt?

Die Frage wird mit einem Blick auf die Literatur fast eindeutig mit der Wahl eines Ornstein-Uhlenbeck Prozesses beantwortet. Problematisch bei diesem Modell als Ein- Faktor Modell ist jedoch, dass eine Unsicherheit im langfristigen Strompreisniveau nicht abgebildet werden kann. Hierbei hilft die folgende Erweiterung des Modellrahmens.

3.1.2 Die langfristige Komponente

Neben der Kurzfristkomponente wird bei der Strompreismodellierung häufig ein zweiter Diffusionsprozess zur Beschreibung der langfristigen Unsicherheit modelliert. Hiermit kann eine dauerhafte Abweichung vom langfristigen Mittel des beschriebenen Kurzfristprozesses erklärt werden, welche z.b. auf Rohstoffpreisschwankungen, Konjunkturentwicklungen oder unerwarteten Änderungen im Kraftwerkspark basieren. In der Literatur wird für die Langfristkomponente meist eine arithmetische Brownsche Bewegung herangezogen. Diese Modellierung basiert auf der Arbeit von Schwartz und Smith (2000), in der der logarithmierte Rohstoffpreis $\ln P_t^r$ über

$$\ln P_t^r \quad = \quad S_t + L_t \tag{3.3}$$

$$\text{mit } dS_t \quad = \quad \kappa_S(\nu_S - S_t)dt + \sigma_S dW_t^S \tag{3.4}$$

$$\text{und } dL_t \quad = \quad \mu dt + \sigma_L dW_t^L \tag{3.5}$$

beschrieben wird. In diesem Modell kommt zu der von Schwartz modellierten kurzfristigen Komponente eine zweite stochastische Komponente hinzu, welche die langfristig wirksamen Risiken abbildet. Diese ist durch eine arithmetische Brownsche Bewegung mit Drift μ und Volatilität σ_L beschrieben. W_t^L beschreibt einen zweiten Wiener Prozess, welcher mit W_t^S korreliert sein kann. ρ bezeichnet die Korrelation zwischen diesen.

Mit diesem Zwei-Faktoren Modell kann die grundlegende Stochastik, wie in Kapitel 2.1 erläutert, auch bei einem Verzicht der mittelfristigen Komponente bereits gut beschrieben werden.

Die für den Strommarkt spezifischen Eigenschaften werden jedoch noch nicht erfasst. So fehlt vor allem die Abbildung der im Preis beobachteten Saisonalität durch eine deterministische Komponente sowie der beobachteten Preissprünge durch eine Sprungkomponente. Diese Erweiterungen stehen im Fokus der Literatur zur Strompreismodellierung, welche im weiteren vorgestellt werden soll.

Alternativ zu der von Schwartz und Smith verwendeten Langfristkomponente findet in der Strompreismodellierung vereinzelt auch ein zweiter Ornstein-Uhlenbeck Prozess zur Beschreibung der längerfristigen Unsicherheit Verwendung. So wählen u.a. Villaplana (2003) und Culot et al. (2006) diesen Ansatz. Durch die Mean-Reversion Eigenschaft dieses Prozesses wirken allerdings Schwankungen in dieser Komponente nicht dauerhaft wie bei der Verwendung einer arithmetischen Brownschen Bewegung, sondern werden analog zur Kurzfristkomponente wieder zum langfristigen Mittel zurückgezogen. Dieses findet allerdings deutlich langsamer statt als bei der kurzfristigen Komponente. Damit lässt sich die Wahl eines Ornstein-Uhlenbeck Prozesses als zweite Komponente eher einer mittelfristigen Komponente zuordnen.

Wie findet eine geeignete Modellierung der langfristigen Komponente statt?

Im Gegensatz zur kurzfristigen Komponente ist die Frage nach der Modellierung der langfristigen Komponente in den Spotpreismodellen nicht eindeutig beantwortet. Während meist eine arithmetisch Brownsche Bewegung verwendet wird, greifen manche Modelle auch auf einen zweiten Ornstein-Uhlenbeck Prozess zurück. So ist die Tendenz zu einer arithmetischen Brownschen Bewegung erkennbar, die Fragestellung soll aber bei der Betrachtung der Terminpreismodellierung nochmals aufgegriffen werden.

3.1.3 Die deterministische Komponente

Eine der derzeit zentralen Arbeiten zur Strompreismodellierung stellt die Arbeit von Lucia und Schwartz (2002) dar. Lucia und Schwartz stellen darin ein Ein-Faktor und ein Zwei-Faktoren Modell zur Beschreibung des Strompreises vor. Grundlage sind hierbei die in den vorherigen Kapiteln 3.1.1 und 3.1.2 vorgestellten Arbeiten von Schwartz (1997) sowie Schwartz und Smith (2000). Dabei erweitern sie die Modelle zur Beschreibung des Stromspotpreises P_t um einen deterministischen Faktor D_t zur Abbildung einer einfachen Saisonalität. Die Modelle sind formuliert über

$$Y_t \;=\; D_t + S_t \tag{3.6}$$

$$\text{bzw.} \; Y_t \;=\; D_t + S_t + L_t \tag{3.7}$$

mit wahlweise $Y_t = P_t$ oder $Y_t = \ln P_t$. Es wird also entweder der Strompreis direkt oder der logarithmierte Strompreis beschrieben. S_t folgt angelehnt an Schwartz bzw. Schwartz und Smith einem Ornstein-Uhlenbeck Prozess, jedoch mit einem langfristigen Mittel $\nu_S = 0$. Das langfristige Mittel wird dafür mit in die deterministische Komponente aufgenommen. L_t ist analog zu Schwartz und Smith durch eine arithmetische Brownsche Bewegung modelliert. Für die Beschreibung der deterministischen Komponente favorisieren Lucia und Schwartz den Ansatz

$$D_t = d + \mathbf{1}_f(t)f + s\cos\left(\frac{2\pi(\tau + t)}{365}\right) \tag{3.8}$$

mit $\mathbf{1}_f(t)$ einer Indikatorfunktion für Wochenenden und Feiertage sowie d, f, s und τ Konstanten. Mit dieser deterministischen Komponente können grundlegend die wöchentliche Saisonalität mit einer Unterscheidung von Wochentag und Wochenende sowie die jährliche Saisonalität über eine trigonometrische Funktion abgebildet werden. Weiter werden Feiertage berücksichtigt, denen der gleiche Effekt wie Wochenenden zugeschrieben wird.

Mit dieser Erweiterung um eine deterministische Komponente erweist sich das Modell als erste Möglichkeit, die Strompreisdynamik grundlegend zu beschreiben. Besonders die geringe Komplexität des Modells hat zu einer hohen Beliebtheit in der Praxis geführt und es wird derzeit noch häufig verwendet. Jedoch weist das Modell einige Schwächen auf, die nicht vernachlässigt werden sollten. So wird in diesem Modell nur eine einfach strukturierte Saisonalität abgebildet, und eine Sprungkomponente wird nicht berücksichtigt.

Alternativ zu der von Lucia und Schwartz verwendeten deterministischen Komponente greifen viele nachfolgende Arbeiten auf komplexere Modellierungen der Saisonalität zurück. Escribano, Peña und Villaplana (2002) sowie Geman und Roncoroni (2006) erweitern die deterministische Komponente um eine weitere trigonometrische Funktion zur Beschreibung einer halbjährlichen Saisonalität. Hiermit kann ein erhöhtes Preisniveau sowohl im Winter als auch im Sommer dargestellt werden. Zur Beschreibung einer feineren wöchentlichen Saisonalität unterscheiden Borovkova und Permana (2004) alle sieben Wochentage mittels Indikatorfunktionen, Culot et al. (2006) verwenden dagegen zwei trigonometrische Funktionen zur Modellierung der wöchentlichen Saisonalität. Auch weitere Ergänzungen der deterministischen Komponente sind denkbar.

Wie findet eine geeignete Modellierung der deterministischen Komponente statt?

Die in der Literatur verwendeten Modelle veranschaulichen bereits, dass die Frage nach einer geeigneten Abbildung der am Strommarkt auftretenden saisonalen Effekte nicht leicht zu beantworten ist. Daher soll die Modellierung der deterministischen Komponente im weiteren Verlauf dieser Arbeit noch ausführlich analysiert werden.

3.1.4 Die Sprungkomponente

Neben der Berücksichtigung einer Saisonalität ist vor allem im Strommarkt die Modellierung von Sprüngen von großer Bedeutung. Viele Arbeiten beschäftigen sich daher mit der Sprungmodellierung im Strommarkt, wobei es eine große Anzahl an Modellierungsansätzen gibt. Die Ansätze können grundlegend nach der Modellklasse sowie weiter nach dem Sprungtyp unterschieden werden. Bei der Modellklasse wird nach dem verwendeten Prozess zur Modellierung von Sprungereignissen differenziert. Hierfür werden entweder Poisson Prozesse oder Regime-Switching Prozesse herangezogen. Beim Sprungtyp kann zwischen dem Sprung und dem Spike unterschieden werden, die verschiedene Formen des Sprungeffektes beschreiben. Während der Sprungeffekt bei einem Sprung im Strompreis erhalten bleibt und über die Mean-Reversion Eigenschaft des Kurzfristprozesses abgebaut wird, hat der Spike nur einen Effekt auf den Preis während des Sprungzeitpunkts. Diese Ansätze sollen im folgenden anhand ausgewählter Literaturbeispiele veranschaulicht werden.

Poisson Prozesse

Die am weitesten verbreitete Modellierung der Sprungkomponente ist die Verwendung eines Poisson Prozesses zur Beschreibung des Sprungereignisses. Dabei sind die zu dieser Klasse gehörenden Modellvarianten sehr vielfältig.

Sprung

Villaplana (2003) erweitert das Modell von Lucia und Schwartz um einen Poisson Prozess zur Beschreibung von Preissprüngen. Dabei beschreibt er den Spotpreis $Y_t = P_t$ bzw. den logarithmierten Spotpreis $Y_t = \ln P_t$ als

$$Y_t \quad = \quad D_t + S_t + L_t \tag{3.9}$$

$$\text{mit } dS_t \quad = \quad -\kappa_S S_t dt + \sigma_S dW_t^S + \xi_t dJ_t \tag{3.10}$$

$$\text{und } dL_t \quad = \quad \mu dt + \sigma_L dW_t^L. \tag{3.11}$$

J_t ist hierbei ein Poisson Prozess mit Intensität h und stochastischer Sprunghöhe ξ_t. Als Verteilung für die Sprunghöhe ξ_t wird eine Normalverteilung mit Erwartungswert μ_ξ und Standardabweichung σ_ξ herangezogen. Mit dieser Modellierung unterliegt die kurzfristige Komponente zusätzlich einem Sprungrisiko. Nach Eintreten eines Sprungereignisses wird der Preisschock auf Grund der Mean-Reversion Eigenschaft des Kurzfristprozesses mit der Zeit abgebaut. Alternativ zur konstanten Intensität h verwendet Villaplana eine zeitabhängige Intensität $h(t)$ mit quartalsweise unterschiedlicher Sprungintensität. Weiter betrachtet er mit der Exponentialverteilung eine alternative Verteilung für die Sprunghöhe ξ_t.

Die in (3.10) vorgestellte Verwendung eines Poisson Prozesses zur Beschreibung eines Sprungs ist in der Literatur zur Strompreismodellierung weit verbreitet. Deng (2000), Escribano, Peña und Villaplana (2002), Cartea und Figueroa (2005) oder Culot et al. (2006) verwenden analog Poisson Prozesse zur Sprungmodellierung. Ein Kritikpunkt in der Literatur ist hierbei jedoch das Zusammenwirken von Sprung- und Mean-Reversion Komponenten. Dabei wird kritisiert, dass durch diese Verknüpfung ein zu langsames Zurücklaufen des Sprungs oder eine zu hohe Mean-Reversion Rate aus der Kalibrierung an Marktdaten resultieren kann.[1]

Mehrere Arbeiten erweitern daher die Modellierung eines Sprungs über einen Poisson Prozess, um die beobachteten Sprungereignisse besser abbilden zu können. So verwenden Borovkova und Permana (2004) einen Poisson Prozess kombiniert mit einer zustandsabhängigen Mean-Reversion Rate $\kappa_S(S_t)$. Diese ermöglicht einen schnelleren Verfall extremer Sprünge. Geman und Roncoroni (2006) modellieren einen Poisson Prozess mit einer deterministischen Sprungintensität, exponentialverteilter Sprunghöhe und preisabhängiger Sprungrichtung, um eine bessere Beschreibung der an amerikanischen Strommärkten beobachteten Sprungmuster zu erreichen. Für europäische Strommärkte ist dieser Modellansatz jedoch auf Grund seiner speziell gewählten deterministischen Sprungintensität nicht geeignet. Hambly, Howison und Kluge (2007) modellieren die kurzfristige Komponente sowie die Sprungkomponente mit jeweils einem eigenen Mean-Reversion Term. Damit kann eine voneinander unabhängige Halbwertszeit für Sprungereignisse sowie sonstige Preisinnovationen abgebildet werden. Neben diesen Erweiterungen der Sprungmodellierung gibt es Ansätze zur Beschreibung eines Spikes über Poisson Prozesse.

Spike

Ein Spike ist ein einmaliger Effekt in den Preisen und bleibt im Gegensatz zum Sprung nicht erhalten. Dabei wird ein Sprungereignis im nächsten Zeitpunkt von einem entgegen gerichteten Sprungereignis gleicher Höhe gefolgt. Weron, Simonsen und Wilman (2004) formulieren ein

---

[1]Vgl. u.a. Huisman und de Jong (2003), Huisman und Mahieu (2003) und Weron (2005).

Sprung-Diffusions-Modell zur Beschreibung von Spikes über

$$P_t \;=\; D_t + e^{S_t} \tag{3.12}$$

$$\text{mit} \quad S_t \;=\; \bar{S}_t + dZ_t \tag{3.13}$$

$$d\bar{S}_t \;=\; \kappa_S(\nu_S - \bar{S}_t)dt + \sigma_S dW_t^S \tag{3.14}$$

$$dZ_t \;=\; \xi_t dJ_t. \tag{3.15}$$

Hierbei wird die Sprungkomponente vom Kurzfristprozess abgespalten, um nur ein kurzes Auftreten und sofortiges Verschwinden des Sprungeffektes zu gewährleisten. Bei einer täglichen
Preissimulation würde dies einem Ein-Tages-Effekt entsprechen.

Barone-Adesi und Gigli (2002) schlagen ein an Spike Modelle angelehntes Modell vor, wobei
der Sprung für einen gewissen Zeitraum erhalten bleibt, bevor ein entgegengerichteter Sprung
gleicher Höhe diesen wieder ausgleicht. Dabei wählen sie eine arithmetische Brownsche Bewegung als Kurzfristkomponente, um den Sprung nicht über die Mean-Reversion Eigenschaft
frühzeitig abzubauen.

Regime-Switching Prozesse

Alternativ zum Poisson Prozess wird bei der Modellierung der Sprungkomponente häufig ein
Regime-Switching Prozess verwendet. Bei diesem erfolgt die Modellierung eines Sprungs über
mindestens ein gesondertes Regime. Während hierbei das Sprungregime sehr unterschiedlich
modelliert sein kann, wird das normale Regime über ein Ornstein- Uhlenbeck Prozess beschrieben.

Sprung

Schindlmayr (2005) verwendet ein Regime-Switching Modell mit zwei Parameterregimen, die
sich im Grad der Mean-Reversion Rate κ_{z_t}, des langfristigen Mittels ν_{z_t} und der Volatilität $\sigma_{S_{z_t}}$
unterscheiden. Dabei ist der logarithmierte Preis $\ln P_t$ beschrieben über

$$\ln P_t \;=\; D_t + S_t + L_t \tag{3.16}$$

$$\text{mit } dS_t \;=\; \kappa_{z_t}(\nu_{z_t} - S_t)dt + \sigma_{S_{z_t}} dW_t^S \tag{3.17}$$

$$\text{und } dL_t \;=\; \sigma_L dW_t^L. \tag{3.18}$$

Die Übergangsmatrix P_z von z_t, welche die Übergangswahrscheinlichkeiten $p_{i,j}$ von Regime i

nach Regime j beschreibt, ist definiert durch

$$P_z = \begin{pmatrix} p_{1,1} & p_{1,2} \\ p_{2,1} & p_{2,2} \end{pmatrix} = \begin{pmatrix} p_{1,1} & 1 - p_{1,1} \\ 1 - p_{2,2} & p_{2,2} \end{pmatrix}. \tag{3.19}$$

Sprünge werden bei diesem Modell durch eine um ein Mehrfaches höhere Volatilität im Sprung-regime als im normalen Regime abgebildet. Zusätzlich kann hierbei das langfristige Mittel im Sprungregime deutlich vom normalen Regime abweichen. Als Ergänzung schlägt Schindlmayr ein drittes Regime vor, um zwischen einem normalen Regime, einem volatilen Regime und einem Sprungregime zu differenzieren. Benth, Erlwein und Mamon (2007) erweitern den Ansatz der Regime-Switching Modellierung um einen Poisson Prozess, indem sie ein Poisson Sprung-modell mit vom Regime abhängigen Diffusions- und Sprungparametern vorstellen.

Spike

Während bei der Modellierung eines Sprungs der gleiche Prozess für jedes Regime verwendet wird, werden bei der Modellierung von Spikes meist unterschiedliche Prozesse bzw. Verteilungen in den Regimen genutzt. Huisman und de Jong (2003) verwenden ein Regime-Switching Modell zur Modellierung von Spikes, in dem sie zwischen zwei Verteilungsregimen unterscheiden. Der logarithmierte Preis $\ln P_t$ sei beschrieben über

$$\ln P_t \;=\; D_t + S_t \tag{3.20}$$

$$\text{mit } S_t \;=\; S_{t,z_t} \tag{3.21}$$

und dem versteckten Markovprozess $z_t \in \{1,2\}$. Dabei seien das normale Regime $S_{t,1}$ und das Sprungregime $S_{t,2}$ unabhängig voneinander sowie definiert über

$$dS_{t,1} \;=\; \kappa_S(\nu_S - S_{t,1})dt + \sigma_S dW_t^S \tag{3.22}$$

$$\text{und } S_{t,2} \;\sim\; N(\mu_\xi, \sigma_\xi). \tag{3.23}$$

Die Übergangsmatrix P_z von z_t werde beschrieben durch

$$P_z = \begin{pmatrix} p_{1,1} & p_{1,2} \\ p_{2,1} & p_{2,2} \end{pmatrix} = \begin{pmatrix} p_{1,1} & 1 - p_{1,1} \\ 1 - p_{2,2} & p_{2,2} \end{pmatrix}. \tag{3.24}$$

Bei diesem Modellansatz wird ein Spike durch eine Realisation des Sprungregimes modelliert. Wechselt der Markov-Prozess wieder in das normale Regime, so folgt der Realisierung des Sprungregimes ein direktes Zurückfallen auf das Niveau des normalen Regimes. Ein Verbleib im Sprungregime entspricht dem Eintreten eines weiteren Spikes. Bierbrauer, Trück und Weron

(2004) sowie Weron (2005) greifen diese Modellierung auf, verwenden jedoch ein lognormal-verteiltes bzw. Pareto-verteiltes Sprungregime.

Huisman und Mahieu (2003) wählen eine alternative Modellierung von Spikes und nutzen ein Regime-Switching Modell mit drei Regimen zu deren Beschreibung. Dabei sind sowohl das normale Regime als auch die beiden Sprungregime über einen Ornstein-Uhlenbeck Prozess modelliert. Ein Spike wird über die beiden Sprungregime erzeugt, indem das initiale Sprungregime den Sprung auslöst, und das inverse Sprungregime, in welches das initiale Sprungregime immer übergeht, einen inversen Sprung auslöst. Von diesem Regime geht der Prozess direkt in das normale Regime über.

Wie findet eine geeignete Modellierung der Sprungkomponente statt?

Die Vielzahl der Modellansätze zur Beschreibung von Preissprüngen verdeutlicht bereits die komplexe Problematik einer geeigneten Modellierung. Trotz der schon weitreichenden Literatur zur Sprungmodellierung hat sich bisher keiner der Modellierungsansätze als besser geeignet herauskristallisiert. Dabei sind auch die unterschiedlichen Gründe für Preissprünge wie nicht antizipierte extreme Wetterentwicklungen, durch Hitze bedingte Kühlwasserknappheit oder Kraftwerks- und Leitungskapazitätsausfälle zu beachten, die zu unterschiedlichen Sprungmustern führen können. Diese unterschiedlichen Muster zu beschreiben und eine geeignete Modellierung der Sprungkomponente abzuleiten ist einer der Kernpunkte dieser Arbeit.

3.1.5   Die Volatilitätskomponente

Neben der Sprungkomponente wird in manchen Modellen auch eine Volatilitätskomponente zur Beschreibung einer stochastischen Volatilität verwendet. Escribano, Peña und Villaplana (2002) modellieren den Spotpreis über

$$P_t \;=\; D_t + S_t \tag{3.25}$$

$$\text{mit } dS_t \;=\; -\kappa_S S_t dt + \sigma_S(t) dW_t^S + \xi_t dJ_t \tag{3.26}$$

$$\text{und } d\sigma_S^2(t) \;=\; \kappa_{\sigma_S}(\nu_{\sigma_S} - \sigma_S^2(t)) dt + \sigma_S(t)\sigma_{\sigma_S} dW_t^{\sigma_S}. \tag{3.27}$$

$\sigma_S(t)$ beschreibt eine stochastische Volatilität modelliert über das Heston Modell mit Mean-Reversion Rate κ_{σ_S}, langfristigem Mittel ν_{σ_S}, Volatilität σ_{σ_S} und Wiener Prozess $dW_t^{\sigma_S}$.[2] Mit

---

[2]Siehe Heston (1993).

dieser Modellierung können Volatilitätscluster, welche in Strompreiszeitreihen zu beobachten sind, beschrieben werden.

3.1.6 Weitere Modellrahmen

Neben den bereits vorgestellten Modellansätzen finden sich noch weitere Spotpreismodelle in der Literatur, welche in drei Kategorien eingeteilt werden können. Dabei soll nur kurz auf die Grundidee dieser Kategorien eingegangen werden:

Zeitreihenmodelle

Alternativ zu den zeitstetigen stochastischen Prozessen zieht ein Teil der Literatur Zeitreihenmodelle zur Modellierung der Strompreisdynamik heran.[3] Dabei sind die Eigenschaften dieser Modelle den hier bereits vorgestellten Modellen sehr ähnlich. Kernpunkte dieser Modelle sind die Beschreibung einer Saisonalität, einer Mean-Reversion Eigenschaft, eines unsicheren langfristigen Mittels sowie einer stochastischen Volatilität.[4]

Alternative Verteilungen

Als eine Möglichkeit, die hohe Kurtosis der Spotpreise ohne Sprungkomponente zu beschreiben, werden zur Normalverteilung alternative Verteilungen zur Modellierung der Innovationen vorgeschlagen. So schlagen Huisman und Huurman (2003) die Student-t Verteilung zur Beschreibung der Unsicherheit vor. Mugele, Rachev und Trück (2005) verwenden α-stabile Verteilungen.

Fundamentale Modelle

Fundamentale Modelle sind an die fundamentalen Preisfaktoren der Strommärkte angelehnt und modellieren Aspekte der Angebots- bzw. Nachfrageseite. Dabei wird vor allem versucht, die Merit Order Kurve der installierten bzw. verfügbaren Kapazitäten zu beschreiben. Mit der Modellierung der Last kann dann über die Merit Order Kurve der Preis ermittelt werden, wobei zusätzlich weitere Unsicherheitsfaktoren mit in den Preis einfließen können.[5] Während diese Modelle fundamental gut begründet sind, erweist sich bei diesen Modellansätzen jedoch grundsätzlich die ungenügende Abbildung der beobachteten Sprünge als problematisch.

---

[3]Für einen Überblick über Zeitreihenmodelle siehe u.a. Brockwell und Davis (2002).

[4]Siehe u.a. Knittel und Roberts (2005), Misiorek und Weron (2005), Carnero, Koopman und Ooms (2005), Haldrup und Nielsen (2006) und Serna und Villaplana (2006)

[5]Siehe Barlow (2002) sowie Burger et al. (2004)

3.1.7 Folgerungen aus der Spotpreismodellierung

Die vorgestellten Modelle verdeutlichen die Komplexität der Spotpreismodellierung im Strommarkt. Neben der großen Anzahl von Eigenschaften, die bei der Modellierung berücksichtigt werden sollten, gibt es mittlerweile eine Vielzahl an Modellierungsansätzen zur Beschreibung der einzelnen Eigenschaften. Die vorliegende Arbeit konzentriert sich dabei auf die zeitstetigen stochastischen Modellansätze. Zum einen werden diese in einem Großteil der Literatur herangezogen und zum anderen bieten die zeitstetigen stochastischen Modellrahmen ein breites Instrumentarium zur Derivatebewertung, welche von großer Bedeutung ist.

Zusammenfassend konnten die zentralen Komponenten der Spotpreismodellierung herausgearbeitet werden. Während die Modellierung der Kurzfrist-, der Langfrist- und der Volatilitätskomponente in der Literatur recht übereinstimmend gehandhabt wird, scheint die Frage nach der geeigneten Saisonkomponente und vor allem nach der geeigneten Sprungkomponente weitaus komplexer zu sein. Auch wenn es mittlerweile viele Modellierungsansätze für diese beiden Komponenten gibt, so fehlt ein empirischer Vergleich, welcher die Güte der Ansätze beurteilt. Dieser soll im weiteren durchgeführt werden, um die Bedeutung sowie die geeignete Modellierung der Saison- und Sprungkomponente zu untersuchen.

3.2 Terminpreismodellierung

Bei der Terminpreismodellierung wird der theoretische Terminpreis $F_t(T)$ mit instantaner Lieferperiode $[T, T + dt)$ bzw. Lieferzeitpunkt T oder alternativ direkt der marktgehandelte Terminpreis $F_t(T_1, T_2)$ mit Lieferperiode $[T_1, T_2)$ von T_1 bis T_2 modelliert. Für die Länge $T_2 - T_1$ der Lieferperiode kommen hierbei die Perioden gehandelter Terminkontrakte wie monatliche, quartalsweise oder jährliche Lieferperioden in Frage. Eine direkte Modellierung von $F_t(T_1, T_2)$ ist vor allem deshalb interessant, da gehandelte Optionen auf den Terminpreis auch auf die gehandelten Terminkontrakte geschrieben sind.

Im Vergleich zur Spotpreismodellierung wurde die Terminpreismodellierung in der Literatur bisher deutlich weniger behandelt. Zur Modellierung wird meist auf den im Zinsbereich entwickelten Heath/Jarrow/Morton (HJM) Modellrahmen zurückgegriffen,[6] bei dem die Bewe-

---

[6]Vgl. Heath, Jarrow und Morton (1992).

gung von Terminpreiskurven über das Mehr-Faktoren Modell

$$dF_t(T) = \sum_{i=1}^{n} \sigma_i(t, T) F_t(T) d\widetilde{W}_t^i \qquad (3.28)$$

$$\text{bzw. } dF_t(T_1, T_2) = \sum_{i=1}^{n} \sigma_i(t, T_1, T_2) F_t(T_1, T_2) d\widetilde{W}_t^i \qquad (3.29)$$

unter dem risikoneutralen Maß $\mathbf{Q}$ beschrieben wird. Hierbei sei n die Anzahl der Faktoren, $\sigma_i(t, T)$ bzw. $\sigma_i(t, T_1, T_2)$ die zeitabhängige Volatilität des i-ten Faktors und $\widetilde{W}_t^i$ seien Wiener Prozesse unter dem Maß $\mathbf{Q}$. Die Frage der Modellierung besteht daher in der Wahl der Faktoren und der Volatilitäts- und Korrelationsstruktur.

Koekebakker und Ollmar (2005) stellen mittels einer Hauptkomponentenanalyse fest, dass in einem lognormalen HJM Modellrahmen zwei Faktoren ca. 75% der Preisfluktuationen erklären können, während für eine Erklärungskraft von 95% über zehn Faktoren benötigt werden. Weiter finden sie, dass kurz- und langfristige Terminpreise gegenläufig sein können und somit mindestens ein zweiter Faktor benötigt wird. Daher sollten mindestens zwei Faktoren zur Modellierung einer mittelfristigen und einer langfristigen Komponente verwendet werden.

3.2.1 Die mittelfristige Komponente

Clewlow und Strickland (1999a) schlagen zur Beschreibung von Terminpreiskurven in Commodity-Märkten ein an das Spotpreismodell von Schwartz (1997) angelehntes Ein-Faktor Modell mit

$$\sigma_1(t, T) = e^{-\kappa_M(T-t)} \sigma_M, \qquad (3.30)$$

vor.[7] Das Ein-Faktor Modell beschreibt dabei eine mit zunehmender Laufzeit des Terminkontraktes fallende Volatilität mit Grenzvolatilität $\sigma_1(t, T) \xrightarrow{T \to \infty} 0$. Die mit den Terminkontrakten verbundene Unsicherheit kann daher mittelfristigen Preiseffekten, wie z.B. den durch Knappheit oder Überangebot entstandenen Preisentwicklungen bei Energieträgern, zugeschrieben werden, die jedoch nicht dauerhaft erhalten bleiben. Somit haben Innovationen der mittelfristigen Komponente auf Terminkontrakte mit zunehmender Laufzeit einen geringeren bis verschwindenden Einfluss. Diese fehlende Volatilität langfristiger Terminkontrakte ist die große Schwäche des Ein-Faktor Modells von Clewlow und Strickland. Daher wird in Terminpreismodellen meist zusätzlich eine langfristige Komponente mit herangezogen.

---

[7]Vgl. Clewlow und Strickland (1999a).

3.2.2   Die langfristige Komponente

Die langfristige Komponente ist für die allen Terminkontrakten zugrunde liegende Volatilität zuständig. Dies kann durch einen konstanten Volatilitätsterm modelliert werden. Boerger, Kiesel und Schindlmayr (2007) verwenden ein Zwei-Faktoren Modell mit unkorrelierten Wiener Prozessen und

$$\sigma_1(t, T_1, T_2) \;=\; e^{-\kappa_M(T_1-t)}\sigma_M \qquad\qquad (3.31)$$

$$\sigma_2(t, T_1, T_2) \;=\; \sigma_L \qquad\qquad\qquad\qquad (3.32)$$

zur Beschreibung der Terminkontrakte mit einmonatiger Lieferperiode. Durch die Hinzunahme des zweiten Faktors mit laufzeitunabhängiger Volatilität σ_L unterliegen alle Terminkontrakte einer minimalen Volatilität mit Grenzvolatilität σ_L, was die Abbildung am Markt beobachteter Volatilitäten deutlich verbessert. Dabei beschreibt diese Komponente dauerhaft wirksame Preiseffekte wie Konjunkturentwicklungen, eine nicht antizipierte Veränderung des Kraftwerksparks oder unerwartete technische Neuerungen.

Die Berücksichtigung dieses konstanten Volatilitätsfaktors ist dabei weit verbreitet. Clewlow und Strickland (1999b) verwenden einen vergleichbaren Ansatz. Auch Bjerksund, Rasmussen und Stensland (2000) verwenden in ihrem Drei-Faktoren-Modell die gleiche Langfristkomponente. Sie führen jedoch einen zweiten mittelfristigen Term für eine bessere Abbildung der über die Zeit abfallenden Volatilität ein. Benth und Koekebakker (2005) erweitern den Ansatz der langfristigen Komponente mit der Wahl eines zeitabhängigen Volatilitätsterms $\sigma_L(t)$. So können zusätzlich saisonale Volatilitätseffekte in der langfristigen Komponente abgebildet werden. Weiter schlagen Benth und Koekebakker auch eine Erweiterung des HJM Modellrahmens um jeweils eine Sprungkomponente in den Faktoren vor.

Zusammenfassend lässt sich mit der Kombination einer mittelfristigen und einer langfristigen Komponente eine gute Abbildung der Terminpreisdynamiken erreichen. Die Hinzunahme weiterer Komponenten ist denkbar, jedoch erscheint die Wahl der ersten beiden Faktoren als am bedeutendsten. Eine weitere mögliche Erweiterung der Komponenten ist die Berücksichtigung jeweils einer Sprungkomponente, welche bisher aber als nicht zwingend notwendig erschien.

Wie findet eine geeignete Modellierung der mittelfristigen und der langfristigen Komponente

statt?

Bei der Modellierung der mittelfristigen und langfristigen Komponente muss somit eine mit
steigender Laufzeit abnehmende sowie eine über die Zeit konstante Volatilität abgebildet werden. Hierfür eignen sich in der Spotpreismodellierung die Berücksichtigung eines Ornstein-
Uhlenbeck Prozesses für die mittelfristige Komponente und einer arithmetisch Brownschen Bewegung für die langfristige Komponente. Werden diese beiden Modellkomponenten verwendet,
leitet sich daraus die von Boerger, Kiesel und Schindlmayr vorgeschlagene Terminpreisdynamik ab. Damit ist auch die Frage nach der langfristigen Komponente mit der Wahl der arithmetischen Brownschen Bewegung bei Verwendung eines Ornstein-Uhlenbeck Prozesses für die
Mittelfristkomponente beantwortet.

3.3 Allgemeiner Modellrahmen

Werden die zentralen Komponenten der Spot- und der Terminpreismodellierung betrachtet, ist
zu erkennen, dass die Modellklassen jeweils mindestens einen zentralen Punkt der anderen vernachlässigen. Während bei der Terminpreismodellierung die Komplexität der kurzfristigen Dynamik sowie die Saisonalitäten unberücksichtigt bleiben, modelliert die Spotpreisbewegung vor
allem die Volatilitätsstruktur der Terminpreise ungenügend. Um beiden Modellklassen gerecht
zu werden und eine Bewertung sowohl von Spot- als auch Terminderivaten zu ermöglichen,
sollten in einem Modellrahmen folgende Komponenten berücksichtigt werden:

- Saisonalität

- Kurzfristprozess mit

  − Mean-Reversion

  − Heteroskedastizität

  − Preissprüngen

- Mittelfristprozess

- Langfristprozess

Allgemein sei der logarithmierte Spotpreis $\ln P_t$ dazu beschrieben durch

$$
\begin{aligned}
\ln P_t &= D_t + X_t \\
\text{mit } X_t &= \sum_{i=1}^{N} X_t^i.
\end{aligned}
\tag{3.33}
$$

D_t beschreibe die Saisonalität, X_t^i, $i \in \{1, .., N\}$ beliebige stochastische Prozesse und N die Anzahl modellierter Faktoren. Um den oben beschriebenen Anforderungen gerecht zu werden, sollte dabei $N \geq 3$ gewählt werden.

Im Folgenden gilt es nun, diesen allgemeinen Modellrahmen zu konkretisieren. Dazu soll in einem ersten Schritt aufbauend auf den in diesem Kapitel erhaltenen Erkenntnissen ein grundlegendes Preismodell eingeführt werden, welches für die weiteren Fragestellungen der Preismodellierung und Derivatebewertung als Ausgangspunkt dient. Im Fokus stehen dabei auf Seiten der Preismodellierung vor allem die Fragen

- *Wie findet eine geeignete Modellierung der deterministischen Komponente statt?*

- *Wie findet eine geeignete Modellierung der Sprungkomponente statt?*

Kapitel 4

Ein Grundmodell zur Strompreismodellierung

Im Folgenden gilt es, das allgemeine Modell (3.33) zu konkretisieren. Dabei soll in diesem Kapitel ein grundlegendes Preismodell vorgestellt werden, von dem ausgehend die weiteren Modellierungs- und Bewertungsfragen diskutiert werden können. Zuerst wird dazu die deterministische Komponente des Modells herausgearbeitet. Dafür werden Modellierungsansätze der einzelnen saisonalen Effekte anhand von Marktdaten diskutiert und aufbauend auf diesen Ansätzen die deterministische Komponente D_t erstellt. Im Anschluss wird die grundlegende stochastische Komponente X_t eingeführt, mit der das Grundmodell beschrieben wird. Zur Schätzung der Modellparameter des Grundmodells wird mit der Markov-Chain-Monte-Carlo Methode ein Schätzverfahren eingeführt, welches ebenfalls für die deutlich komplexeren Modellerweiterungen herangezogen werden kann. Mit diesem Schätzverfahren werden in einem ersten Schritt die Parameter des Grundmodells anhand der Spotpreiszeitreihe geschätzt. Weiter wird das Grundmodell in das äquivalente Martingalmaß überführt, um die Bewertung von Derivaten auf Spotkontrakte zu ermöglichen. Hierzu wird eine eigene Methode entwickelt, mit der die Marktpreise des Risikos aus den börslich gehandelten Terminkontrakten abgeleitet werden können. Um das Modell konsistent zu den beobachteten Preisen der börslich gehandelten Terminoptionen zu gestalten, wird in einem zweiten Schritt die implizite Parameterschätzung der mittel- und langfristigen Parameter des Grundmodells anhand der Optionsdaten durchgeführt. Somit ist das Spotpreismodell geeignet, die beobachteten Preise der Terminoptionen abzubilden und nicht börslich gehandelte Terminoptionen relativ zu den am Markt gehandelten zu bewerten. Es folgt ein Grundmodell, welches sowohl konsistent zu den börslich gehandelten Terminkontrakten als auch zu den börslich gehandelten Terminoptionen ist.

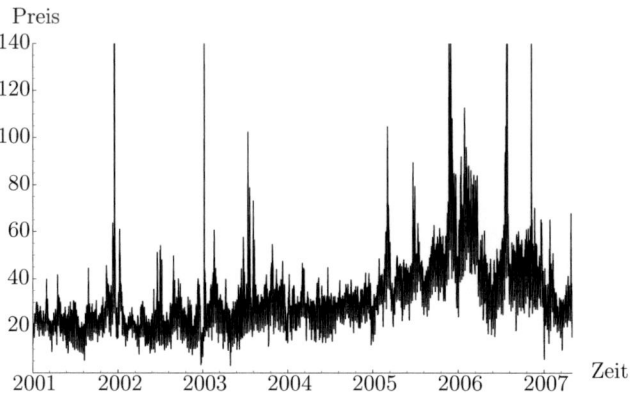

Abbildung 4.1: Die Abbildung zeigt den täglichen Spotpreis des Baseload Kontraktes an der EEX vom 01.01.2001 bis zum 30.04.2007.

4.1 Datengrundlage

Für die empirische Anpassung des Modells wird auf den Baseload Kontrakt der EEX zurückgegriffen.[1] Abbildung 4.1 zeigt den Preisverlauf der hierfür herangezogenen Daten vom 01.01.2001 bis zum 30.04.2007, welche sich im Auktionshandel ergeben haben. Auf Grund der noch geringen Liquidität und des neu eingeführten Marktes wurden die Daten vom 17.06.2000 bis zum 31.12.2000 nicht berücksichtigt. Bei den Daten sind die bereits in Kapitel 3.1 diskutierten Eigenschaften deutlich zu erkennen. Neben einer ausgeprägten Saisonalität, einem starken Mean-Reverting Verhalten sowie einer hohen Volatilität sind auch extreme Preissprünge zu beobachten. So erreichten die Preise bei durchschnittlich 33,38 Euro im Maximum 301,54 Euro und im Minimum 3,12 Euro. Die Renditen weisen Extrema mit einer täglichen Preisveränderung von 969,07% bzw. -85,95% auf. Die jährliche Volatilität liegt dabei bei 641,53%. Ein großer Teil der Volatilität basiert jedoch auf deterministischen Effekten, welche in einem ersten Schritt herausgearbeitet werden sollen. Die Modellierung der stochastischen Komponente wird dann anhand der um die deterministischen Effekte bereinigten Zeitreihe durchgeführt.

---

[1]Eine alternative Verwendung von anderen Block- oder Stundenkontrakten wäre ebenso möglich. Jedoch scheint der Baseload Kontrakt zum einen auf Grund seiner Bedeutung am Markt und seines auch für andere Kontrakte repräsentativen Preisverlaufs am interessantesten zu betrachten.

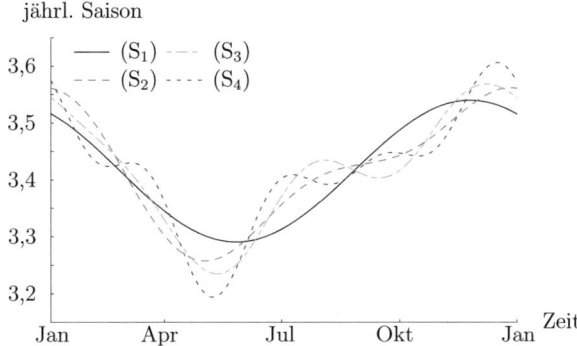

Abbildung 4.2: Die Abbildung zeigt die geschätzte jährliche Saisonalität für die Modellie-rungsansätze (S_1), (S_2), (S_3) und (S_4).

4.2 Deterministische Komponente

Wie bereits in Kapitel 2.1 vorgestellt, unterliegt die Stromnachfrage und somit auch der Strom-preis starken Saisonalitäten. Diese gilt es in dem Preismodell mit abzubilden, um die determi-nistischen Preiseinflüsse von den stochastischen Einflüssen zu trennen. Eine nicht ausreichende Beschreibung der Saisonalitäten würde dagegen zu fehlerhaften Schätzungen der stochastischen Komponenten führen. Daher soll der logarithmierte Spotpreis $\ln P_t$, welcher über (3.33) model-liert wird, um den deterministischen Anteil D_t bereinigt werden. Hierfür bleibt zu bestimmen, wie die deterministische Komponente D_t zu modellieren ist.

Dabei sollen zur Beschreibung der saisonalen Effekte, wie schon von Lucia und Schwartz (2002) vorgeschlagen, trigonometrische Funktionen und Indikatorfunktionen verwendet wer-den. Weiter können in der deterministischen Komponente ein Preistrend sowie ein CO_2-Effekt berücksichtigt werden. Diese begründen sich unter anderem durch die auf der Inflation basie-renden Preissteigerung der Energieträger sowie dem Start des Emissionszertifikatehandels in 2005. Tabelle 4.1 stellt für die zu berücksichtigenden deterministischen Effekte mögliche Mo-dellierungsansätze dar, aus denen sich die im Modell (3.33) zu verwendende deterministische Komponente bildet. Hierzu sollen die einzelnen Modellierungsansätze getrennt aus den Daten geschätzt und diskutiert werden.

	Jährliche Saisonalität
(S_1)	$s_1 \sin\left(\frac{2\pi t}{365.25}\right) + s_2 \cos\left(\frac{2\pi t}{365.25}\right)$
(S_2)	$\sum_{i=1}^{2}\left(s_{2i-1}\sin\left(i\cdot\frac{2\pi t}{365.25}\right) + s_{2i}\cos\left(i\cdot\frac{2\pi t}{365.25}\right)\right)$
(S_3)	$\sum_{i=1}^{3}\left(s_{2i-1}\sin\left(i\cdot\frac{2\pi t}{365.25}\right) + s_{2i}\cos\left(i\cdot\frac{2\pi t}{365.25}\right)\right)$
(S_4)	$\sum_{i=1}^{4}\left(s_{2i-1}\sin\left(i\cdot\frac{2\pi t}{365.25}\right) + s_{2i}\cos\left(i\cdot\frac{2\pi t}{365.25}\right)\right)$
	Wöchentliche Saisonalität
(D_1)	$\mathbf{1}_{Mo-Fr}(t)d_{Mo-Fr} + \mathbf{1}_{Sa}(t)d_{Sa} + \mathbf{1}_{So}(t)d_{So}$
(D_2)	$\mathbf{1}_{Mo}(t)d_{Mo} + \mathbf{1}_{Di-Do}(t)d_{Di-Do} + \mathbf{1}_{Fr}(t)d_{Fr} + \mathbf{1}_{Sa}(t)d_{Sa} + \mathbf{1}_{So}(t)d_{So}$
(D_3)	$\mathbf{1}_{Mo}(t)d_{Mo} + \mathbf{1}_{Di}(t)d_{Di} + \mathbf{1}_{Mi}(t)d_{Mi} + \mathbf{1}_{Do}(t)d_{Do} + \mathbf{1}_{Fr}(t)d_{Fr} + \mathbf{1}_{Sa}(t)d_{Sa}$
	$+ \mathbf{1}_{So}(t)d_{So}$
	Feiertagseffekt
(F_1)	$\mathbf{1}_f(t)w_f(t)f$
(F_2)	$\sum_{i\in N_d}\mathbf{1}_i(t)d_i \cdot (1 - \mathbf{1}_f(t)w_f(t)) + \mathbf{1}_f(t)w_f(t)f$
	Brückentagseffekt
(B_1)	$\mathbf{1}_b(t)w_b(t)b$
(B_2)	$\sum_{i\in N_d}\mathbf{1}_i(t)d_i \cdot (1 - \mathbf{1}_b(t)w_b(t)) + \mathbf{1}_b(t)w_b(t)b$
	Weihnachtszeiteffekt
(C_1)	$\mathbf{1}_c(t)c$
(C_2)	$\mathbf{1}_c(t)\left(\mathbf{1}_{Mo}(t)c_{Mo} + \mathbf{1}_{Di-Do}(t)c_{Di-Do} + \mathbf{1}_{Fr}(t)c_{Fr} + \mathbf{1}_{Sa}(t)c_{Sa} + \mathbf{1}_{So}(t)c_{So}\right.$
	$\left. + \mathbf{1}_b(t)c_b + \mathbf{1}_h(t)c_h\right)$
	Trend
(T)	$t\mu$
	CO_2-Effekt
(CO)	$\mathbf{1}_{co}(t)co$

Tabelle 4.1: Die Tabelle zeigt alternative Modellierungsansätze zur Berücksichtigung von saisonalen und deterministischen Effekten.

	Mo	Di	Mi	Do	Fr	Sa	So
(D_1)	3,516	3,516	3,516	3,516	3,516	3,228	2,960
(D_2)	3,484	3,544	3,544	3,544	3,464	3,228	2,960
(D_3)	3,484	3,560	3,547	3,525	3,464	3,228	2,960

Tabelle 4.2: Die Tabelle zeigt die Schätzergebnisse der Modellierungsvarianten (D_1), (D_2) und (D_3) für die wöchentliche Saisonalität.

Um die *jährliche Saisonalität* abzubilden, bieten sich trigonometrische Funktionen mit Gewichten s_i, $i \in \{1, .., 8\}$, an. Diese können, im Gegensatz zu Indikatorfunktionen, den hauptsächlich auf wetterbedingten Einflüssen begründeten sanften Verlauf des Preisniveaus gut abbilden.[2] Um die Saisonalität zu erhalten, wird eine Schätzung über die Methode der kleinsten Quadrate durchgeführt. Neben der jährlichen Saisonalität wird dabei noch der Weihnachtszeiteffekt (C) mit berücksichtigt, da eine Vernachlässigung dessen einen systematischen Einfluss auf den Verlauf der jährlichen Saisonalität hätte. Abbildung 4.2 zeigt den Verlauf der geschätzten jährlichen Saisonalitätsmuster (S_1), (S_2), (S_3) und (S_4), die sich in der Anzahl der verwendeten trigonometrischen Funktionen und ihrer Periodizität unterscheiden. Während eine Berücksichtigung von einer halbjährigen Periodizität in (S_2) noch sinnvoll erscheint, ist eine weitere Hinzunahme kleinerer Periodizitäten in (S_3) und (S_4) auf Grund der zusätzlich benötigten Parameter zu hinterfragen. Die hier zusätzlichen feineren Schwankungen sind nur schwer fundamental zu erklären und eher in der begrenzten Datenbasis begründet. Im weiteren Verlauf soll daher (S_2) verwendet werden, welche die auf den Jahreszeiten basierenden Effekte bereits gut abbildet.

Für die *wöchentliche Saisonalität* bieten sich zur Modellierung im Gegensatz zur jährlichen Saisonalität mit d_i, $i \in N_d = \{Mo, .., So\}$, gewichtete Indikatorfunktionen an, um den Übergang von einem Tagestyp auf einen anderen zu modellieren. Dabei stellt sich die Frage, inwieweit unterschiedliche Tage in eine Gruppe zusammengefasst werden können. Während sich Samstage und Sonntage von der industriellen und privaten Stromnachfrage deutlich von den Wochentagen aber auch untereinander absetzen, ist zu erfragen, inwiefern die Wochentage weiter zu unterscheiden sind. Tabelle 4.2 zeigt die Schätzergebnisse für die wöchentlichen Modellierungsansätze (D_1), (D_2) und (D_3). Hierbei ist zu erkennen, dass sich die Tage Montag und

---

[2]Wettereinflüsse wie z.B. die erwartete Luft- und Wassertemperatur, die Helligkeitsdauer oder die erwartete Windhäufigkeit und -stärke verlaufen eher sanft und weisen keine Sprünge auf, welche bei der Modellierung über Indikatorfunktionen auftreten würden.

Freitag am deutlichsten absetzen. Dieses kann in der Fahrweise des Kraftwerksparks begründet sein, in dem auf Grund der wochentags höheren Stromnachfrage Kraftwerke Montags angefahren und Freitags heruntergefahren werden. Dagegen scheint eine weitere Unterscheidung der Wochentage Dienstag bis Donnerstag nicht notwendig zu sein, da zusätzlich hierfür auch keine fundamentalen Gründe vorliegen. Für die Modellierung der deterministischen Komponente soll daher (D_2) herangezogen werden, um die wöchentliche Saisonalität zu beschreiben.

Der *Feiertagseffekt* und der *Brückentagseffekt* begründen sich wie auch das gesonderte Preisniveau für Samstage und Sonntage auf der sich anders gestaltenden industriellen und privaten Stromnachfrage. Analog wird hierbei auf Indikatorfunktionen gewichtet mit f bzw. b zurückgegriffen. Weiter müssen diese Effekte aber noch mit dem Anteil der betroffenen Bevölkerung $w_f(t)$ bzw. $w_b(t)$ gewichtet werden, um zwischen gesamtdeutschen und bundeslandspezifischen Feiertagen zu unterscheiden. Bei der Modellierung ist zu unterscheiden, ob diese Effekte zusätzlich zu den Wochentagseffekten gelten, oder ob die Feiertagseffekte unabhängig sind vom Wochentag, auf den sie fallen. Demnach kann zwischen den Modellierungen (F_1) und (B_1) bzw. (F_2) und (B_2) unterschieden werden. Dabei liefert (F_2) und (B_2) in Zusammenhang mit der wöchentlichen Saisonalität (D_2) mit einem Fehler von 361,17 gegenüber 367,42 sowohl ein besseres Ergebnis bei der Methode der kleinsten Quadrate als auch eine stärkere Volatilitätsreduktion mit 390,62% gegenüber 411,34%. Folglich wird der Feiertags- und Brückentagseffekt unabhängig vom Wochentag über (F_2) und (B_2) modelliert.

Für den *Weihnachtszeiteffekt*, welcher vom 24.12. bis zum 06.01. des Folgejahres festzustellen ist, wird ebenfalls eine Indikatorfunktion herangezogen. Bei der Modellierung kann jedoch unterschieden werden, ob eine einheitliche Gewichtung c für den gesamten Zeitraum wie in (C_1) oder eine differenzierte Gewichtung c_i, $i \in \{Mo, .., So, b, h\}$ für jeden Tagestyp wie in (C_2) gewählt wird. Bei einer Berücksichtigung des Weihnachtszeiteffektes zusätzlich zu den bisher vorgestellten Effekten liefert die differenzierte Gewichtung jedoch kaum eine Verbesserung des Fehlers bei der Methode der kleinsten Quadrate. Daher wird in Anbetracht der deutlich geringeren Variablenanzahl die Modellierungsvariante (C_1) gewählt.

Der *Trend* wird über eine lineare Funktion modelliert, was einem exponentiellen Zuwachs im Preis entspricht. Dieses ist gut geeignet, um dem inflationären Gedanken des Trends zu entsprechen.

Komplizierter ist die Modellierung des *CO_2-Effektes*. Dabei ergeben sich zwei Fragen. Soll eine deterministische Bereinigung des Preises stattfinden, obwohl der CO_2-Preis selbst einer stochastischen Entwicklung folgt und wenn ja, soll der Strompreis bereits vorgelagert im Preisniveau

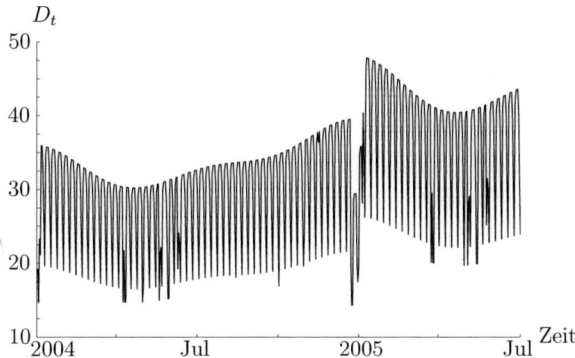

Abbildung 4.3: Die Abbildung zeigt die geschätzte deterministische Komponente D_t vom 01.01.2004 bis zum 30.06.2005.

oder erst mittels der deterministischen Komponente im logarithmierten Preisniveau bereinigt werden? Da sich Kapitel 7 ausführlich mit dieser Fragestellung beschäftigt, soll in einem ersten Schritt eine vereinfachte Bereinigung gewählt werden. Dazu wird über (CO) ein konstanter Zuschlag c für den Zeitraum seit Start des Emissionszertifikatehandels in der deterministischen Komponente modelliert.

Mit der erfolgten Betrachtung der deterministischen Effekte ergibt sich die Antwort auf die Frage:

Wie findet eine geeignete Modellierung der deterministischen Komponente statt?

Die deterministische Komponente D_t lässt sich modellieren als

$$
\begin{aligned}
D_t &= \sum_{i=1}^{2} \left(s_{2i-1} \sin\left(i \cdot \frac{2\pi t}{365.25} \right) + s_{2i} \cos\left(i \cdot \frac{2\pi t}{365.25} \right) \right) \\
&\quad + \sum_{i \in N_d} \mathbf{1}_i(t) d_i \cdot (1 - \mathbf{1}_f(t) w_f(t) - \mathbf{1}_b(t) w_b(t)) \\
&\quad + \mathbf{1}_f(t) w_f(t) f + \mathbf{1}_b(t) w_b(t) b + \mathbf{1}_c(t) c + \mathbf{1}_{co}(t) co + t\mu \qquad (4.1)
\end{aligned}
$$

mit $N_d = \{Mo, Di-Do, Fr, Sa, So\}$ der Menge unterschiedlicher Tagestypen und Konstanten $s_1,..,s_4, d_{Mo},..,d_{So}, f, b, c$ und co. Zur Bestimmung von D_t wird auf die Methode der kleinsten Quadrate zurückgegriffen.

Parameter		Wert
jährl. Saisonalität	s_1	0,04095
jährl. Saisonalität	s_2	0,07160
jährl. Saisonalität	s_3	0,00512
jährl. Saisonalität	s_4	0,03726
Montag	d_{Mo}	3,16774
Dienstag bis Donnerstag	d_{Di-Do}	3,19918
Freitag	d_{Fr}	3,12121
Samstag	d_{Sa}	2,86444
Sonntag	d_{So}	2,59583
Feiertag	f	2,47790
Brückentag	b	2,83349
Weihnachtszeit	c	-0,29432
CO_2-Effekt	co	0,19834
Trend	μ	0,09204

Tabelle 4.3: Die Tabelle zeigt die Schätzergebnisse der deterministischen Komponente D_t für den EEX-Baseloadkontrakt.

In Tabelle 4.3 sind die Schätzergebnisse von D_t gegeben, Abbildung 4.3 zeigt die deterministische Komponente der Preisentwicklung für den Zeitausschnitt vom 01.01.2004 bis zum 30.06.2005. Am deutlichsten ausgeprägt ist die wöchentliche Saisonalität, die auch für einen Hauptteil der deterministischen Preisbewegungen verantwortlich ist. In einem geringeren Maße, aber ebenso bedeutend, sind die weiteren diskutierten saisonalen und deterministischen Effekte zu erkennen. Mit der so bestimmten deterministischen Komponente kann die logarithmierte Preisentwicklung $\ln P_t$ um D_t bereinigt werden, um den stochastischen Teil X_t zu erhalten. Dieser ist in Abbildung 4.4 dargestellt. Im Folgenden gilt es, diesen über die stochastische Komponente zu beschreiben. Die verbleibende Volatilität von X_t wurde dabei durch Berücksichtigung der saisonalen und deterministischen Effekte von 641,53% auf 379,28% verringert. Dies veranschaulicht nochmals, welche Bedeutung der deterministischen Komponente bei der Modellierung zukommt, um eine geeignete Bestimmung der stochastischen Einflüsse zu ermöglichen.

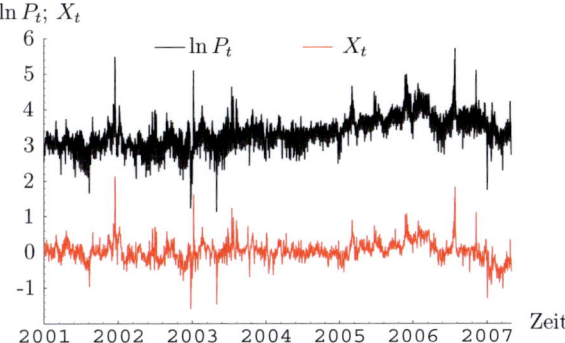

Abbildung 4.4: Die Abbildung zeigt den logartihmierten Spotpreis $\ln P_t$ des EEX Baseload-Kontraktes sowie den um die deterministische Komponente D_t bereinigten stochastischen Teil X_t.

4.3 Stochastische Komponente

Um eine geeignete Beschreibung der stochastischen Komponente X_t zu erhalten, wurden bereits in Kapitel 3 erforderliche Modellkomponenten herausgearbeitet. Bei einigen dieser Komponenten, vor allem der Sprungkomponente, besteht in der Literatur bisher jedoch keine Einigkeit, wie diese zu modellieren sind. Daher soll in diesem Kapitel ein grundlegendes Modell formuliert werden, von dem ausgehend eine Wahl der weiteren Komponenten untersucht und diskutiert werden kann. Ausgehend von den Erkenntnissen aus Kapitel 3.3 wird dazu ein Drei-Faktoren Modell gewählt, bei dem auf Sprung- sowie stochastische Volatilitätskomponenten zunächst verzichtet wird. Dabei sei der erste und zweite Faktor durch einen Ornstein-Uhlenbeck Prozess beschrieben sowie der dritte Faktor durch eine arithmetische Brownsche Bewegung. Die Wahl der arithmetischen Brownschen Bewegung für den dritten Faktor anstatt eines manchmal in der Literatur alternativ verwendeten weiteren Ornstein-Uhlenbeck Prozesses scheint hierbei auf Grund der beobachteten Volatilitäten im Terminmarkt als vorteilhaft. Mit der arithmetischen Brownschen Bewegung kann die allen Terminkontrakten zugrunde liegende Volatilität erklärt werden, während bei Wahl eines dritten Ornstein-Uhlenbeck Prozesses die Volatilität sehr lang laufender Terminkontrakte gegen Null gehen würde. Die stochastische

Komponente X_t ergibt sich damit als

$$X_t = \sum_{i=1}^{3} X_t^i$$
$$= S_t + M_t + L_t \tag{4.2}$$
$$\text{mit } dX_t^1 = dS_t = -\kappa_S S_t dt + \sigma_S dW_t^S \tag{4.3}$$
$$dX_t^2 = dM_t = -\kappa_M M_t dt + \sigma_M dW_t^M \tag{4.4}$$
$$dX_t^3 = dL_t = \sigma_L dW_t^L \tag{4.5}$$

Auf die Hinzunahme eines langfristigen Mittels ungleich Null bei den Ornstein-Uhlenbeck Prozessen sowie einer Driftkomponente bei der arithmetischen Brownschen Bewegung kann auf Grund der Modellierung der deterministischen Komponente verzichtet werden.

Zur Schätzung der Modellparameter muss das Modell (4.2) diskretisiert werden. Dabei ist der Diskretisierungsschritt abhängig von der Granularität der herangezogenen Spotpreise. Es sei ein Spotkontrakt mit sich jeweils nicht überschneidenden Lieferperioden $[T_{t,1}, T_{t,2})$, $T_{t,2} \leq T_{t+1,1}$, mit Startzeit $T_{t,1}$ und Endzeit $T_{t,2}$ der jeweiligen Lieferung t gegeben. Mit konstantem Zeitabstand $T_{t+1,1} - T_{t,1}$ zwischen den Startzeitpunkten der einzelnen Lieferungen ergibt sich damit ein Diskretisierungsschritt von $\Delta t = T_{t+1,1} - T_{t,1}$. Für den herangezogenen Baseload-Kontrakt ergibt sich mit $[T_{t,1}, T_{t,2}) = [0{:}00 \text{ Uhr}, 24{:}00 \text{ Uhr})$ sowie $i \in \{01.01.2001, 02.01.2001, 03.01.2001, ...\}$ ein Diskretisierungsschritt von $\Delta t = 1$ Tag. Diese Modellierung repräsentiert auch die tägliche Preisbildung an der EEX. Möglich wären aber genauso die Modellierung anderer täglich gehandelter Block- bzw. Stundenkontrakte bei geeigneter Wahl von $T_{t,1}$ und $T_{t,2}$ oder die Modellierung aller Stundenkontrakte mit $\Delta t = 1$ Stunde.[3] Die Diskretisierung von (4.2) wird mittels des Euler Verfahrens durchgeführt. Zur Diskretisierung der später verwendeten Poisson-Prozesse werden Bernoulli Sprung-Prozesse herangezogen. Somit ergibt sich das diskretisierte Modell

$$X_t = S_t + M_t + L_t \tag{4.6}$$
$$\text{mit } \Delta S_t = -\kappa_S S_t \Delta t + \sigma_S \sqrt{\Delta t} \varepsilon_t^S \tag{4.7}$$
$$\Delta M_t = -\kappa_M M_t \Delta t + \sigma_M \sqrt{\Delta t} \varepsilon_t^M \tag{4.8}$$
$$\Delta L_t = \sigma_L \sqrt{\Delta t} \varepsilon_t^L \tag{4.9}$$

mit ε_t^S, ε_t^M und ε_t^S standardnormalverteilten Zufallsvariablen.

---

[3]Bei einer stündlichen Modellierung müsste in der deterministischen Komponente noch eine weitere saisonale Komponente für die Berücksichtigung der täglichen Saisonalität modelliert werden.

Auch wenn zur Beschreibung des Baseload-Kontraktes das diskrete Modell (4.6) verwendet wird, soll die Diskussion der Modellwahl anhand der stetigen Formulierungen der Modelle geführt werden. Zum einen kann so auf die Methoden der stochastischen Analysis zurückgegriffen werden, zum anderen bleibt die Modellierung im Einklang mit dem Großteil der Literatur, welche ebenfalls auf stetige Modellformulierungen zurückgreift.

4.3.1 Schätzverfahren

Zur Schätzung der Modellparameter des Modells (4.2) sowie für alle weiteren Schätzungen in dieser Arbeit wird auf Markov Chain Monte Carlo basierte Methoden (MCMC Methoden) zurückgegriffen. MCMC Methoden sind ein statistisches Werkzeug, welches es unter anderem ermöglicht, für analytisch kaum handhabbare hochdimensionale Modelle gesuchte Parameterverteilungen im Bayesschen Sinne simulativ zu ermitteln. Dies ermöglicht die Parameterschätzung hoch komplexer Modelle. So können Mehr-Faktoren Modelle,[4] Modelle mit stochastischer Volatilität,[5] Modelle mit Sprungkomponente[6] sowie Regime-Switching-Modelle[7] mit diesem Verfahren an Marktdaten angepasst werden. Somit kann für alle in dieser Arbeit diskutierten Modellansätze ein einheitliches Schätzverfahren verwenden werden. Weiter ermöglichen es MCMC Methoden, Informationen über die Verteilung der geschätzten Parameterwerte sowie über latente Faktoren zu erhalten. Dies ist insbesondere für das bessere Verständnis sowie die Diskussion der gewählten Modellierungsansätze hilfreich. Um die Anwendung der MCMC Methoden und deren Ergebnisse besser zu verstehen, sollen diese näher erläutert werden.

Gegeben sei ein Modell $\mathcal{M}$ mit zugehöriger Parametermenge Θ und der Menge an Zustandsvariablen Z zur Beschreibung der Zeitreihe X. Sei z.B. das Modell $\mathcal{M}$ über die Stochastik

$$X_t = S_t + L_t \tag{4.10}$$
$$\text{mit} \quad \Delta S_t = -\kappa_S S_t \Delta t + \sigma_S \sqrt{\Delta t} \varepsilon_t^S \tag{4.11}$$
$$\Delta L_t = \sigma_L \sqrt{\Delta t} \varepsilon_t^L \tag{4.12}$$

beschrieben, dann ist die Parametermenge $\Theta = \{\kappa_S, \sigma_S, \sigma_L\}$ und die Menge der Zustandsvariablen $Z = \{S, L\}$. Während bei der Modellierung einer Zeitreihe jeweils die Verteilung

---

[4]Siehe u.a. Polson, Stroud und Müller (2002) sowie Sanford und Martin (2005).

[5]Siehe u.a. Jacquier, Polson und Rossi (1994) sowie Kim, Shephard und Chib (1998).

[6]Siehe u.a. Johannes, Kumar und Polson (1999), Lin und Huang (2002) sowie Eraker, Johannes und Polson (2003).

[7]Siehe u.a. Lu und Berliner (1999), Scott (2002) sowie Henneke, Rachev und Fabozzi (2007).

$p^{\mathcal{M}}(X_{t+1}|\Theta, Z_t)$ von Bedeutung ist, welche zum Zeitpunkt t unter Kenntnis der bisher realisierten Zustandsvariablen $Z_t = \{S_i, L_i\}_{i=1..t}$ und bekannten Parameterwerten Θ die Verteilung des nächsten Zeitreihenwertes X_{t+1} beschreibt, ist bei der Schätzung der Modellparameter und Zustandsvariablen eine andere Verteilung von Interesse. Unter Kenntnis der beobachtbaren Zeitreihe X sollen bei der Schätzung die unbekannten Parameter Θ und die nicht beobachtbaren latenten Variablen Z bestimmt werden. Dies geschieht bei MCMC Methoden über die a posteriori Verteilung $p^{\mathcal{M}}(\Theta, Z|X)$, welche die Verteilung der Parameterwerte Θ sowie der latenten Variablen Z unter Kenntnis der beobachteten Zeitreihe X beschreibt. Da diese Verteilung nicht analytisch hergeleitet werden kann, wird sie mittels der MCMC Methode numerisch approximiert.

Problematisch gestaltet sich jedoch, dass diese Verteilung bei den meisten Modellen hochdimensional und sehr komplex ist. Um diese Komplexität zu verringern, zieht man die Erkenntnisse des Clifford-Hammersley Theorems heran,[8] welche besagen, dass unter bestimmten Voraussetzungen die Menge aller bedingten Verteilungen die gemeinsame Verteilung eindeutig beschreibt. Für das oben beschriebene Modell folgt aus dem Clifford-Hammersley Theorems, dass die a posteriori Verteilung $p^{\mathcal{M}}(\Theta, Z|X)$ eindeutig durch die beiden bedingten a posteriori Verteilungen $p^{\mathcal{M}}(\Theta|X, Z)$ und $p^{\mathcal{M}}(Z|X, \Theta)$ charakterisiert werden kann. Dies ist der erste Schritt zur Komplexitätsminderung der Verteilungen. Um die Komplexität der zu bestimmenden Verteilungen weiter zu verringern, können auch die bedingten a posteriori Verteilungen weiter vereinfacht werden. Wird wieder das Beispiel (4.10) herangezogen, kann z.B. die bedingte a posteriori Verteilung $p^{\mathcal{M}}(\Theta|X, Z)$ durch die drei eindimensionalen bedingten Verteilungen $p^{\mathcal{M}}(\kappa_S|X, Z, \sigma_S, \sigma_L)$, $p^{\mathcal{M}}(\sigma_S|X, Z, \kappa_S, \sigma_L)$ und $p^{\mathcal{M}}(\sigma_L|X, Z, \kappa_S, \sigma_S)$ beschrieben werden. Ebenso kann die bedingte a posteriori Verteilung $p^{\mathcal{M}}(Z|X, \Theta)$ der latenten Variablen S und L charakterisiert werden durch die bedingten Verteilungen $p^{\mathcal{M}}(S_1|X, \Theta, S_{-1}, L)$, ..., $p^{\mathcal{M}}(L_N|X, \Theta, S, L_{-N})$ der einzelnen latenten Variablen in jedem Zeitpunkt. Dabei sei N die Anzahl beobachteter Zeitpunkte und S_{-i} die Menge $S \backslash S_i$. Dadurch kann die ursprünglich hochdimensionale a posteriori Verteilung in eindimensionale bedingte Verteilungen zerlegt werden, durch welche sie eindeutig charakterisiert wird.

Nun gilt es, diese bedingten a posteriori Verteilungen zu bestimmen. Mit dem Satz von Bayes lassen sich dabei die bedingten a posteriori Verteilungen durch die Likelihoodfunktion des Modells und die a priori Verteilung der gesuchten Variable charakterisieren. Dabei gilt z.B. für die

---

[8]Siehe Hammersley und Clifford (1970) sowie Besag (1974).

bedingte a posteriori Verteilung von κ_S:

$$p^{\mathcal{M}}(\kappa_S|X, Z, \sigma_S, \sigma_L) \quad \propto \quad p^{\mathcal{M}}(X|Z, \kappa_S, \sigma_S, \sigma_L)p(\kappa_S)$$
$$= \quad p^{\mathcal{M}}(X|Z, \Theta)p(\kappa_S) \qquad (4.13)$$

$p^{\mathcal{M}}(X|Z, \Theta)$ ist hierbei die Likelihoodfunktion des Modells $\mathcal{M}$, $p(\kappa_S)$ ist die a priori Verteilung des Parameters κ_S und $\propto$ besagt, dass zwei Verteilungen zueinander proportional sind und sich nur um eine Konstante unterscheiden. Dabei kann die a priori Verteilung entweder bereits bekannte Informationen über den Parameter κ_S enthalten oder es kann sich um eine nicht informative a priori Verteilung handeln. Für die in dieser Arbeit verwendeten Schätzverfahren wurden dabei flache, nicht informative a priori Verteilungen herangezogen. Diese haben sich als sinnvoll erwiesen, da keine genaueren Informationen über die zu schätzenden Parameter und latenten Variablen vorliegen.

Mit den erhaltenen bedingten a posteriori Verteilungen kann jetzt der MCMC Algorithmus aufgestellt werden. Dazu werden ausgehend von beliebigen Startwerten $\Theta^{[0]}$ und $Z^{[0]}$ iterativ M neue Parameterwerte $\{\Theta^{[i]}\}_{i=0,\dots,M}$ und $\{Z^{[i]}\}_{i=0,\dots,M}$ aus den a posteriori Verteilungen simuliert, wobei zwischen zwei Methoden unterschieden werden kann:

- *Gibbs Sampler*: Ist es möglich, direkt aus der a posteriori Verteilung $p^{\mathcal{M}}(\Theta_j|X, Z, \Theta^{[i]}_{-j})$ bzw. $p^{\mathcal{M}}(Z_j|X, \Theta, Z^{[i]}_{-j})$ ein neues $\Theta^{[i+1]}_j$ bzw. $Z^{[i+1]}_j$ zu ziehen, so wird dieser Schritt Gibbs Sampler genannt.[9] Bei den in dieser Arbeit betrachteten Modellen ergeben sich dabei häufig die Normalverteilung, die inverse Gammaverteilungen sowie die Betaverteilung als a posteriori Verteilung.

- *Metropolis-Hastings Algorithmus*: Ergibt sich als a posteriori Verteilung eine nicht bekannte Verteilung, aus der kein neuer Parameterwert direkt simuliert werden kann, wird auf den Metropolis-Hastings Algorithmus zurückgegriffen. Dabei wird im Rahmen dieser Arbeit ausschließlich der Random-Walk Metropolis-Hastings Algorithmus verwendet. Ausgehend von dem aktuellen Parameterwert $\Theta^{[i]}_j \in \Theta^{[i]}$ wird ein neuer Kandidat $\widetilde{\Theta}^{[i+1]}_j$ für den Parameter über

$$\widetilde{\Theta}^{[i+1]}_j = \Theta^{[i]}_j + \widehat{\varepsilon} \qquad (4.14)$$

bestimmt, wobei $\widehat{\varepsilon}$ eine Zufallszahl aus einer symmetrischen Verteilung mit Mittelwert Null sei. Mögliche Verteilungen sind hierbei die t-Student Verteilung sowie die Normalverteilung mit Mittel Null, wobei die t-Student Verteilung auf Grund ihrer breiten Enden

---

[9]Siehe Geman und Geman (1984).

besonders in der Konvergenzphase des MCMC Algorithmus besser geeignet ist. Ist ein Kandidat $\Theta_j^{[i+1]}$ ermittelt worden, muss dieser einem Akzeptanztest unterzogen werden. Ob der Kandidat angenommen wird oder nicht ist von der Akzeptanzwahrscheinlichkeit $p_A(\widetilde{\Theta}_j^{[i+1]}, \Theta_j^{[i]})$ abhängig. Dabei ergibt sich die Akzeptanzwahrscheinlichkeit aus dem Verhältnis der a posteriori Wahrscheinlichkeiten für den Kandidaten zum bisherigen Parameterwert und ist definiert durch

$$
p_A(\widetilde{\Theta}_j^{[i+1]}, \Theta_j^{[i]}) = \min\left\{\frac{p^{\mathcal{M}}(\widetilde{\Theta}_j^{[i+1]}|X, Z, \Theta_{-j}^{[i]})}{p^{\mathcal{M}}(\Theta_j^{[i]}|X, Z, \Theta_{-j}^{[i]})}, 1\right\}. \tag{4.15}
$$

Somit ergibt sich $\Theta_j^{[i+1]}$ aus

$$
\Theta_j^{[i+1]} = \begin{cases} \widetilde{\Theta}_j^{[i+1]} & \text{mit Wahrscheinlichkeit } p_A(\widetilde{\Theta}_j^{[i+1]}, \Theta_j^{[i]}) \\ \Theta_j^{[i]} & \text{mit Wahrscheinlichkeit } 1 - p_A(\widetilde{\Theta}_j^{[i+1]}, \Theta_j^{[i]}) \end{cases} \tag{4.16}
$$

Im Rahmen der Schätzungen in dieser Arbeit wurde dabei wenn möglich der Gibbs Sampler verwendet. War dies nicht möglich, wurde der Metropolis-Hastings Algorithmus angewendet, wobei zum Teil die t-Student und zum Teil die Normalverteilung Anwendung gefunden haben.

Wird auf das Beispiel (4.10) zurückgegriffen, ergibt sich mit den Startwerten, $\beta^{[0]} = -\kappa^{[0]}$, $(\sigma_S^2)^{[0]}, (\sigma_L^2)^{[0]}, S^{[0]}, L^{[0]} = X - S^{[0]}$ und $i = 0$ beispielhaft folgender MCMC Algorithmus mit M Iterationen:

i) Ziehe $S_1^{[i+1]}$ aus

$$
p_{S_1} \sim \mathcal{N}\left(\frac{\frac{(1+\beta^{[i]}\Delta t)S_2^{[i]}}{(\sigma_S^2)^{[i]}\Delta t} - \frac{L_2^{[i]} - X_1}{(\sigma_L^2)^{[i]}\Delta t}}{\frac{(1+2\beta^{[i]}\Delta t + (\beta^{[i]})^2\Delta t^2)}{(\sigma_S^2)^{[i]}\Delta t} + \frac{1}{(\sigma_L^2)^{[i]}\Delta t}}\right.
$$

$$
\left., \sqrt{\left(\frac{(1 + 2\beta^{[i]}\Delta t + (\beta^{[i]})^2\Delta t^2)}{(\sigma_S^2)^{[i]}\Delta t} + \frac{1}{(\sigma_L^2)^{[i]}\Delta t}\right)^{-1}}\right).
$$

Bestimme $L_1^{[i+1]}$ als

$$
L_1^{[i+1]} = X_1 - S_1^{[i+1]}.
$$

ii) Für $t = 2, \ldots, T - 1$ ziehe $S_t^{[i+1]}$ aus

$$
p_{S_t} \sim \mathcal{N}\left(\frac{\frac{(1+\beta^{[i]}\Delta t)S_{t-1}^{[i+1]} + (1+\beta^{[i]}\Delta t)S_{t+1}^{[i]} - \beta^{[i]}\alpha^{[i]}\Delta t^2}{(\sigma_S^2)^{[i]}\Delta t} + \frac{2X_t - L_{t-1}^{[i+1]} - L_{t+1}^{[i]}}{(\sigma_L^2)^{[i]}\Delta t}}{\frac{(2+2\beta^{[i]}\Delta t + (\beta^{[i]})^2\Delta t^2)}{(\sigma_S^2)^{[i]}\Delta t} + \frac{2}{(\sigma_L^2)^{[i]}\Delta t}}\right.
$$

$$\sqrt{\left(\frac{(2+2\beta^{[i]}\Delta t+(\beta^{[i]})^2\Delta t^2)}{(\sigma_S^2)^{[i]}\Delta t}+\frac{2}{(\sigma_L^2)^{[i]}\Delta t}\right)^{-1}}\,\right).$$

Bestimme $L_t^{[i+1]}$ als

$$L_t^{[i+1]}=X_t-S_t^{[i+1]}.$$

iii) Ziehe $S_T^{[i+1]}$ aus

$$p_{S_T}\sim\mathcal{N}\left(\frac{\frac{S_{T-1}^{[i+1]}+\beta^{[i]}S_{T-1}^{[i+1]}\Delta t}{(\sigma_S^2)^{[i]}\Delta t}+\frac{X_T-L_{T-1}^{[i+1]}}{(\sigma_L^2)^{[i]}\Delta t}}{\frac{1}{(\sigma_S^2)^{[i]}\Delta t}+\frac{1}{(\sigma_L^2)^{[i]}\Delta t}},\sqrt{\left(\frac{1}{(\sigma_S^2)^{[i]}\Delta t}+\frac{1}{(\sigma_L^2)^{[i]}\Delta t}\right)^{-1}}\,\right).$$

Bestimme $L_T^{[i+1]}$ als

$$L_T^{[i+1]}=X_T-S_T^{[i+1]}.$$

iv) Ziehe $\beta^{[i+1]}$ aus

$$p_\beta\sim\mathcal{N}\left(\frac{\sum_{t=2}^T(S_t^{[i+1]}S_{t-1}^{[i+1]}-(S_{t-1}^{[i+1]})^2)}{\Delta t\sum_{t=2}^T(S_{t-1}^{[i+1]})^2},\sqrt{\frac{(\sigma_S^2)^{[i]}}{\Delta t\sum_{t=2}^T(S_{t-1}^{[i+1]})^2}}\,\right).$$

v) Ziehe $(\sigma_S^2)^{[i+1]}$ aus

$$p_{\sigma_S^2}\sim\mathcal{IG}\left(\frac{T-3}{2},\left(\frac{1}{2}\cdot\sum_{t=2}^T\frac{\left(S_t^{[i+1]}-S_{t-1}^{[i+1]}-\beta^{[i+1]}S_{t-1}^{[i+1]}\Delta t\right)^2}{\Delta t}\right)^{-1}\right).$$

vi) Ziehe $(\sigma_L^2)^{[i+1]}$ aus

$$p_{\sigma_L^2}\sim\mathcal{IG}\left(\frac{T-3}{2},\left(\frac{1}{2}\cdot\sum_{t=2}^T\frac{(L_t^{[i+1]}-L_{t-1}^{[i+1]})^2}{\Delta t}\right)^{-1}\right).$$

vii) Wenn $i<M$ gehe zu i).

Hierbei beschreibe $\mathcal{N}(.,.)$ die Normalverteilung und $\mathcal{IG}(.,.)$ die inverse Gammaverteilung. Ergebnis des MCMC Algorithmus ist eine Markov Kette, welche als Grenzverteilung die gesuchte posterior Verteilung beschreibt.[10] Dabei sollte eine erste Konvergenzphase aus der Markov Kette unberücksichtigt bleiben. Zur Schätzung der Modelle in dieser Arbeit wurden dabei eine Konvergenzphase von 25000 bis 100000 Schritten gemacht und weitere 50000 Iterationsschritte, um die Grenzverteilung zu erhalten. Somit lag die Anzahl M an Iterationen zwischen

---

[10]Für die Konvergenzbedingungen und -eigenschaften siehe u.a. Johannes und Polson (2004).

75000 und 150000 je nach Komplexität und Konvergenz der Modelle. Als Ergebnis der Parameterschätzung wurde dann der Mittelwert der einzelnen erhaltenen Parameterketten verwendet. Beispielhaft ergibt sich bei dem obigen Beispiel für $M = 100000$ der Parameterwert von κ_S als

$$\kappa_S = \sum_{i=50001}^{100000} \frac{\kappa_S^{[i]}}{50000}. \tag{4.17}$$

Wird für die Bestimmung der latenten Variablen S und L auch der Mittelwert herangezogen, ergibt sich jedoch ein geglätteter Verlauf, der nicht die eigentliche Schwankungsbreite dieser latenten Variablen aufweist. Daher wird für illustratorische Zwecke der latenten Variablen im Folgenden häufig ein möglicher Verlauf herangezogen, z.B. $S^{[100000]}$ und $L^{[100000]}$.

Um die Konvergenz der MCMC Algorithmen zu testen, wurden dabei mehrere Tests unternommen. Als erstes wurde unter bekannten Parametern eine Trajektorie mit dem jeweiligen Modell $\mathcal{M}$ simuliert. Aus dieser erhaltenen Trajektorie wurden dann mit Hilfe des MCMC Algorithmus die Parameterwerte und latenten Variablen geschätzt. Eingeflossene Parameter und erhaltene Schätzergebnisse sollten dabei bei nötiger Länge der Zeitreihe nahezu übereinstimmen. Dieser Test wurde für verschiedene Parameterkonstellationen durchgeführt. Weiter wurde durch deutlich unterschiedliche Startparameter getestet, ob jeweils die gleiche Grenzverteilung erreicht wird. Diese beiden Tests wurden bei allen verwendeten MCMC Algorithmen erfolgreich abgeschlossen.

Für eine ausführliche Darstellung zu MCMC Methoden im finanzmathematischen Kontext und der diesen zugrunde liegenden Theorie sei auf Johannes und Polson (2004) verwiesen.

4.3.2   Schätzergebnisse

Um die Bedeutung der Faktoren (4.3) bis (4.5) zu diskutieren, sollen neben dem Drei-Faktoren Modell (4.2) auch reduzierte Modelle herangezogen werden. X_t sei dabei alternativ beschrieben als

$$X_t = S_t, \tag{4.18}$$
$$X_t = S_t + M_t \tag{4.19}$$
$$\text{sowie}\quad X_t = S_t + L_t. \tag{4.20}$$

Tabelle 4.4 zeigt die anhand der bereinigten Daten des EEX Baseload-Kontraktes geschätzten Parameterwerte des Grundmodells (4.2) und der reduzierten Modelle (4.18) bis (4.20) für die

Modell	κ_S	σ_S	κ_M	σ_M	σ_L
(4.2)	174,223	3,276	6,888	0,292	0,443
(4.18)	93,669	3,544			
(4.19)	233,440	2,945	16,415	1,261	
(4.20)	200,339	3,154			0,819

Tabelle 4.4: Die Tabelle zeigt die Schätzergebnisse der stochastischen Komponente X_t für die Modellierungsvarianten (4.2) sowie (4.18) bis (4.20). Die Schätzung wurde anhand der bereinigten Daten des EEX Baseload-Kontraktes durchgeführt.

stochastische Komponente X_t. Deutlich zu erkennen ist die Bedeutung der einzelnen Faktoren. Der Kurzfristfaktor S_t beschreibt den Großteil der Volatilität. Jedoch haben Innovationen durch eine sehr hohe Mean-Reversion Rate nur eine Halbwertszeit von ca. 1 bis 3 Tagen. Im Gegensatz dazu berücksichtigen der Mittelfrist- und Langfristfaktor längerfristig wirksame Änderungen im Preisniveau, die eine Halbwertszeit von 15 bis 37 Tagen haben bzw. dauerhaft erhalten bleiben.

Während das Ein-Faktor Modell (4.18) eine verhältnismäßig geringe Mean-Reversion Rate und eine hohe Volatilität für die Kurzfristkomponente aufweist, führt die Berücksichtigung der mittel- sowie langfristigen Komponente zu einer deutlich höheren Mean-Reversion Rate und geringeren Volatilität der kurzfristigen Komponente. Die geringere Volatilität erscheint dabei direkt plausibel, da die zusätzlichen Komponenten einen Teil der Volatilität erklären. Für die erhöhte Mean-Reversion Rate ist eine Zentrierung des Kurzfristprozesses um die Null verantwortlich, da der Mittel- bzw. Langfristprozess längerfristig wirksame Abweichungen von einem konstanten Mittel erklären können. Dieser Effekt ist deutlich in Abbildung 4.5 zu erkennen. Die Abbildung zeigt exemplarisch einen geschätzten Verlauf der latenten Faktoren für die vier gewählten Modellierungen. Dabei wurden jeweils die Verläufe der latenten Faktoren des letzten Iterationsschrittes des MCMC Verfahrens herangezogen. Während der Kurzfristprozess bei Modell (4.18) auch längerfristige Abweichungen vom Mittel beschreiben muss, treten diese bei den Kurzfristkomponenten der anderen Modellansätze kaum auf. Auch ist hierbei der sehr volatile Verlauf des Kurzfristfaktors und der gemäßigtere Verlauf des Mittelfrist- und Langfristfaktors zu erkennen. Während die Hinzunahme nur eines weiteren Faktors zu einer hohen Volatilität sowohl für den Mittel- als auch für den Langfristfaktor führt, ist bei einer Berücksichtigung beider Faktoren die Erklärung der längerfristigen Preisänderungen auf beide Faktoren verteilt, was zu einer geringeren Volatilität beider Faktoren führt.

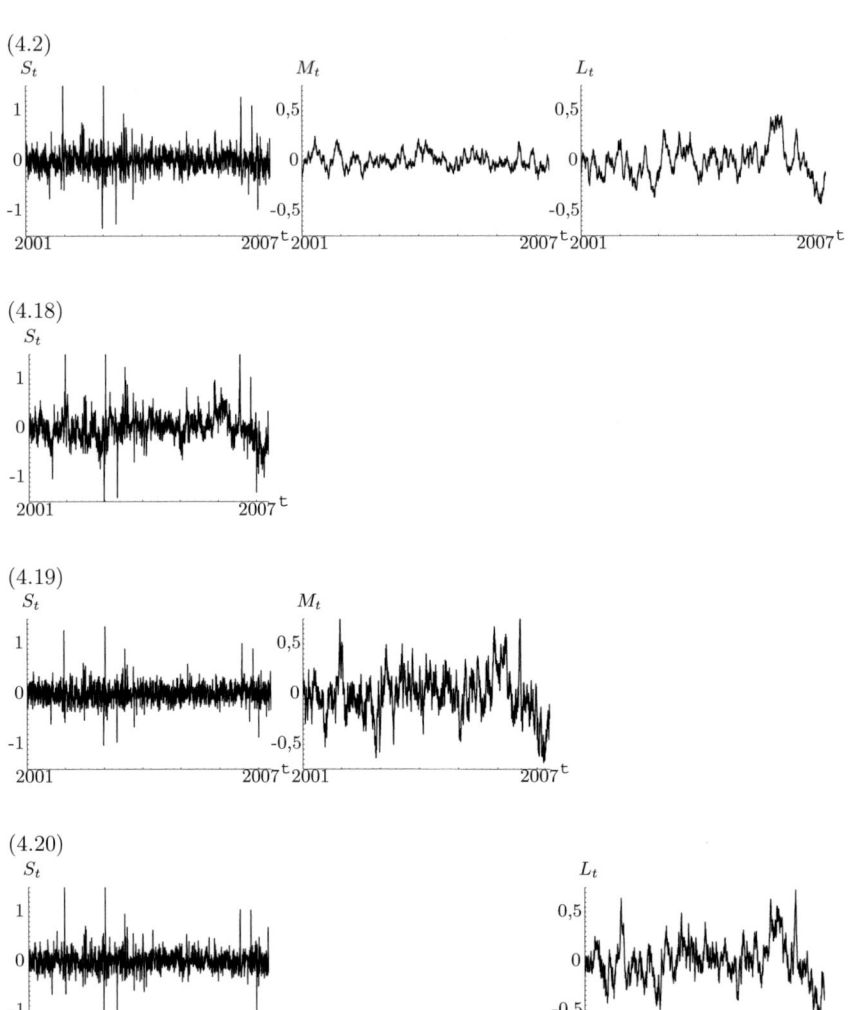

Abbildung 4.5: Die Abbildung zeigt mögliche Konstellationen der latenten Faktoren S_t, M_t und L_t der Modellierungsvarianten (4.2) sowie (4.18) bis (4.20). Die Schätzung wurde anhand der bereinigten Daten des EEX Baseload-Kontraktes durchgeführt.

Alternativ zu der Schätzung aller Modellparameter aus der Spotpreiszeitreihe können zusätzlich Preisinformationen börslich gehandelter Instrumente genutzt werden. Wie in Kapitel 2.2 beschrieben, bieten sich dazu im Strommarkt die börslich gehandelten Terminkontrakte und die auf diese geschriebenen börslich gehandelten Terminoptionen an. Dabei stellt sich die Frage:

Wie können und sollten die Preisinformationen von Spotkontrakten, Terminkontrakten und Terminoptionen bei der Modellierung und Bewertung berücksichtigt werden?

Um dies zu beantworten, soll als erstes auf das äquivalente Martingalmaß eingegangen werden, das die Bewertung dieser börslich gehandelten Derivate ausgehend von dem Spotpreismodell ermöglicht. Damit kann ein Zusammenhang zwischen den Preisinformationen dieser Derivate und dem Spotpreismodell aufgestellt werden.

4.4 Das äquivalente Martingalmaß

Bei der Bewertung von Derivaten auf Spotkontrakte im Strommarkt muss beachtet werden, dass Strom nicht lagerbar ist. Dieses führt dazu, dass sich Derivate auf einen Spotkontrakt nicht über das Underlying duplizieren lassen. Bei der Bewertung von diesen Derivaten kann folglich nicht auf Ansätze zurückgegriffen werden, welche über das Duplikationsprinzip abgeleitet sind. Die Verwendung des Cost-of-Carry Ansatzes zur Bewertung von Terminkontrakten oder der Black-Scholes Formel[11] zur Bewertung von Optionen auf Spotkontrakte ist daher nicht anwendbar.

Ein zum Duplikationsprinzip alternativer Bewertungsansatz ist die risikoneutrale Bewertung über das äquivalente Martingalmaß. Mittels der risikoneutralen Bewertung ergibt sich im Zeitpunkt t der Preis eines derivativen Instruments $f_t(T)$ mit Laufzeit T als der unter dem äquivalenten Martingalmaß $\mathbf{Q}$ auf der Informationsmenge $\mathcal{F}_t$ bedingte Erwartungswert der mit dem Zinssatz r diskontierten zukünftigen Auszahlung $\overline{f}_T$ des Derivats:

$$\begin{aligned} f_t(T) &= \mathbb{E}^{\mathbf{Q}}\left[e^{-r(T-t)}\overline{f}_T|\mathcal{F}_t\right] \\ &= \mathbb{E}^{\mathbf{Q}}_t\left[e^{-r(T-t)}\overline{f}_T\right] \end{aligned} \tag{4.21}$$

Dabei wird vereinfachend von einem konstanten Zinssatz r ausgegangen.[12] Zur Bewertung des Instruments muss somit die Auszahlungsstruktur $\overline{f}_T$ des Derivats in Abhängigkeit des zu Grunde liegenden Underlyings, die durch die Preisdynamik beschriebene Verteilung des Underlyings

---

[11]Siehe Black und Scholes (1973).

[12]Die Erweiterung auf einen deterministischen Zinssatz r_t ist problemlos möglich, aber auch ein stochastischer Zinssatz r_t wäre denkbar.

und das äquivalente Martingalmaß spezifiziert werden. Analog zum Duplikationsprinzip ist aber auch für die risikoneutrale Bewertung ein vollständiger Markt erforderlich, um die Existenz eines eindeutigen Martingalmaßes voraussetzen zu können. Ist der Markt dagegen wie im Falle des Strommarktes nicht vollständig, existiert kein eindeutiges Martingalmaß. Auf der einen Seite ergibt sich dadurch die Frage nach der Wahl des zu verwendenden Martingalmaßes. Auf der anderen Seite ermöglicht die geeignete Wahl des äquivalenten Martingalmaßes ein Anpassen des Spotpreismodells an Preisinformationen gehandelter Derivate.[13] Somit kann das Modell konsistent mit gegebenen Marktinformationen gestaltet werden. Zu beantworten bleibt dabei die Frage, wie das äquivalente Martingalmaß zu wählen ist, und zu welchen Marktinformationen das Modell mittels einer geeigneten Wahl konsistent gestaltet werden soll. Hierzu sollen zuerst die Grundlagen der Bestimmung des äquivalenten Martingalmaßes diskutiert werden, um basierend auf diesen folgern zu können, welche Marktinformationen heranzuziehen sind und wie aus diesen das äquivalente Martingalmaß abgeleitet werden kann.

4.4.1   Grundlagen

Um das äquivalente Martingalmaß zu bestimmen, müssen zuerst Annahmen bezüglich der Marktpreise des Risikos getroffen werden. Mit dem kurzfristigen, mittelfristigen und langfristigen Risiko sind im Modell (4.2) drei Risikoquellen enthalten und somit drei Marktpreise des Risikos erforderlich. Die Marktpreise des Risikos können dabei konstant modelliert werden, es kann aber auch ein allgemeiner Ansatz z.B. über eine zeitabhängige oder zustandsabhängige Struktur gewählt werden. Allgemein ergibt sich nach dem Theorem von Girsanov mit λ_t^S dem Marktpreis des Risikos der kurzfristigen Komponente, λ_t^M dem Marktpreis des Risikos der mittelfristigen Komponente und λ_t^L dem Marktpreis des Risikos der langfristigen Komponente für das Modell (4.2) unter dem äquivalenten Martingalmaß Q die Dynamik

$$dX_t = dS_t + dM_t + dL_t \tag{4.22}$$

$$\text{mit}\quad dS_t = -(\kappa_S S_t + \sigma_S \lambda_t^S)dt + \sigma_S d\widetilde{W}_t^S \tag{4.23}$$

$$dM_t = -(\kappa_M M_t + \sigma_M \lambda_t^M)dt + \sigma_M d\widetilde{W}_t^M \tag{4.24}$$

$$dL_t = -\sigma_L \lambda_t^L dt + \sigma_L d\widetilde{W}_t^L. \tag{4.25}$$

---

[13]Eine vergleichbare Situation ergibt sich im Bereich festverzinslicher Wertpapiere. Hier nimmt der Momentanzinsatz die Rolle des nicht lagerbaren Instruments ein. Für eine Diskussion über die Wahl des Martingalmaßes in diesem Markt siehe u.a. Hull und White (1990).

Dabei beschreiben $\widetilde{W}_t^S$, $\widetilde{W}_t^M$ und $\widetilde{W}_t^L$ Wiener Prozesse unter dem äquivalenten Martingalmaß Q. Werden die Prozesse (4.23) bis (4.25) betrachtet, können die Terme mit den Marktpreisen des Risikos als langfristiges Mittel in der kurz- und mittelfristigen Komponente sowie als Drift in der langfristigen Komponente interpretiert werden. Somit wird über diese Terme das Preisniveau unter dem äquivalenten Martingalmaß beeinflusst. Offensichtlich bieten sich daher die börslich gehandelten Terminkontrakte als Marktinformationen zur Bestimmung des äquivalenten Martingalmaßes an, da die Terminkontrakte Informationen über das Preisniveau enthalten. Zu klären bleibt, wie die Marktpreise des Risikos zu wählen sind, um das Spotpreismodell konsistent zu den beobachteten Terminpreisen zu modellieren.

Lucia und Schwartz (2002) sowie Wilkens und Wimschulte (2007) untersuchen die Bewertungsgüte von Terminpreisen bei Ein-Faktor und Zwei-Faktoren Modellen unter Berücksichtigung konstanter Marktpreise des Risikos. Dabei ziehen Lucia und Schwartz Daten der Nord Pool und Wilkens und Wimschulte Daten der EEX heran und bestimmen die Marktpreise des Risikos anhand der börslich gehandelten Terminkontrakte. Beide Untersuchungen kommen zu dem Ergebnis, dass nur eine bedingt befriedigende Bewertungsgüte der Terminpreise mit durchschnittlichen Bewertungsfehlern von teilweise deutlich über 10% erreicht werden kann. Daher soll von konstanten Marktpreisen des Risikos abgesehen werden.

Alternativ bieten sich zeitabhängige Marktpreise des Risikos an. Die Verwendung zeitabhängiger Marktpreise des Risikos liefert eine hohe Flexibilität in der Abbildung der Terminpreisstruktur, die eine exakte Bewertung der beobachteten Terminpreise ermöglicht. Mit $\lambda_t^S = \lambda^S(t)$ dem somit nur zeitabhängigen Marktpreis des Risikos der kurzfristigen Komponente, $\lambda_t^M = \lambda^M(t)$ dem zeitabhängigen Marktpreis des Risikos der mittelfristigen Komponente und $\lambda_t^L = \lambda^L(t)$ dem zeitabhängigen Marktpreis des Risikos der langfristigen Komponente folgt aus (4.22) bis (4.25) die Dynamik

$$dX_t = dS_t + dM_t + dL_t \tag{4.26}$$
$$\text{mit } dS_t = -(\kappa_S S_t + \sigma_S \lambda^S(t))dt + \sigma_S d\widetilde{W}_t^S \tag{4.27}$$
$$dM_t = -(\kappa_M M_t + \sigma_M \lambda^M(t))dt + \sigma_M d\widetilde{W}_t^M \tag{4.28}$$
$$dL_t = -\sigma_L \lambda^L(t)dt + \sigma_L d\widetilde{W}_t^L. \tag{4.29}$$

Nun gilt es, $\lambda^S(t)$, $\lambda^M(t)$ und $\lambda^L(t)$ aus den Terminpreisinformationen zu bestimmen. Dazu soll zuerst der theoretische Terminpreis $F_t(T)$ aus dem Spotpreismodell (4.26) abgeleitet werden, um einen formalen Zusammenhang zwischen den Terminpreisen sowie den Marktpreisen des Risikos herzustellen.

Der Wert $F_t^W(T)$ eines Terminkontraktes mit fester Fälligkeit T ergibt sich mit der Auszahlungsstruktur $P_T - F_t(T)$ unter dem äquivalenten Martingalmaß als

$$F_t^W(T) = \mathbb{E}_t^{\mathbf{Q}}\left[e^{-r(T-t)}(P_T - F_t(T))\right]. \tag{4.30}$$

Dieser muss zum Zeitpunkt des Abschlusses t definitionsgemäß bei Null liegen. Daraus folgt für den Terminpreis

$$F_t(T) = \mathbb{E}_t^{\mathbf{Q}}\left[P_T\right]. \tag{4.31}$$

Die Verteilung von P_T unter dem bisher noch nicht näher bestimmten äquivalenten Martingalmaß $\mathbf{Q}$ ist hierbei über die Dynamik (4.26) bis (4.29) gegeben. Für den Terminpreis resultiert

$$
\begin{aligned}
F_t(T) &= \mathbb{E}_t^{\mathbf{Q}}\left[P_T\right] \\
&= \mathbb{E}_t^{\mathbf{Q}}\left[e^{D_T+S_T+M_T+L_T}\right] \\
&= \mathbb{E}_t^{\mathbf{Q}}\left[e^{D_T}e^{-e^{-\kappa_S(T-t)}S_t-\sigma_S\int_t^T e^{-\kappa_S(T-s)}\lambda^S(s)ds+\int_t^T e^{-\kappa_S(T-s)}\sigma_S d\widetilde{W}_s^S ds}\right. \\
&\quad \left. e^{-e^{-\kappa_M(T-t)}M_t-\sigma_M\int_t^T e^{-\kappa_M(T-s)}\lambda^M(s)ds+\int_t^T e^{-\kappa_M(T-s)}\sigma_M d\widetilde{W}_s^M ds} \right. \\
&\quad \left. e^{-\int_t^T \sigma_L\lambda^L(s)ds+\int_t^T \sigma_L d\widetilde{W}_s^L ds}\right] \\
&= e^{-\int_t^T \sigma_S e^{-\kappa_S(T-s)}\lambda^S(s)ds-\int_t^T \sigma_M e^{-\kappa_M(T-s)}\lambda^M(s)ds-\int_t^T \sigma_L\lambda^L(s)ds} \\
&\quad \mathbb{E}_t^{\mathbf{Q}}\left[e^{D_T}e^{-e^{-\kappa_S(T-t)}S_t+\int_t^T e^{-\kappa_S(T-s)}\sigma_S d\widetilde{W}_s^S ds}\right. \\
&\quad \left. e^{-e^{-\kappa_M(T-t)}M_t+\int_t^T e^{-\kappa_M(T-s)}\sigma_M d\widetilde{W}_s^M ds}e^{\int_t^T \sigma_L d\widetilde{W}_s^L ds}\right] \\
&= e^{-\int_t^T \sigma_S e^{-\kappa_S(T-s)}\lambda^S(s)ds-\int_t^T \sigma_M e^{-\kappa_M(T-s)}\lambda^M(s)ds-\int_t^T \sigma_L\lambda^L(s)ds} \\
&\quad \mathbb{E}_t^{\mathbf{P}}\left[e^{D_T}e^{-e^{-\kappa_S(T-s)}S_t+\int_t^T e^{-\kappa_S(T-t)}\sigma_S dW_s^S ds}\right. \\
&\quad \left. e^{-e^{-\kappa_M(T-t)}M_t+\int_t^T e^{-\kappa_M(T-s)}\sigma_M dW_s^M ds}e^{\int_t^T \sigma_L dW_s^L ds}\right] \\
&= e^{-\int_t^T\left(\sigma_S e^{-\kappa_S(T-s)}\lambda^S(s)+\sigma_M e^{-\kappa_M(T-s)}\lambda^M(s)+\sigma_L\lambda^L(s)\right)ds} \\
&\quad \cdot\mathbb{E}_t^{\mathbf{P}}\left[e^{D_T+S_T+M_T+L_T}\right]. \tag{4.32}
\end{aligned}
$$

Unter der Annahme, dass der Terminpreis $F_t(T)$ bekannt ist, sind die einzig unbekannten Variablen in Gleichung (4.32) die zeitabhängigen Marktpreise des Risikos. Um diese näher bestimmen zu können, soll (4.32) analog zum Modellrahmen (4.6) diskretisiert werden. Auf Grund des zu modellierenden Baseload Kontraktes wird eine tägliche Granulierung für die Diskretisierung verwendet. Es folgt für den Terminpreis $F_t(T)$ eines Terminkontraktes mit täglicher Lieferperiode in T:

$$F_t(T) = e^{-\sum_{s=t}^{T}\lambda(s)\Delta t}\mathbb{E}_t^{\mathbf{P}}\left[e^{D_T+S_T+M_T+L_T}\right] \tag{4.33}$$

$$\text{mit}\ \ \lambda(s) = \sigma_S e^{-\kappa_S(T-s)}\lambda^S(s) + \sigma_M e^{-\kappa_M(T-s)}\lambda^M(s) + \sigma_L\lambda^L(s) \tag{4.34}$$

$\lambda(T)$ kann hierbei auf Grund der gewichteten Summe der einzelnen Marktpreise des Risikos als der Marktpreis des Gesamtrisikos verstanden werden. Um diesen zu berechnen, werde (4.33) nach $\lambda(T)$ aufgelöst:

$$
\begin{aligned}
F_t(T) &= e^{-\sum_{s=t}^{T} \lambda(s)\Delta t} \mathbb{E}_t^{\mathbf{P}} \left[e^{D_T + S_T + M_T + L_T} \right] \\
\Leftrightarrow \quad \sum_{s=t}^{T} \lambda(s)\Delta t &= -\ln\left(\frac{F_t(T)}{\mathbb{E}_t^{\mathbf{P}} \left[e^{D_T + S_T + M_T + L_T} \right]} \right) \\
\Leftrightarrow \quad \lambda(T) &= -\ln\left(\frac{F_t(T)}{\mathbb{E}_t^{\mathbf{P}} \left[e^{D_T + S_T + M_T + L_T} \right]} \right) - \sum_{s=t}^{T-1} \lambda(s)\Delta t \qquad (4.35)
\end{aligned}
$$

Es zeigt sich, dass der zeitabhängige Marktpreis des Gesamtrisikos $\lambda(T)$ unter Kenntnis aller Terminpreise mit täglicher Lieferperiode bis zum Zeitpunkt T iterativ abgeleitet werden kann. Jedoch werden börslich keine Terminkontrakte mit täglicher Lieferperiode gehandelt. Unter der Berücksichtigung gewisser struktureller Annahmen lässt sich aber aus den am Markt beobachteten Terminpreisen mit monatlicher, quartalsweiser sowie jährlicher Lieferperiode eine Terminstruktur mit täglicher Granularität ableiten. Diese liefert die Preise aller Terminkontrakte mit täglicher Lieferperiode. Wie diese strukturellen Annahmen geeignet zu wählen sind, soll im folgenden vorgestellt werden.

4.4.2 Bestimmung der tägliche Terminstrukturkurve

Mit der am Markt beobachtbaren Terminstrukturkurve ist eine grob granulierte Terminstruktur gegeben, welche von ihrem Informationsgehalt nicht genügt, um den zeitabhängigen Marktpreis des Gesamtrisikos eindeutig zu bestimmen. Daher soll unter Hinzunahme struktureller Annahmen eine feiner granulierte tägliche Terminstruktur abgeleitet werden, die im Einklang mit den Marktpreisen börslich gehandelter Terminkontrakte ist. Angelehnt an die Arbeiten von Fleten und Lemming (2003), Ditze und Kiselis (2003) sowie Benth, Koekebakker und Ollmar (2007) wird dazu eine eigene Methode zur Bestimmung einer täglichen Terminstrukturkurve entwickelt.[14]

Die tägliche Terminstruktur $F_t(T)$ zum Zeitpunkt t sei dabei über das Produkt

$$
F_t(T) = Y_t(T) \cdot \Lambda_t(T) \qquad (4.36)
$$

---

[14]Bei der Modellierung stündlicher Spotkontrakte wäre ebenso eine stündliche Terminstrukturkurve erforderlich. Eine Anpassung der hier entwickelten Methode wäre unkompliziert machbar.

gegeben. $Y_t(T)$ beschreibe den im Zeitpunkt t unter dem realen Maß $\mathbf{P}$ erwarteten zukünftigen Spotpreis in T. Dann kann $\Lambda_t(T)$ als die im Terminpreis enthaltene anteilige Risikoprämie, welche der Markt einpreist, verstanden werden. Die multiplikative Verknüpfung wurde dabei anstatt der von Benth, Koekebakker und Ollmar verwendeten additiven Verknüpfung gewählt, da diese bei der Bestimmung des Marktpreises des Gesamtrisikos zu einer deutlich einfacheren Struktur führt. Um $Y_t(T)$ sowie $\Lambda_t(T)$ zu bestimmen, werden neben den am Markt beobachteten Terminpreisen strukturelle Annahmen bezüglich $Y_t(T)$ und $\Lambda_t(T)$ benötigt. Welche Annahmen herangezogen werden und wie die Bestimmung der Funktionen $Y_t(T)$ und $\Lambda_t(T)$ durchgeführt werden kann, soll in den folgenden beiden Abschnitten vorgestellt werden.

Bestimmung von $Y_t(T)$

Um mit

$$Y_t(T) = \mathbb{E}_t^{\mathbf{P}}[P_T] \tag{4.37}$$

den im Zeitpunkt t unter dem realen Maß $\mathbf{P}$ erwarteten zukünftigen Spotpreis P_T bestimmen zu können, muss eine Modellannahme bezüglich der Verteilung von P_T getroffen werden. Hierzu werde das Modell (3.33) mit der deterministischen Komponente (4.1) sowie der Stochastik (4.2) herangezogen. Damit ergibt sich $Y_t(T)$ als [15]

$$
\begin{aligned}
Y_t(T) &= \mathbb{E}_t^{\mathbf{P}}[P_T] \\
&= e^{D_T + e^{-\kappa_S(T-t)}S_t + \frac{\sigma_S^2}{4\kappa_S}(1-e^{-2\kappa_S(T-t)}) + e^{-\kappa_M(T-t)}M_t + \frac{\sigma_M^2}{4\kappa_M}(1-e^{-2\kappa_M(T-t)})} \\
&\quad \cdot e^{L_t + \frac{\sigma_L^2}{2}(T-t)}.
\end{aligned}
\tag{4.38}
$$

Bestimmung von $\Lambda_t(T)$

$\Lambda_t(T)$ beschreibt die relative Preisdifferenz zwischen dem unter dem realen Maß erwarteten Spotpreis und dem am Markt beobachteten Terminpreis. Um diese eindeutig zu bestimmen, müssen neben der aus den Marktdaten gewonnenen Terminstrukturkurve strukturelle Annahmen sowie Zielvorgaben über die Form von $\Lambda_t(T)$ getroffen werden. Ausgangspunkt bleibt aber die am Markt beobachtete Terminstruktur. Abbildung 4.6 zeigt auf der linken Seite die am 30.04.2007 an der EEX beobachteten Terminpreise. Es werden Terminkontrakte mit Lieferung über die nächsten sechs Monate, die nächsten sieben Quartale sowie die nächsten 6 Jahre quotiert. Um eine tägliche Terminstrukturkurve abzuleiten, soll in einem ersten Schritt die Datenmenge um Terminkontrakte mit sich überschneidenden Lieferperioden bereinigt werden. Dabei

---

[15]Siehe Anhang A.1.

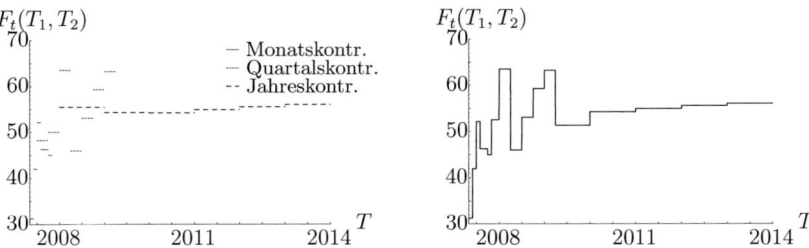

Abbildung 4.6: Die Abbildung zeigt sämtliche an der EEX am 30.04.2007 notierte Termin-kontrakte auf den Baseload-Kontrakt (links) sowie die daraus gewonnene Terminstruktur-kurve (rechts).

sind die Terminkontrakte mit der kürzeren Laufzeit zu bevorzugen, da diese eine bereits fei-ner granulierte Information liefern. Während Kontrakte, welche sich aus gehandelten Kontrak-ten mit kürzeren Laufzeiten komplett duplizieren lassen, vernachlässigt werden, müssen länger laufende Kontrakte, für deren Lieferperiode teilweise kürzer laufende Kontrakte notiert sind, um deren Preisinformationen bereinigt werden. Dies trifft beispielhaft für einen Jahrestermin-kontrakt zu, wenn die Terminpreise der ersten beiden Quartale des Jahres bekannt sind. Dann kann der Jahresterminkontrakt zerlegt werden in die beiden bekannten Quartalsterminkontrakte sowie einen verbleibenden Kontrakt mit Lieferperiode über das zweite Halbjahr.

Sei die Lieferperiode $[T_1, T_N) = [T_1, T_2) \cup [T_2, T_3) \cup ... \cup [T_{N-1}, T_N)$ die Vereinigung der sich nicht überschneidenden Perioden $[T_i, T_{i+1}), i = 1, ..., N - 2$, gleicher Periodenlänge sowie der Periode $[T_{N-1}, T_N)$.[16] Dann gilt

$$F_t(T_1, T_N) = \sum_{i=1}^{N-1} \frac{\sum_{u=T_i}^{T_{i+1}-1} e^{-r(u-t)}}{\sum_{u=T_1}^{T_N-1} e^{-r(u-t)}} F_t(T_i, T_{i+1}) \qquad (4.39)$$

und somit ergibt sich bei gegebenen Terminpreisen $F_t(T_i, T_{i+1})$, $i = 1, ..., N - 2$, sowie $F_t(T_1, T_N)$ der bereinigte Terminpreis $F_t(T_{N-1}, T_N)$ als

$$F_t(T_{N-1}, T_N) = \frac{\sum_{u=T_1}^{T_N-1} e^{-r(u-t)} F_t(T_1, T_N) - \left(\sum_{i=1}^{N-2} \sum_{u=T_i}^{T_{i+1}-1} e^{-r(u-t)} F_t(T_i, T_{i+1}) \right)}{\sum_{u=T_{N-1}}^{T_N-1} e^{-r(u-t)}}.$$
$$(4.40)$$

---

[16]Bezogen auf das Beispiel des Jahresterminkontraktes entsprächen die Perioden $[T_i, T_{i+1})$, $i = 1, ..., N - 2$ den ersten beiden Quartalen sowie die Periode $[T_{N-1}, T_N)$ dem zweiten Halbjahr.

Abbildung 4.6 zeigt auf der rechten Seite die über dieses Verfahren gewonnene Terminstrukturkurve am 30.04.2007. Zur Überführung auf eine tägliche Granularität sind jetzt strukturelle Annahmen über die Form von $\Lambda_t(T)$ nötig.

Analog zu Benth, Koekebakker und Ollmar (2007) sei die Form von $\Lambda_t(T)$ beschrieben über

$$
\Lambda_t(T) = \begin{cases}
a_1 + b_1 T + c_1 T^2 + d_1 T^3 + e_1 T^4 & T \in [T_1, T_2) \\
a_2 + b_2 T + c_2 T^2 + d_2 T^3 + e_2 T^4 & T \in [T_2, T_3) \\
\vdots \\
a_{N-1} + b_{N-1} T + c_{N-1} T^2 + d_{N-1} T^3 + e_{N-1} T^4 & T \in [T_{N-1}, T_N)
\end{cases}
. \quad (4.41)
$$

Hierbei ist $A = \{a_1, b_1, c_1, d_1, e_1, ..., a_{N-1}, b_{N-1}, c_{N-1}, d_{N-1}, e_{N-1}\}$ eine Menge von $5 \cdot (N-1)$ Konstanten und $[T_i, T_{i+1})$, $i = 1, ..., N - 1$, bezeichne die Lieferperioden der in der Terminstrukturkurve dargestellten $N - 1$ Terminpreise. Um A zu bestimmen, werde ebenfalls analog zu Benth, Koekebakker und Ollmar die im diskreten formulierte Zielfunktion

$$
\min_A \sum_{T=T_1}^{T_N-1} \frac{\Lambda_t(T+1)}{\partial^2 T} - \frac{\Lambda_t(T)}{\partial^2 T} \quad (4.42)
$$

für $i = 1, ..., N - 1$ unter Berücksichtigung der folgenden Nebenbedingungen gelöst:

- Konformität zu Marktdaten:

$$
F_t(T_i, T_{i+1}) = \sum_{s=T_i}^{T_{i+1}-1} \frac{e^{-r(s-t)}}{\sum_{u=T_i}^{T_{i+1}-1} e^{-r(u-t)}} (Y_t(s) \cdot \Lambda_t(s)) \quad (4.43)
$$

Der über den Lieferzeitraum börslich gehandelter Terminkontrakte gewichtete Durchschnitt der täglichen Terminpreise $F_t(T)$ entspricht den am Markt beobachteten Terminpreisen. Somit ergibt sich eine arbitragefreie tägliche Terminstrukturkurve.

- Stetigkeit von $\Lambda_t(T)$:

$$
(a_{i+1}-a_i)+(b_{i+1}-b_i)T_{i+1}+(c_{i+1}-c_i)T_{i+1}^2+(d_{i+1}-d_i)T_{i+1}^3+(e_{i+1}-e_i)T_{i+1}^4 = 0 \quad (4.44)
$$

Beim Übergang zwischen zwei Lieferperioden gehandelter Terminkontrakte soll kein Sprung in $\Lambda_t(T)$ auftreten. Somit wird ein stetiger Verlauf von $\Lambda_t(T)$ gewährleistet.

- Glattheit von $\Lambda_t(T)$:

$$
(b_{i+1} - b_i) + 2(c_{i+1} - c_i)T_{i+1} + 3(d_{i+1} - d_i)T_{i+1}^2 + 4(e_{i+1} - e_i)T_{i+1}^3 = 0 \quad (4.45)
$$

$$2(c_{i+1} - c_i) + 6(d_{i+1} - d_i)T_{i+1} + 12(e_{i+1} - e_i)T_{i+1}^2 = 0 \qquad (4.46)$$

Beim Übergang zwischen zwei Lieferperioden gehandelter Terminkontrakte soll die rechts- und linksseitige Steigung und Krümmung von $\Lambda_t(T)$ übereinstimmen. Dieses führt zu einem glatten Verlauf von $\Lambda_t(T)$.

• Grenzverhalten von $\Lambda_t(T)$:

$$b_{N-1} + 2c_{N-1}T_N + 3d_{N-1}T_N^2 + 4e_{N-1}T_N^3 = 0 \qquad (4.47)$$

Die Grenzsteigung von $\Lambda_t(T)$ am Ende der beobachteten Terminstrukturkurve soll flach sein. Dies begründen Benth, Koekebakker und Ollmar mit der Annahme, dass die Risikoeinschätzung des Marktes bei langen Laufzeiten weniger sensitiv bezüglich der Fälligkeit ist.

Mittels dieser Optimierung kann $\Lambda_t(T)$ aus der am Markt beobachteten Terminstrukturkurve abgeleitet werden. Dabei wird bedingt durch die strukturellen Annahmen auf einen ruhigen, wenig wechselhaften Verlauf von $\Lambda_t(T)$ geachtet. Dieses führt ebenfalls zu einem ruhigeren Verlauf der täglichen Terminstrukturkurve, welche nun mit $Y_t(T)$ und dem optimalen $\Lambda_t(T)$ berechnet werden kann.

Abbildung 4.7 (i) zeigt die so erhaltene Terminstruktur vom 30.04.2007. Deutlich zu erkennen ist der ungleiche Verlauf der jährlichen Saisonalität im mittleren und hinteren Bereich der Terminstruktur, was fundamental nicht begründet werden kann. Statt dessen sollte fundamental ein in etwa gleicher Saisonverlauf der einzelnen Jahre auftreten. Um dieses zu erreichen, soll das vorgestellte Verfahren überarbeitet werden.

Auf Grund nur weniger Stützpunkte durch die Jahreskontrakte ist der Verlauf sehr sensitiv zur strukturellen Annahme des Grenzverhaltens. Daher soll in einem ersten Schritt das von Benth, Koekebakker und Ollmar verwendete Grenzverhalten (4.47) durch einen eigenen Ansatz ersetzt werden. Bei diesem sei die strukturelle Annahme des Grenzverhaltens beschrieben mit

$$b_{N-1} + 2c_{N-1}T_N + 3d_{N-1}T_N^2 + 4e_{N-1}T_N^3$$
$$= b_{N-2} + 2c_{N-2}T_{N-1} + 3d_{N-2}T_{N-1}^2 + 4e_{N-2}T_{N-1}^3. \qquad (4.48)$$

Es wird somit unterstellt, dass die Risikoeinschätzung des Marktes bei langen Laufzeiten nicht sensitiv zum Jahr ist, jedoch innerhalb eines Jahres eine vergleichbare Struktur wie das Vorjahr aufweist. Bei Verwendung des Grenzverhaltens (4.48) ergibt sich die in Abbildung 4.7 (ii)

(i)

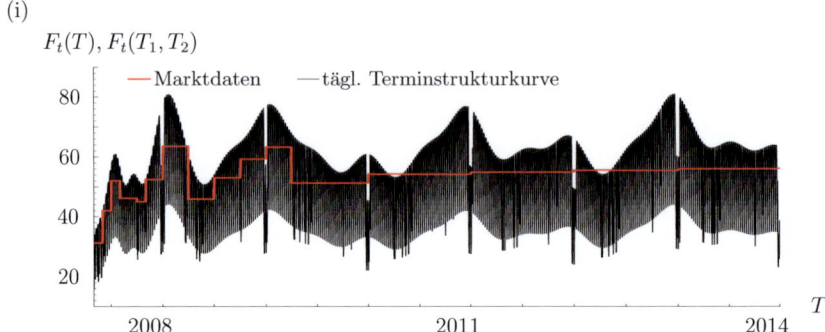

(ii)

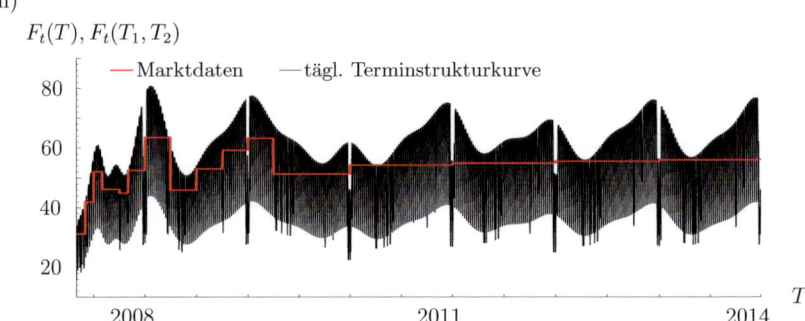

(iii)

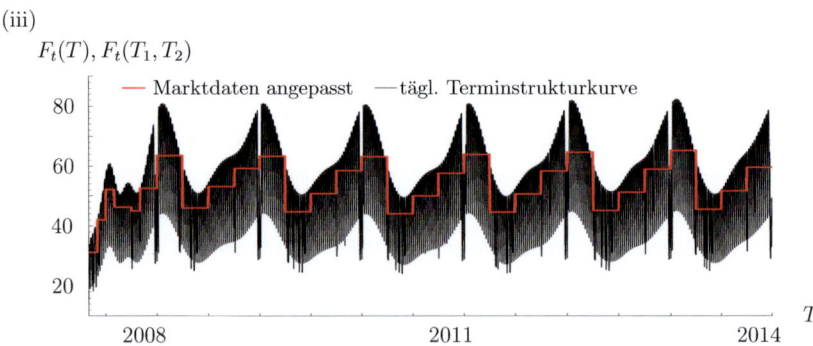

Abbildung 4.7: Die Abbildung zeigt die aus den Terminmarktdaten der EEX am 30.04.2007 gewonne Terminstrukturkurve sowie die aus dieser abgeleitete tägliche Terminstrukturkurve unter Verwendung der drei vorgestellten Verfahren.

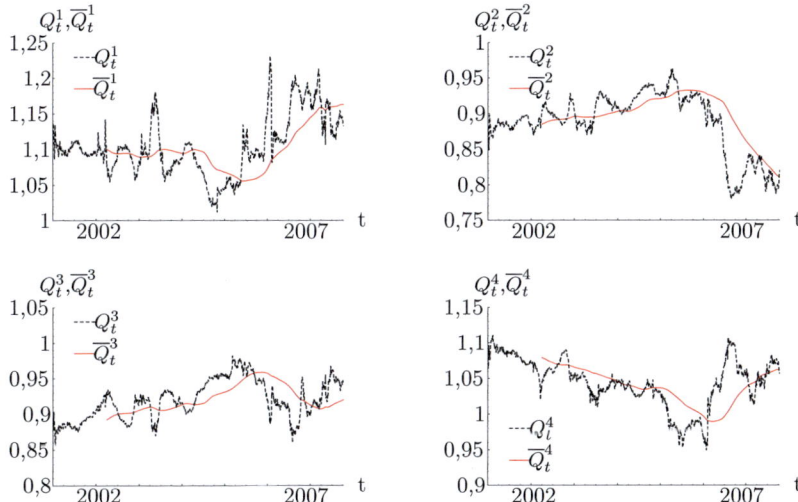

Abbildung 4.8: Die Abbildung zeigt die Quartalsgewichte sowie die laufenden über 250 Tage gemittelten Quartalsgewichte vom 18.12.2001 bis zum 30.04.2007.

abgebildete Terminstruktur. Diese weist bereits einen deutlich weniger ungleichen Verlauf der Jahressaisonalität auf.

In einem zweiten Schritt soll eine noch bessere Darstellung des Verlaufs der Jahressaisonalität erreicht werden, indem zusätzliche Stützpunkte hinzugefügt werden. Dieses kann durch die Zerlegung der beobachteten Jahreskontrakte in Quartalskontrakte erreicht werden. Dabei stellt sich die Frage, wie diese Zerlegung durchgeführt werden soll. Mittels (4.39) kann ein Jahreskontrakt mit Lieferperiode $[T_1, T_5]$ über die in diesem Jahreskontrakt enthaltenen Quartalskontrakte mit Lieferperioden $[T_1, T_2), ..., [T_4, T_5)$ mit

$$F_t(T_1, T_5) = \sum_{i=1}^{4} \frac{\sum_{u=T_i}^{T_{i+1}-1} e^{-r(u-t)}}{\sum_{u=T_1}^{T_5-1} e^{-r(u-t)}} F_t(T_i, T_{i+1}) \qquad (4.49)$$

dargestellt werden. Somit können bei gegebenen Preisen aller vier Quartalskontrakte zum Zeitpunkt t die Quartalsgewichte Q_t^1, Q_t^2, Q_t^3 und Q_t^4 der einzelnen Quartalskontrakte im Verhältnis zum Jahreskontrakt berechnet werden als

$$Q_t^j = \frac{F_t(T_j, T_{j+1})}{F_t(T_1, T_5)}$$

$$= \frac{F_t(T_j, T_{j+1})}{\sum_{i=1}^{4} \frac{\sum_{u=T_i}^{T_{i+1}-1} e^{-r(u-t)}}{\sum_{u=T_1}^{T_5-1} e^{-r(u-t)}} F_t(T_i, T_{i+1})} \qquad \text{für } j = 1, ..., 4. \qquad (4.50)$$

Auf Grund der angebotenen Produktgruppen an der EEX notieren dabei zu jedem Zeitpunkt nur für das Folgejahr alle vier Quartalskontrakte gleichzeitig. Somit kann für jeden Tag eine eindeutige Bestimmung der Quartalsgewichte für das Folgejahr durchgeführt werden, welche auf die weiteren Jahreskontrakte übertragen werden können. Abbildung 4.8 zeigt diese vom 18.12.2001 bis zum 30.04.2007. Es ist deutlich zu erkennen, dass die Quartalsgewichte nicht konstant sind. Um die aktuelle Einstellung des Marktes bezüglich der enthaltenen Risikoprämien für die Quartalskontrakte zu verwenden, jedoch nicht zu stark die täglichen Schwankungen zu berücksichtigen, sollen die Informationen über die Quartalsgewichte der letzten 250 Handelstage verwendet werden. Damit ergeben sich die gemittelten Quartalsgewichte $\overline{Q}_t^1, \overline{Q}_t^2, \overline{Q}_t^3$ und $\overline{Q}_t^4$ über die Durchschnittsbildung

$$\overline{Q}_t^j = \sum_{i=t-249}^{t} Q_i^j \qquad \text{für } j = 1, ..., 4, \qquad (4.51)$$

welche in Abbildung 4.8 dargestellt sind. Werden die an der Börse beobachteten Jahreskontrakte mit den Quartalsgewichten $\overline{Q}_t^1$ bis $\overline{Q}_t^4$ zerlegt und die daraus erhaltenen Quartalskontrakte als Ausgangsinformation an Stelle der Jahreskontrakte genutzt, ergibt sich in Zusammenhang mit der aus (4.48) angepassten Annahme

$$b_{N-1} + 2c_{N-1}T_N + 3d_{N-1}T_N^2 + 4e_{N-1}T_N^3$$
$$= b_{N-5} + 2c_{N-5}T_{N-4} + 3d_{N-5}T_{N-4}^2 + 4e_{N-5}T_{N-4}^3, \qquad (4.52)$$

an des Grenzverhalten die in Abbildung 4.7 (iii) gezeigte tägliche Terminstrukturkurve. Durch die mittels der erzeugten Quartalskontrakte eingeführten zusätzlichen Informationen über die jährliche Saisonalität wird ein sehr einheitlicher saisonaler Verlauf bei der Berechnung der täglichen Terminstrukturkurve erreicht. Daher soll dieses Verfahren im weiteren Verlauf verwendet werden, um eine tägliche Terminstrukturkurve aus den am Markt gegebenen Terminpreisen zu berechnen. Mit dieser täglichen Struktur kann jetzt der zeitabhängige Marktpreis des Gesamtrisikos eindeutig bestimmt werden.

4.4.3 Bestimmung des äquivalenten Martingalmaßes

Mit der in Kapitel 4.4.2 berechneten täglichen Terminstrukturkurve $F_t(T)$ und (4.35) lässt sich $\lambda(T)$ nun bestimmen:

$$
\begin{aligned}
\lambda(T) &= -\ln\left(\frac{F_t(T)}{\mathbb{E}_t^{\mathbf{P}}\left[e^{D_T+S_T+M_T+L_T}\right]}\right) - \sum_{s=t}^{T-1}\lambda(s)\Delta t \\
&= -\ln\left(\frac{Y_t(T)\cdot\Lambda_t(T)}{\mathbb{E}_t^{\mathbf{P}}\left[P_T\right]}\right) - \sum_{s=t}^{T-1}\lambda(s)\Delta t \\
&\overset{(4.37)}{=} -\ln\left(\Lambda_t(T)\right) - \sum_{s=t}^{T-1}\lambda(s)\Delta t \\
&= -\ln\left(\Lambda_t(T)\right) + \ln\left(\Lambda_t(T-1)\right)
\end{aligned}
\tag{4.53}
$$

Mit Kenntnis von $\Lambda_t(T)$ kann somit der Marktpreis des Gesamtrisikos berechnet werden, wobei $\ln\left(\Lambda_t(T)\right)$ als Stammfunktion von $\lambda(T)$ verstanden werden kann. Abbildung 4.9 zeigt den Verlauf von $\lambda(T)$ erhalten aus den Terminmarktdaten vom 30.04.2007. Für die Spezifikation des äquivalenten Martingalmaßes über den Marktpreis des Risikos $\lambda(T)$ ist daher die Bestimmung von $\Lambda_t(T)$ von grundlegender Bedeutung. Weiter wird bei dieser Herleitung sinnvollerweise davon ausgegangen, dass die Wahl des Spotpreismodells bei der Bestimmung von $Y_t(T)$ identisch zum verwendeten Spotpreismodell ist.

Ausgehend vom Marktpreis des Gesamtrisikos $\lambda(T)$ ist allerdings keine eindeutige Bestimmung der einzelnen Marktpreise des Risikos $\lambda^S(T)$, $\lambda^M(T)$ sowie $\lambda^L(T)$ möglich. Dieses ist jedoch nicht problematisch, da der Marktpreis des Gesamtrisikos bereits zur eindeutigen Bestimmung des äquivalenten Martingalmaßes $\mathbf{Q}$ genügt. Weiter wird bereits mit $\lambda(T)$ eine perfekte Anpassung des Modells (4.2) an die gegebene tägliche Terminstrukturkurve erreicht. Daher soll im folgenden nur der Marktpreis des Gesamtrisikos $\lambda(T)$ herangezogen werden und keine Aufspaltung in die einzelnen Marktpreise erfolgen. Es ergibt sich die Dynamik des Modells (4.2) unter dem äquivalenten Martingalmaß $\mathbf{Q}$ als

$$
dX_t = dS_t + dM_t + dL_t - \lambda(t)dt \tag{4.54}
$$

$$
\text{mit } dS_t = -\kappa_S S_t dt + \sigma_S d\widetilde{W}_t^S \tag{4.55}
$$

$$
dM_t = -\kappa_M M_t dt + \sigma_M d\widetilde{W}_t^M \tag{4.56}
$$

$$
dL_t = \sigma_L d\widetilde{W}_t^L. \tag{4.57}
$$

Wird dieses Modell um weitere Unsicherheitsquellen wie Sprungprozesse oder eine stochastische Volatilität erweitert, müssten neben den Marktpreisen für das kurzfristige, mittelfristige

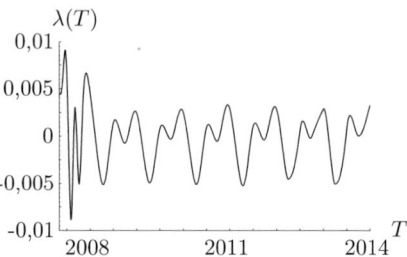

Abbildung 4.9: Die Abbildung zeigt den am 30.04.2007 aus den Terminmarktdaten gewonnenen Marktpreis des Gesamtrisikos $\lambda(T)$ im Zeitverlauf bis zum 31.12.2013.

und langfristige Risiko noch die weiteren Marktpreise des Risikos berücksichtigt werden. Um diese aber zu bestimmen, wären Preisinformationen von nicht-linearen Derivaten notwendig, welche bisher nicht börslich gehandelt werden. Daher soll für die Modellerweiterungen die vereinfachende Annahme getroffen werden, dass die zugehörigen Marktpreise des Risikos gleich Null seien und somit nicht weiter vergütet werden.

Mit der Bestimmung des äquivalenten Martingalmaßes konnte somit eine Antwort auf folgende Frage gefunden werden:

Wie können und sollen die Preisinformationen von Terminkontrakten bei der Modellierung und Bewertung berücksichtigt werden?

Die Preisinformationen von Terminkontrakten werden genutzt, um das äquivalente Martingalmaß zu bestimmen. Dabei werden neben den am Markt beobachtbaren börslichen Terminpreisen strukturelle Annahmen getroffen, um eine tägliche Terminstrukturkurve ableiten zu können. Über diese kann der Marktpreis des Gesamtrisikos berechnet werden. Mit dem so bestimmten Marktpreis des Gesamtrisikos und der damit erfolgten Spezifikation des äquivalenten Martingalmaßes ist das Spotpreismodell zum einen konsistent zu den börslich notierten Terminkontrakten. Zum anderen können nun mittels der risikoneutralen Bewertung beliebige Derivate auf Spotkontrakte bewertet werden.

4.5 Kalibrierung an Derivatepreisen

Alternativ zu der Schätzung der Modellparameter rein aus der Spotpreishistorie in Kapitel 4.3.2 können auch weitere Preisinformationen mit herangezogen werden, um das Modell konsistent zu den Preisen börslich gehandelter Derivate zu gestalten. So sind vor allem die Preise von Terminoptionen von großem Interesse, da diese, wie in Kapitel 2.2 beschrieben, Informationen über die Unsicherheit des mittelfristigen sowie langfristigen Preisniveaus enthalten. Um die Informationen über diese Unsicherheiten zu nutzen, sollen die Marktpreise der gehandelten Terminoptionen in die implizit aus diesen ableitbaren Volatilitäten der zu Grunde liegenden Terminkontrakte überführt werden. Dabei ergibt sich die implizite Volatilität aus dem Modell von Black,[17] welches zur Bewertung von europäischen Optionen auf Terminkontrakte verwendet wird.[18] Nach Black ergibt sich der Wert $C_t^T(T_0, K)$ eines in T_0 fälligen europäischen Calls auf einen in T fälligen Terminkontrakt $F_t(T)$ als

$$C_t^T(T_0, K) = e^{-r(T-t)} \left(F_t(T)\mathcal{N}(d_1) - K\mathcal{N}(d_2) \right) \tag{4.58}$$

$$\text{mit} \quad d_1 = \frac{\ln\left(\frac{F_t(T)}{K}\right) + \frac{1}{2}\mathbb{V}\mathrm{ar}_t[\ln F_{T_0}(T)]}{\sqrt{\mathbb{V}\mathrm{ar}_t[\ln F_{T_0}(T)]}}$$

$$\text{und} \quad d_2 = d_1 - \sqrt{\mathbb{V}\mathrm{ar}_t[\ln F_{T_0}(T)]}.$$

K bezeichne den Strikepreis der Option, r den konstanten risikolosen Zinssatz und $\mathcal{N}(.)$ die kumulative Dichtefunktion der Standardnormalverteilung. Unter Kenntnis des Terminpreises $F_t(T)$, des Zinssatzes r, des Strikes K, der Fälligkeit T_0 der Option und der Fälligkeit T des Terminkontraktes ergibt sich ein eindeutiger Zusammenhang zwischen dem Optionspreis $C_t^T(T_0, K)$ und dem Varianzterm $\mathbb{V}\mathrm{ar}_t[\ln F_{T_0}(T)]$. Während bei der Modellierung der Terminpreisdynamik der theoretische Optionspreis $C_t^T(T_0, K)$ über den sich ergebenden Varianzterm $\mathbb{V}\mathrm{ar}_t[\ln F_{T_0}(T)]$ bestimmt wird, kann aus dem an der Börse beobachteten Optionspreis implizit der zugehörige Varianzterm des zu Grunde liegenden Terminkontraktes abgeleitet werden, welcher annualisiert als implizite Volatilität $\sigma_t^{F_{T_0}(T_1, T_2)}$ bezeichnet wird. Die implizite Volatilität beschreibt somit die vom Markt eingepreiste Unsicherheit des Terminpreises über die Laufzeit der Option.

---

[17]Siehe Black (1976).

[18]Im Gegensatz zu Spotkontrakten sind Terminkontrakte auf Strom lagerfähig. Damit ist eine Duplikation dieser Derivate über deren Underlying möglich und es lässt sich auf bekannte Bewertungsverfahren zurückgreifen.

Es stellt sich die Frage, wie die Informationen über die impliziten Volatilitäten der Terminpreise in die Parameterschätzung des Spotpreismodells eingehen können. Um diese Frage zu beantworten, sollen zuerst die verfügbaren Daten des börslichen Terminoptionshandels vorgestellt werden. Danach soll in mehreren Schritten bestimmt werden, wie aus den impliziten Volatilitätsdaten die mittel- und langfristigen Parameter des Grundmodells abgeleitet werden können.

4.5.1 Datengrundlage

Optionen auf Terminkontrakte werden an der EEX seit Anfang 2005 gehandelt. Dabei werden Optionen auf bis zu 14 unterschiedliche Terminkontrakte, mit Lieferperiode in den nächsten fünf Monaten, den nächsten sechs Quartalen sowie den nächsten drei Jahren, mit verschiedenen Strikepreisen notiert. Abbildung 4.10 zeigt exemplarisch die impliziten Volatilitäten $\sigma_t^{F_{T_0}(T_1,T_2)}$ der am 30.04.2007 an der EEX notierten Optionen. Neben einer starken Abhängigkeit der impliziten Volatilitäten von dem zu Grunde liegenden Terminkontrakt kann auch ein Smile bzw. Skew in Abhängigkeit des Basispreises beobachtet werden. Da das Grundmodell (4.2) einen Smile- bzw. Skeweffekt nicht darstellen kann, soll eine Beschränkung auf die ATM-Optionen erfolgen, da bei diesen die Sensitivität bezüglich der Varianz am größten ist.[19] Dabei ist jeweils die Option je Terminkontrakt zu wählen, deren Basispreis am nähesten am aktuellen Terminpreis des zu Grunde liegenden Terminkontraktes liegt. Somit bleiben maximal 14 Optionen pro Zeitpunkt, welche berücksichtigt werden. Diese Optionsdaten werden weiter um die Optionspreise bereinigt, welche weit außerhalb des Rahmens der zu erwartenden impliziten Volatilitäten liegen. Dabei werden Optionen auf Monatskontrakte, die eine implizite Volatilität von unter 15%, Optionen auf Quartalskontrakte mit einer impliziten Volatilität von unter 10% und Jahreskontrakte, welche eine implizite Volatilität von unter 7% aufweisen, nicht berücksichtigt. Die Festlegung dieser Grenzen erfolgt dabei nach einem optischen Kriterium, welches offensichtliche Ausreißer ausschließen soll. Von dieser Bereinigung sind 146 Optionen auf Monatskontrakte, 96 Optionen auf Quartalskontrakte und keine Option auf Jahreskontrakte betroffen. Dies entspricht 6% der herangezogenen Optionen auf Monatskontrakte und 3% der herangezogenen Optionen auf Quartalskontrakte. Bei den bereinigten Optionswerten war die durchschnittliche implizite Volatilität bei 5, 1% bzw. 1, 8%, was eine deutliche Verletzung der genannten Grenzen verdeutlicht. Die verbleibenden Optionen werden herangezogen, um die Modellparameter implizit zu bestimmen.

---

[19]Bei einer Erweiterung des Grundmodells um z.B. Sprünge, was die Abbildung von Smiles sowie Skews ermöglicht, können dagegen auch weitere ITM- bzw. OTM-Optionen mit herangezogen werden.

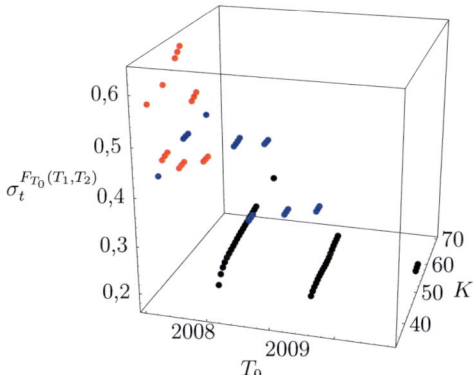

Abbildung 4.10: Die Abbildung zeigt die impliziten Volatilitäten aller am 30.04.2007 an der EEX notierten Optionen. Die roten Punkte kennzeichnen die impliziten Volatilitäten der Optionen auf Monatsterminkontrakte, die blauen Punkte die impliziten Volatilitäten der Optionen auf Quartalsterminkontrakte und die schwarzen Punkte die impliziten Volatilitäten der Optionen auf Jahresterminkontrakte.

4.5.2 Implizite Parameterschätzung

Mit den vorliegenden Daten der impliziten Volatilitäten gilt es nun, eine Bestimmung der mittel- und langfristigen Parameter des Grundmodells durchzuführen. Dabei muss ein Zusammenhang zwischen den Modellparametern des Spotpreismodells sowie den am Markt beobachteten impliziten Volatilitäten hergestellt werden. Dieses kann in drei Schritten erfolgen:

(i) Ableitung der Terminpreisdynamik.

Da es sich bei den vorliegenden Optionen um Optionen auf Terminkontrakte handelt, ist die Kenntnis der sich aus dem Spotpreismodell ergebenden Terminpreisdynamik notwendig, um den theoretischen Optionspreis nach Black zu bestimmen. Dabei sind die Terminpreise der Kontrakte von Bedeutung, die als Underlying für die notierten Terminoptionen fungieren.

(ii) Bestimmung des Varianzterms.

Die Volatilitätsstruktur des Terminpreises beschreibt den Verlauf der Volatilität des Terminpreises im Zeitpunkt t in Abhängigkeit der Restlaufzeit T des Terminkontraktes. Aus dieser kann die auf dem Spotpreismodell basierende theoretische Varianz des Terminkontraktes über die Laufzeit der Option bestimmt werden. Diese ist wie beschrieben entscheidend für den Optionspreis nach Black.

(iii) Bestimmung der mittel- und langfristigen Modellparameter.

Als Grundlage für die Bestimmung der Modellparameter werden die aus den Optionskontrakten gewonnenen impliziten Volatilitäten herangezogen. Dabei ist auf eine bestmögliche Erklärung der impliziten Volatilitäten und somit der beobachteten Optionspreise durch die modellierte Terminpreisdynamik zu achten. Diese kann durch eine geeignete Wahl der Modellparameter erreicht werden.

Im Anschluss an die Schätzung der mittel- und langfristigen Modellparameter anhand der Terminoptionspreise kann die Schätzung der weiteren Modellparameter zur Beschreibung der Kurzfristkomponente, welche für die Terminpreisdynamik vernachlässigbar ist, anhand der Spotpreiszeitreihe durchgeführt werden.

(i) Ableitung der Terminpreisdynamik

Ausgangspunkt der Modellierung der Terminpreisdynamik ist das Grundmodell mit der Stochastik (4.2) zur Beschreibung der Spotpreisdynamik von Strom. Aus diesem lässt sich mit dem abgeleiteten Terminpreis (4.32) die Dynamik des Terminpreises $F_t(T)$ mit instantaner Lieferperiode bestimmen. Unter dem risikoneutralen Maß Q ergibt sich die Dynamik[20]

$$dF_t(T) = F_t(T) \left(e^{-\kappa_S(T-t)} \sigma_S d\widetilde{W}_t^S + e^{-\kappa_M(T-t)} \sigma_M d\widetilde{W}_t^M + \sigma_L d\widetilde{W}_t^L \right). \tag{4.59}$$

Dabei ist offensichtlich, dass die kurzfristige Unsicherheit $\widetilde{W}_t^S$ auf Grund der sehr geringen Halbwertszeit von ca. einem Tag einen vernachlässigbaren Einfluss auf die Terminpreisdynamik hat. Ist z.B. die Restlaufzeit des Terminkontraktes eine Woche, so geht eine kurzfristige Preisinnovation nur noch mit ca. einem Prozent ein. Wird dazu die Fälligkeit der gehandelten Optionen auf Terminkontrakte berücksichtigt, welche mindestens vier Börsentage vor Beginn der Lieferperiode liegt,[21] sowie die bis zu 6 Jahre lange Laufzeit der Kontrakte, kann die kurzfristige Komponente zur Bewertung von Optionen auf Terminkontrakte vernachlässigt werden.

---

[20]Siehe Anhang A.2.

[21]Vgl. EEX (2007a).

Damit vereinfacht sich (4.59) zu

$$dF_t(T) \approx F_t(T) \left(e^{-\kappa_M(T-t)} \sigma_M d\widetilde{W}_t^M + \sigma_L d\widetilde{W}_t^L \right) \tag{4.60}$$

Um die Lieferperiode von Stromterminkontrakten zu berücksichtigen soll ausgehend von der Dynamik (4.60) des Terminpreises $F_t(T)$ die Dynamik eines Terminpreises $F_t(T_1, T_2)$ mit Lieferperiode $[T_1, T_2)$ abgeleitet werden. Diese ergibt sich als [22]

$$\begin{aligned}
dF_t(T_1, T_2) &= e^{-\kappa_M(T_1-t)} \sigma_M \left(\frac{\sum_{s=T_1}^{T_2} e^{-rs} e^{-\kappa_M(s-T_1)} F_t(s)}{\sum_{s=T_1}^{T_2} e^{-rs} F_t(s)} \right) F_t(T_1, T_2) d\widetilde{W}_t^M \\
&\quad + \sigma_L F_t(T_1, T_2) d\widetilde{W}_t^L.
\end{aligned} \tag{4.61}$$

Aus dieser kann im nächsten Schritt die Volatilitätsstruktur und der sich aus dieser ergebende Varianzterm für das Black Modell abgeleitet werden.

(ii) Bestimmung der Volatilitätsstruktur

Entscheidend für den Wert einer Terminoption auf den Terminkontrakt $F_t(T_1, T_2)$ mit Lieferperiode $[T_1, T_2)$ bei gegebenen Ausstattungsmerkmalen ist die Varianz

$$\mathbb{V}\mathrm{ar}_t[\ln F_{T_0}(T_1, T_2)] = \int_t^{T_0} \sigma_s^2(F(T_1, T_2)) ds, \tag{4.62}$$

welche sich aus der Volatilitätsstruktur $\sigma_t(T_1, T_2)$ des zu Grunde liegenden Terminkontraktes ableitet. Die Volatilitätsstruktur $\sigma_t(T_1, T_2)$ beschreibt dabei die Volatilität des Terminpreises $F_t(T_1, T_2)$ in Abhängigkeit der Restlaufzeit $(T - t)$ des Terminkontraktes. Mit der in (4.61) abgeleiteten Dynamik des Terminpreises $F_t(T_1, T_2)$ kann die Volatilitätsstruktur $\sigma_t(T_1, T_2)$ abgeleitet werden als [23]

$$\sigma_t(T_1, T_2) = \sqrt{e^{-2\kappa_M(T_1-t)} \sigma_M^2 \left(\frac{\sum_{s=T_1}^{T_2} e^{-rs} e^{-\kappa_M(s-T_1)} F_t(s)}{\sum_{s=T_1}^{T_2} e^{-rs} F_t(s)} \right)^2 + \sigma_L^2}. \tag{4.63}$$

Soll der sich aus der Volatilitätsstruktur (4.63) ergebende Varianzterm bestimmt werden, ergibt sich durch die Abhängigkeit der Volatilität $\sigma_t(T_1, T_2)$ von der aktuellen Terminstruktur $F_t(T)$ ein Problem. Da durch die Betrachtung der zukünftigen Volatilitäten im Varianzterm stochastische Einflüsse über die Terminpreisdynamik mit in den Varianzterm eingehen, ist dieser nicht direkt ableitbar. Daher sollen zwei mögliche Approximationen vorgestellt werden, die eine Vereinfachung des Varianzterms ermöglichen.

---

[22]Siehe Anhang A.3.
[23]Siehe Anhang A.3.

(1) Für die erste Approximation wird die Abhängigkeit der Volatilität von der aktuellen Terminstrukturkurve aufgehoben. Statt dessen soll die im Berechnungszeitpunkt beobachtete Terminstruktur für alle zukünftigen Volatilitäten herangezogen werden. Es ergibt sich für den Varianzterm

$$
\begin{aligned}
\mathbb{Var}_t[\ln F_{T_0}(T_1, T_2)] &= \int_t^{T_0} e^{-2\kappa_M(T_1-u)} \sigma_M^2 \left(\frac{\sum_{s=T_1}^{T_2} e^{-rs} e^{-\kappa_M(s-T_1)} F_u(s)}{\sum_{s=T_1}^{T_2} e^{-rs} F_u(s)} \right)^2 + \sigma_L^2 \, du \\
&\approx \int_t^{T_0} e^{-2\kappa_M(T_1-u)} \sigma_M^2 \left(\frac{\sum_{s=T_1}^{T_2} e^{-rs} e^{-\kappa_M(s-T_1)} F_t(s)}{\sum_{s=T_1}^{T_2} e^{-rs} F_t(s)} \right)^2 + \sigma_L^2 \, du \\
&= \frac{\sigma_M^2}{2\kappa_M} \left(e^{-2\kappa_M(T_1-T_0)} - e^{-2\kappa_M(T_1-t)} \right) \left(\frac{\sum_{s=T_1}^{T_2} e^{-rs} e^{-\kappa_M(s-T_1)} F_t(s)}{\sum_{s=T_1}^{T_2} e^{-rs} F_t(s)} \right)^2 \\
&\quad + \sigma_L^2 (T_0 - t).
\end{aligned}
\tag{4.64}
$$

Somit können mit Kenntnis der aktuellen Terminstrukturkurve $F_t(T)$ die Varianzterme der börslich notierten Terminoptionen berechnet werden. Diese Approximation ist aus dem Bereich festverzinslicher Wertpapiere bekannt und wird in vergleichbaren Situationen zur Bewertung von Swaptions herangezogen.[24]

(2) Bei der zweiten möglichen Approximation wird die Abhängigkeit der Volatilität von der Terminstrukturkurve komplett vernachlässigt. Damit ergibt sich die Varianz über die Approximation als

$$
\begin{aligned}
\mathbb{Var}_t[\ln F_{T_0}(T_1, T_2)] &= \int_t^{T_0} e^{-2\kappa_M(T_1-u)} \sigma_M^2 \left(\frac{\sum_{s=T_1}^{T_2} e^{-rs} e^{-\kappa_M(s-T_1)} F_u(s)}{\sum_{s=T_1}^{T_2} e^{-rs} F_u(s)} \right)^2 + \sigma_L^2 \, du \\
&\approx \int_t^{T_0} e^{-2\kappa_M(T_1-u)} \sigma_M^2 \left(\frac{\sum_{s=T_1}^{T_2} e^{-rs} e^{-\kappa_M(s-T_1)}}{\sum_{s=T_1}^{T_2} e^{-rs}} \right)^2 + \sigma_L^2 \, du \\
&= \frac{\sigma_M^2}{2\kappa_M} \left(e^{-2\kappa_M(T_1-T_0)} - e^{-2\kappa_M(T_1-t)} \right) \left(\frac{\sum_{s=T_1}^{T_2} e^{-rs} e^{-\kappa_M(s-T_1)}}{\sum_{s=T_1}^{T_2} e^{-rs}} \right)^2 \\
&\quad + \sigma_L^2 (T_0 - t).
\end{aligned}
\tag{4.65}
$$

Diese Approximation wird von Bjerksund, Rasmussen und Stensland (2000) sowie Benth und Koekebakker (2005) im Strommarkt für vergleichbare Berechnungen herangezogen.

Mit den vorgestellten approximativen Varianzformeln können die mittel- und langfristigen Modellparameter bestimmt und die Bewertungsgüte des Modellrahmens getestet werden. Dazu soll

---

[24]Vgl. Brigo und Mercurio (2001) S. 222.

im folgenden auf Grund der Komplexitätsminderung die zweite Approximation verwendet werden.

(iii) Bestimmung der mittel- und langfristigen Modellparameter

Um die mittel- und langfristigen Modellparameter aus den Optionspreisdaten zu schätzen, sollen die an der EEX beobachteten impliziten Black-Volatilitäten $\sigma_t^{F_{T_0}(T_1,T_2)}$ der ATM-Optionen den aus dem Modell erzeugten annualisierten Volatilitäten

$$\overline{\sigma}_t(F_{T_0}(T_1,T_2)) = \sqrt{\frac{\mathbb{V}\mathrm{ar}_t[\ln F_{T_0}(T_1,T_2)]}{T_0 - t}} \tag{4.66}$$

gegenübergestellt werden. Dazu werden mittels des Modells (4.60) und der Approximationsformel (4.65) die Volatilitätsstrukturen $\overline{\sigma}_t(F_{T_0}(T_1,T_2))$, $T_1 \geq t$, für Optionen auf Terminkontrakte mit Lieferperioden $[T_1, T_2]$ von einem Monat, einem Quartal sowie einem Jahr bestimmt. Vereinfachend wird hierbei angenommen, dass zwischen Fälligkeit T_0 der Option und Beginn der Lieferperiode T_1 fünf Tage bei den Monats- und Quartalskontrakten sowie 20 Tage bei den Jahreskontrakten liegen.[25] Dabei sollten die aus dem Modell erzeugten Volatilitäten $\overline{\sigma}_t(F_{T_0}(T_1,T_2))$ die beobachteten impliziten Volatilitäten bestmöglich abbilden. Hierfür werden die Parameter κ_M, σ_M und σ_L der mittel- und langfristigen Komponente mittels der Methode der kleinsten Quadrate im Zeitpunkt t über

$$\min_{\kappa_M, \sigma_M, \sigma_L} \sum_{i=1}^{N_t} \left(\overline{\sigma}_t(F_{T_0^i}(T_1^i, T_2^i)) - \sigma_t^{F_{T_0^i}(T_1^i, T_2^i)} \right)^2 \tag{4.67}$$

bestimmt, wobei N_t die Anzahl der im Zeitpunkt t herangezogenen Optionspreise mit Fälligkeiten T_0^i ist. $[T_1^i, T_2^i]$ beschreibt weiter die Lieferperiode des zu Grunde liegenden Terminkontraktes der $i-$ten herangezogenen Option. Die Fälligkeit der i-ten Option T_0^i werde dabei wieder vereinfachend auf fünf Tage vor Beginn der Lieferperiode bei Optionen auf Monats- bzw. Quartalskontrakte sowie auf 20 Tage vor Beginn der Lieferperiode bei Optionen auf Jahreskontrakte festgelegt.

Abbildung 4.11 zeigt die aus dem Modell erzeugten annualisierten Volatilitäten bei impliziter Parameterschätzung anhand der am 30.04.2007 notierten Optionspreise im Vergleich zu den am Markt beobachteten impliziten Volatilitäten. Es ist zu sehen, dass mit dem Modell eine gute Anpassung an die Marktdaten erreicht werden kann. Während die Optionen auf Terminkontrakte mit jährlicher Lieferperiode sowie mit einer Ausnahme die Optionen auf Terminkontrakte mit

---

[25]Dies orientiert sich von der Größenordnung an den Zeiträumen, die an der EEX für diese Optionskontrakte auftreten. Vgl. hierzu EEX (2007b).

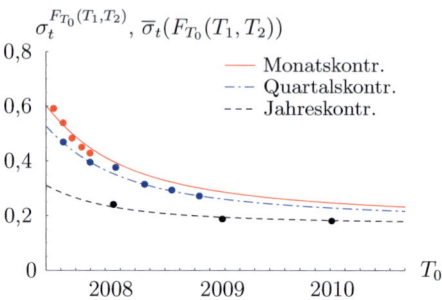

Abbildung 4.11: Die Abbildung zeigt die impliziten Volatilitäten aller am 30.04.2007 an der EEX notierten ATM-Optionen sowie die durch die aus dem Modell erzeugte Volatilitätsstruktur bei impliziter Parameterschätzung.

quartalsweiser Lieferperiode sehr genau beschrieben werden, ist der beobachtete Abfall der impliziten Volatilitäten bei den Optionen auf Terminkontrakte mit monatlicher Lieferperiode etwas steiler als vom Modell erzeugt.

Im Vergleich zu der durch die implizite Schätzung der mittel- und langfristigen Parameter erzeugten Volatilitätsstruktur in Abbildung 4.11 soll die aus dem Modell erzeugte Volatilitätsstruktur unter Verwendung der Schätzergebnisse aus Kapitel 4.3.2 betrachtet werden. Abbildung 4.12 zeigt die am 30.04.2007 beobachteten impliziten Black-Volatilitäten sowie die aus dem Modell erzeugten Volatilitätsstrukturen unter Verwendung der rein aus der Spotpreishistorie geschätzten Parameter der mittelfristigen und langfristigen Komponente. Es zeigt sich deutlich, dass unter Verwendung dieser Schätzergebnisse der Verlauf der beobachteten impliziten Volatilitäten nicht abgebildet wird. Eine Bewertung von Optionen auf Terminkontrakte basierend auf den aus der Spotpreishistorie geschätzten Modellparametern würde somit zu deutlichen Fehlbewertungen führen.

Dieses zeigt deutlich die Notwendigkeit der impliziten Schätzung der mittel- und langfristigen Parameter κ_M, σ_M sowie σ_L, um eine akzeptable Bewertungsgüte bei Terminoptionen zu erhalten. Bei den so geschätzten Modellparametern ist jedoch zu beachten, dass diese auf einer zum Teil sehr kleinen Datenmenge geschätzt werden müssen. So konnten von den maximal 14 möglichen notierten ATM-Optionen auf Grund nicht verfügbarer sowie ausgeschlossener Marktdaten im Schnitt nur 11,45 Optionspreise herangezogen werden. Daher soll die Parame-

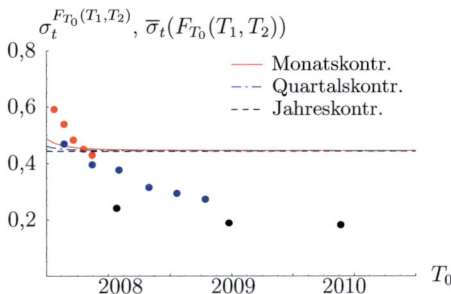

Abbildung 4.12: Die Abbildung zeigt die impliziten Black-Volatilitäten der notierten ATM-Optionen sowie die durch die Approximation (4.65) erzeugte Volatilitätsstruktur unter Verwendung der aus der Spotpreishistorie geschätzten Parameter der mittelfristigen und langfristigen Komponente.

terschätzung auf ihre Stabilität untersucht werden. Abbildung 4.13 zeigt in der oberen Zeile den Verlauf der Parameter bei täglicher Schätzung vom 03.01.2005 bis zum 30.04.2007. Vernachlässigt wurden dabei Tage, an denen weniger als sechs notierte Optionspreise zur Verfügung standen, was an drei Tagen der Fall war. Während sich der Verlauf bei den Volatilitätsparametern auf einem langsam ändernden Niveau mit kurzfristigen starken Schwankungen entwickelt, ist der Verlauf des Mean-Reversion Parameters stärkeren Schwankungen ausgesetzt. Auffällig ist der Zeitraum Anfang bis Mitte 2006, in dem die langfristige Volatilität verbunden mit einer sehr geringen Mean-Reversion Rate anscheinend keine Bedeutung hat. Bei einer genaueren Betrachtung der Daten scheint dieses auf eine Datenkonstellation zurückzuführen zu sein, in der die impliziten Volatilitäten der Optionen auf Monatskontrakte zum Teil unter denen der Quartalskontrakte lagen. Somit waren teilweise Arbitragemöglichkeiten gegeben, was in einem liquiden Markt nicht auftreten darf. Daher soll diesem Zeitraum weniger Bedeutung beigemessen werden. Problematisch ist aber weiterhin die teilweise starke tägliche Schwankung der Parameter, welche auf der geringen Datenmenge basiert. Eine Möglichkeit, diese Problematik zu umgehen, ist die Zahl der herangezogenen Optionspreise zu erhöhen. Da das Modell den beobachteten Smile- bzw. Skew-Effekt nicht nachbilden kann, ist eine Berücksichtigung der ITM- bzw. OTM-Optionen nicht sinnvoll. Daher soll der Zeitraum, aus dem die ATM-Optionspreise herangezogen werden, erweitert werden. Mit

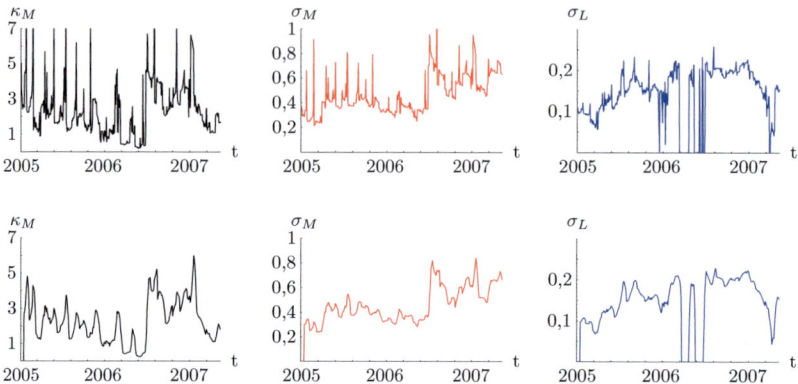

Abbildung 4.13: Die Abbildung zeigt die jeweils implizit geschätzten Parameterwerte der mittel- und langfristigen Komponente zum Zeitpunkt t. Dabei wurde in der oberen Zeile die implizite Schätzung anhand der Optionsdaten nur des aktuellen Tages t, in der unteren Zeile anhand der Optionsdaten der letzten zehn Tage durchgeführt.

$$\min_{\kappa_M, \sigma_M, \sigma_L} \sum_{\tau=t-(\overline{\tau}-1)}^{T_0} \sum_{i=1}^{N_\tau} \left(\overline{\sigma}_\tau (F_\tau(T_1^i, T_2^i)) - \sigma_\tau^{F_\tau(T_1^i, T_2^i)} \right)^2 \tag{4.68}$$

können κ_M, σ_M und σ_L im Zeitpunkt t unter Berücksichtigung der Preisinformationen der letzten $\overline{\tau}$ Tage ermittelt werden. Abbildung 4.13 zeigt in der unteren Zeile den Verlauf der Parameter bei täglicher Schätzung vom 14.01.2005 bis zum 30.04.2007 unter Berücksichtigung der Optionspreise der letzten zehn Tage. Es zeigt sich ein deutlich ruhigerer Verlauf der Schätzergebnisse über den untersuchten Zeitraum. Die Wahl des Zeitraumes von zehn Tagen wurde dabei gewählt, um die Stabilität der Schätzergebnisse zu erhöhen, weiterhin aber eine Schätzung zu ermöglichen, welche sich auf aktuellen Informationen stützt. Um die Abhängigkeit der Schätzergebnisse vom herangezogenen Zeitraum $\overline{\tau}$ zu analysieren, werden weiter am 30.04.2007 verschiedene Zeiträume von einem Tag bis zu einem Jahr zur Parameterschätzung herangezogen. Tabelle 4.5 zeigt die Schätzergebnisse für die betrachteten Zeiträume von einem Tag, zwei Wochen, einem Monat, einem Quartal sowie einem Jahr. Auch wenn hier eine zu erwartende Abhängigkeit der Parameter von der verwendeten Datengrundlage festzustellen ist, scheint die Sensitivität der Ergebnisse nicht zu groß zu sein. Daher soll im weiteren bei der Schätzung auf den bereits vorgeschlagenen Zeitraum von zehn Tagen zurückgegriffen werden.

Zeitraum $\bar{\tau}$	κ_M	σ_M	σ_L
1 Tag	1,703	0,632	0,154
2 Wochen	1,809	0,662	0,153
1 Monat	1,709	0,676	0,147
1 Quartal	1,568	0,613	0,136
1 Jahr	2,292	0,546	0,188

Tabelle 4.5: Die Tabelle zeigt die Schätzergebnisse der mittelfristigen und langfristigen Komponente anhand der am Markt beobachteten impliziten Black-Volatilitäten. Dabei wurden die Preisinformationen ausgehend vom 30.04.2007 für Zeiträume von einem Tag bis zu einem Jahr herangezogen.

Schätzung	κ_S	σ_S	κ_M	σ_M	σ_L
implizit	192,834	3,199	1,809	0,662	0,153
historisch	174,223	3,276	6,888	0,292	0,443

Tabelle 4.6: Die Tabelle zeigt die Schätzergebnisse vom 30.04.2007 der stochastischen Komponente (4.2) mittels der impliziten Schätzung der mittel- und langfristigen Parameter anhand der Optionspreisdaten sowie der Schätzung der kurzfristigen Parameter anhand der historischen Spotpreisdaten im Vergleich zu den Parameterwerten erhalten aus der rein historischen Schätzung.

Mit den so geschätzten Parametern der mittel- und langfristigen Komponente können die weiteren Parameter des Modells zur Beschreibung der kurzfristigen Komponente mittels der MCMC Methode aus der Spotpreishistorie geschätzt werden. Dabei wird die Schätzung bedingt auf die bereits erhaltenen Parameterwerte κ_M, σ_M und σ_L durchgeführt. Tabelle 4.6 zeigt die Ergebnisse der Parameterschätzung sowohl bei Verwendung der impliziten Schätzung als auch bei der Schätzung rein aus der Spotpreishistorie. Werden die am 30.04.2007 erhaltenen Parameterwerte verglichen, zeigt sich, dass sich das Verhältnis der Volatilitäten der mittel- und langfristigen Komponente umgekehrt hat, die gesamte Volatilität aber auf einem vergleichbaren Niveau liegt. Weiter ist die implizit geschätzte Mean-Reversion Rate κ_M deutlich geringer, was zu einem längeren Einfluss der mittelfristigen Volatilität σ_M führt.

Zusammenfassend kann somit auch die Frage

Wie können und sollen die Preisinformationen von Spotkontrakten und Terminoptionen bei der Modellierung und Bewertung berücksichtigt werden?

beantwortet werden. Dabei sollten in einem ersten Schritt die mittel- und langfristigen Parameter der verwendeten Stochastik über die Preisinformationen der börslich gehandelten Terminoptionen implizit geschätzt werden. Im zweiten Schritt werden bedingt auf die bereits geschätzten Mittel- und Langfristparameter die Parameter der kurzfristigen Komponente anhand der Spotpreishistorie mittels der MCMC Methode geschätzt. Somit werden sowohl die am Markt beobachteten kurzfristigen Preiseigenschaften als auch die im Terminoptionsmarkt enthaltenen mittel- und langfristigen Preisinformationen berücksichtigt.

Nachdem das Grundmodell definiert und die Datengrundlage zur Schätzung der Modellparameter geklärt wurde, kann das Grundmodell im folgenden erweitert werden, um die kurzfristigen Preiseigenschaften des Strommarktes adäquat abzubilden und das Modellrisiko bei der Bewertung von Derivaten zu quantifizieren. Für den zweiten Punkt müssen jedoch erst die Bewertungsverfahren für die zur Quantifizierung des Modellrisikos herangezogenen Derivate eingeführt werden.

Kapitel 5

Derivatebewertung im Strommarkt

Für die Quantifizierung des Modellrisikos müssen die für den Strommarkt relevanten Optionalitäten bewertet werden. Hierbei sind vor allem Spread Optionen und Swing Optionen, welche beide auf den Spotpreis von Strom geschrieben sind, von großem Interesse. Um diese zu bewerten, muss wie in Kapitel 4.4 gezeigt auf Grund der fehlenden Lagerbarkeit von Strom auf die risikoneutrale Bewertung zurückgegriffen werden. Dabei ergibt sich analog zu (4.21) für ein Derivat $f_t(T)$ mit der allgemeinen Auszahlungsstruktur $\overline{f}_\tau$, $t \leq \tau \leq T$, der Wert der Optionalität als

$$
\begin{aligned}
f_t(T) &= \mathbb{E}^{\mathbf{Q}} \left[\int_t^T e^{-r(s-t)} \overline{f}_s ds | \mathcal{F}_t \right] \\
&= \mathbb{E}_t^{\mathbf{Q}} \left[\int_t^T e^{-r(s-t)} \overline{f}_s ds \right].
\end{aligned}
\tag{5.1}
$$

Während bei der Swing Option die Auszahlungsstruktur nur vom Strompreis abhängig ist, gehen in die Auszahlungsstruktur der Spread Option ebenfalls die Preise der Energieträger und des CO_2 Zertifikats mit ein. Somit wären zur Bewertung der Spread Option neben dem hier entwickelten Modell der Strompreisdynamik auch Modelle zur Beschreibung der Kohle-, Gas- bzw. Ölpreisdynamik und der CO_2 Preisdynamik sowie die zugehörigen Korrelationsstrukturen erforderlich. Dieses adäquat zu behandeln würde jedoch den Umfang der Arbeit übersteigen. Deshalb soll stellvertretend für die Spread Option eine europäische Option auf den Strompreis betrachtet werden, da unter der vereinfachenden Annahme konstanter Rohstoffpreise die Spread Option einer europäischen Option entspricht, deren Strike sich aus den Erzeugungskosten ergibt. Diese ist somit auch ein Indikator für die Modellrisiken bei der Bewertung fossiler Kraftwerke. Neben der europäischen Option werden die Swing Option und als Spezialfall der

Swing Option mit nur einem Ausübungsrecht die amerikanische Option zur Quantifizierung des Modellrisikos herangezogen. Dabei kann die Swing Option als Indikator des Modellrisikos bei der Bewertung von Speicherkraftwerken verwendet werden. Die Bewertungsverfahren für diese drei Optionstypen sollen daher vorgestellt werden.

5.1   Europäische Optionen

Bei der Bewertung europäischer Call und Put Optionen ergibt sich der Wert $C_t^E(T,K)$ bzw. $P_t^E(T,K)$ der Option mit Fälligkeit T und Strike K im Zeitpunkt t in Abhängigkeit der Verteilung des Underlyings zum Fälligkeitszeitpunkt als

$$C_t^E(T,K) \quad = \quad e^{-r(T-t)} \mathbb{E}_t^{\mathbf{Q}}\left[\max\{P_T - K, 0\}\right] \tag{5.2}$$

$$\text{bzw.} \quad P_t^E(T,K) \quad = \quad e^{-r(T-t)} \mathbb{E}_t^{\mathbf{Q}}\left[\max\{K - P_T, 0\}\right]. \tag{5.3}$$

Während sich bei der Wahl einfacher Preismodelle für den Erwartungswert häufig eine geschlossene Formel ableiten lässt, ist dies bei komplexeren Modellen, wie sie im Rahmen dieser Arbeit Anwendung finden, meist nicht mehr möglich. Daher soll zur Bewertung europäischer Optionen die Monte Carlo Simulation herangezogen werden. Zur Diskretisierung der Modelle wird dazu analog zu den MCMC Schätzmethoden das Euler Verfahren bzw. das Bernoulli Sprung-Modell verwendet. Mit N unter dem äquivalenten Martingalmaß $\mathbf{Q}$ simulierten Preispfaden $P_t^1, ..., P_t^N$ ergibt sich als Näherung an den Optionswert

$$C_t^E(T,K) \quad \approx \quad e^{-r(T-t)} \frac{1}{N} \sum_{i=1}^{N} \max\{P_T^i - K, 0\} \tag{5.4}$$

$$\text{bzw.} \quad P_t^E(T,K) \quad \approx \quad e^{-r(T-t)} \frac{1}{N} \sum_{i=1}^{N} \max\{K - P_T^i, 0\}. \tag{5.5}$$

Um eine gute Approximation des Optionswertes zu erhalten, werden $N = 50.000$ Simulationspfade gewählt.

Wird von der vereinfachenden Annahme konstanter Rohstoffpreise Abstand genommen, existiert für Spread Optionen nur im Fall lognormalverteilter Preise sowie einem Strike von Null mit der Margrabe Formel eine analytische Lösung.[1] Bei komplexeren Modellen sind ebenfalls numerische Verfahren notwendig, um Spread Optionen zu bewerten. Carmona und Durrleman

---

[1]Vgl. Margrabe 1978.

(2003) geben einen guten Überblick über verschiedene Ansätze zur Bewertung von Spread Optionen.

Da die Europäische Option auch als Indikator für das Modellrisiko bei der Bewertung von fossilen Kraftwerken verwendet werden kann, sollen die Besonderheiten der Realoptionsbewertung von Kraftwerken kurz herausgestellt werden. Dazu wird auf die zu diesem Thema existierende Literatur zurückgegriffen. Deng, Johnson und Sogomonian (2001) führen die Bewertung von fossilen Kraftwerken auf die Bewertung von Spread Optionalitäten zurück, für welche sie geschlossene Lösungen ableiten. Dabei werden die technischen Restriktionen von Kraftwerken jedoch vernachlässigt. Um diese zu berücksichtigen, stellen Gardner und Zhuang (2000), Tzeng und Barz (2002) sowie Deng und Oren (2003) Bewertungsverfahren basierend auf stochastischer, dynamischer Programmierung vor. Thompson, Davison und Rasmussen (2004) verwenden partiell integrierbare Differenzialgleichungen zur Kraftwerksbewertung unter Berücksichtigung von technischen Restriktionen. Bei diesen Ansätzen werden u.a. Zeiten sowie Kosten des Hoch- und Abfahrens eines Kraftwerks, minimale Fahrt- und Stillstandzeiten sowie minimale und maximale Erzeugungskapazitäten berücksichtigt. Der entscheidende Unterschied bei der Bewertung von fossilen Kraftwerken ist somit die Berücksichtigung der technischen Restriktionen, welche eine Einschränkung der Flexibilität bedeuten und somit wertmindernd auf die reine Spread Option wirken.

5.2 Amerikanische Optionen

Für die Bewertung amerikanischer Optionen, bei der die Herausforderung in der Bestimmung der frühzeitigen Ausübungsgrenzen liegt, existiert keine analytische Lösung. Frühere Arbeiten greifen auf Finite Differenzen Methoden sowie Baumverfahren zurück.[2] Alternativ zu numerischen Verfahren existieren in der Literatur auch verschiedene approximative Bewertungsformeln.[3] Während diese Bewertungsverfahren für niedrig-dimensionale Probleme gut geeignet sind, ist eine Bewertung bei Preismodellen mit einer hohen Anzahl an Faktoren kaum durchführbar. Daher sind zur Bewertung von amerikanischen Optionen in Mehr-Faktoren Model-

---

[2]Siehe u.a. Brennan und Schwartz (1977) für einen Finite Differenzen Ansatz sowie Cox, Ross und Rubinstein (1979), Boyle (1988) sowie Boyle, Evnine und Gibbs (1989) für Bewertungsansätze über Binomialbäume.

[3]Siehe u.a. Geske und Johnson (1984), Barone-Adesi und Whaley (1987) sowie Carr, Jarrow und Myneni (1992).

len in neuerer Zeit verschiedene Monte-Carlo Methoden in der Literatur diskutiert worden. Während über die klassische vorwärts gerichtete Monte-Carlo Methode eine Bewertung amerikanischer Optionen auf Grund der vorzeitigen Ausübbarkeit nicht möglich war, ermöglichen dies neu entwickelte Monte-Carlo Methoden. Dabei werden zuerst die optimalen Ausübungsentscheidungen bzw. Ausübungsschranken für jeden Zeitpunkt abgeleitet. Anhand dieser Ausübungsentscheidungen kann dann mittels einer Monte-Carlo Simulation der Wert einer amerikanischen Option bestimmt werden. Dabei wird in jedem Zeitpunkt der Simulation anhand der Ausübungsschranken entschieden, ob die amerikanische Option frühzeitig ausgeübt oder das Optionsrecht weiter gehalten wird. Mittlerweile gibt es in der Literatur verschiedene Ansätze zur Bestimmung der optimalen Ausübungsschranken. Ibáñez und Zapatero (2004) bestimmen diese für jeden möglichen diskreten Ausübungszeitpunkt über einen rekursiven Algorithmus. Longstaff und Schwartz (2001) verwenden einen einfachen Regressionsansatz zur Bestimmung des Fortführungswertes und somit der optimalen Ausübungsschranke in jedem Ausübungszeitpunkt. Dieses Verfahren ist rechentechnisch deutlich weniger zeitaufwendig und soll für die Bewertung amerikanischer Optionen im Rahmen dieser Arbeit herangezogen werden.

Sei $C_t^A(T, K)$ der Wert einer amerikanischen Call Option. Dann lässt sich mittels des Least-Squares Ansatzes von Longstaff und Schwartz der Wert dieser Option wie folgt ermitteln:

1) Simulation:
   Simuliere N Preispfade $P_t^1, ..., P_t^N$ unter dem äquivalenten Martingalmaß $\mathbf{Q}$.

2) Rekursive Ableitung der optimalen Ausübungsentscheidung:
   Für jeden Pfad P_t^i, $i = 1, ..., N$, werde die Ausübungsinformation $\{A^i, t_A^i\}$ mit dem Ausübungswert A^i sowie dem Auszahlungszeitpunkt t_A^i bestimmt. Startend im Fälligkeitszeitpunkt T ergibt sich die zu diesem Zeitpunkt optimale Ausübungsinformation $\{\max\{P_T^i - K, 0\}, T\}$. Diese wird rekursiv für $\tau = T - 1, ..., t$ wie folgt aktualisiert:

   i) Bilde die Menge von Paaren $\mathcal{F} = \bigcup_{\{i | P_\tau^i > K\}} \{P_\tau^i, F^i\}$ aller relevanten Preise P_τ^i und relevanten Fortführungswerte $F^i = e^{-r(t_A^i - \tau)} A^i$. Ein Paar ist dabei relevant, wenn der Preis des Pfades i in-the-money ist, also $P_\tau^i > K$.

   ii) Schätze die Regressionsfunktion $g_\tau(\omega, P_\tau)$ aus $\mathcal{F}$ mittels der Methode der kleinsten Quadrate über

$$\min_\omega \sum_{\{i | P_\tau^i > K\}} \left(g_\tau(\omega, P_\tau^i) - F^i \right)^2. \tag{5.6}$$

Dabei sei $g_\tau(\omega, P_\tau)$ angelehnt an Longstaff und Schwartz als gewichtete Summe der ersten vier Laguerre Polynome sowie einer Konstanten über

$$g_\tau(\omega, P_\tau) = \sum_{i=0}^{3} \omega_i L_i(P_\tau) + \omega_4 \qquad (5.7)$$

$$\text{mit} \quad L_0(P_\tau) = e^{-\frac{P_\tau}{2}}$$

$$L_1(P_\tau) = e^{-\frac{P_\tau}{2}} (1 - P_\tau)$$

$$L_2(P_\tau) = e^{-\frac{P_\tau}{2}} \left(1 - 2P_\tau + \frac{1}{2}P_\tau^2\right)$$

$$L_3(P_\tau) = e^{-\frac{P_\tau}{2}} \left(1 - 3P_\tau + \frac{3}{2}P_\tau^2 - \frac{1}{6}P_\tau^3\right)$$

und $\omega = \{\omega_0, \omega_1, \omega_2, \omega_3, \omega_4\}$ definiert.

iii) Prüfe für alle Pfade, deren Preis in τ in-the-money ist, ob eine frühzeitige Ausübung zum Zeitpunkt τ optimal ist. Dies gilt, wenn der aktuelle Ausübungswert größer als der durch die Regressionsfunktion gegebene erwartete Fortführungswert ist. Gilt

$$P_\tau^i > K \qquad \text{und} \qquad (5.8)$$

$$(P_\tau^i - K) > g_\tau(\omega, P_\tau^i), \qquad (5.9)$$

dann ersetze die bisherige Ausübungsinformation für Pfad i mit $\{P_\tau^i - K, \tau\}$.

3) Wertbestimmung:

Der Wert der amerikanischen Call Option in t ergibt sich als

$$C_t^A(T, K) = \frac{1}{N} \sum_{i=1}^{N} e^{-r(t_A^i - t)} A^i. \qquad (5.10)$$

Die Bestimmung des Wertes $P_t^A(T, K)$ einer amerikanischen Put Option erfolgt analog.

5.3 Swing Optionen

Da Swing Optionen von der Bewertungsproblematik ähnlich zu handhaben sind wie amerikanische Optionen, ist ein Großteil der verwendeten Bewertungsansätze vergleichbar mit denen amerikanischer Optionen. Dabei sind die Verfahren jedoch nicht nur in der Anzahl der handhabbaren Faktoren zu unterscheiden, sondern ebenso in der möglichen Berücksichtigung komplexerer Ausstattungsmerkmale der Swing Option. Jaillet, Ronn und Tompaidis (2003) stellen einen Bewertungsansatz über einen Binomialwald vor, bei dem jedem Recht ein Binomialbaum zugeordnet ist. Keppo (2004) leitet über ein Duplikationsportfolio mit Forwardkontrakten und Call Optionen den Preis einer Swing Option her. Dahlgren (2005) modelliert die Preisfunktion einer Swing Option als die Wertfunktion eines stochastischen Kontrollproblems und löst dies numerisch über ein System von Hamilton-Jacobi-Bellman Quasi Variationsungleichungen. Während die Ansätze über den Binomialwald oder das stochastische Kontrollproblem nur für niedrig-dimensionale Probleme anwendbar sind, können mit der Duplikationsmethode mögliche komplexere Ausstattungsmerkmale nicht berücksichtigt werden. Daher kommen auch bei der Bewertung von Swing Optionen Monte Carlo Methoden immer stärker in den Fokus. Ibáñez (2004) erweitert den von Ibáñez und Zapatero (2004) vorgeschlagenen Ansatz zur Bewertung amerikanischer Optionen, um Swing Optionen bewerten zu können. Meinshausen und Hambly (2004), Kern (2006) und Figueroa (2006) verwenden dagegen Erweiterungen des von Longstaff und Schwartz vorgestellten Least-Squares Ansatzes. Dabei ist die Grundidee dieser Erweiterungen die Bestimmung der optimalen Ausübungsschranken in Abhängigkeit der verbleibenden Rechte. Dabei wird abgewägt, ob ein weiteres Halten der aktuellen Anzahl an Swingrechten oder mit der Ausübung des Swingrechtes der realisierte Gewinn des aktuellen Rechts und das Halten der Swing Option mit einem Recht weniger optimal ist. Dieses Vorgehen soll auch hier gewählt werden, indem der von Longstaff und Schwartz vorgestellte Ansatz auf eine Swing Option mit Sperrfrist angepasst wird.

Sei $C_t^S(T, K, R, \bar{t})$ der Wert einer Swing Option mit R Kaufrechten und einer Sperrfrist $\bar{t}$.[4] Dann lässt sich mittels einer Erweiterung des Least-Squares Ansatzes von Longstaff und Schwartz der Wert dieser Option wie folgt ermitteln:

1) Simulation:

   Simuliere N Preispfade $P_t^1, ..., P_t^N$ unter dem äquivalenten Martingalmaß $\mathbf{Q}$.

2) Rekursive Ableitung der optimalen Ausübungsentscheidungen:

   Für jeden Pfad P_t^i, $i = 1, ..., N$, werden die Ausübungsinformationen für alle Swing-Optionen mit $\widetilde{R} \leq R$ Rechten $\left\{ \left\{ A_{\widetilde{R},1}^i, t_{A_{\widetilde{R},1}}^i \right\}, ..., \left\{ A_{\widetilde{R},\widetilde{R}}^i, t_{A_{\widetilde{R},\widetilde{R}}}^i \right\} \right\}$ mit dem Ausübungswert $A_{\widetilde{R},j}^i$ sowie dem Auszahlungszeitpunkt $t_{A_{\widetilde{R},j}}^i$ des j-ten Rechtes bestimmt. Mit den Ausübungsinformationen $\left\{ \left\{ \max\{P_{T-(\widetilde{R}-1)\bar{t}}^i - K, 0\}, T - (\widetilde{R}-1)\bar{t} \right\}, \right.$ $\left\{ \max\{P_{T-(\widetilde{R}-2)\bar{t}}^i - K, 0\}, T - (\widetilde{R}-2)\bar{t} \right\}, ..., \{\max\{P_T^i - K, 0\}, T\} \right\}$ für jeden Pfad

---

[4]Die Sperrfrist determiniert, welcher Zeitraum zwischen den Ausübungen zweier Swingrechte liegen muss.

startend wird die optimale Ausübungsstrategie für jede dieser Swing Optionen rekursiv abgeleitet. Für $\tau = T - 1, ..., 1$ folgt:

Betrachte die Swing Option mit einem Recht ($\widetilde{R} = 1$):

i) Bilde die Vereinigung $\mathcal{F}_1 = \bigcup_{\{i|P_\tau^i > K\}} \{P_\tau^i, F_1^i\}$ von Paaren aller relevanten Preise P_τ^i und Fortführungswerte $F_1^i = e^{-r(t_{A_{1,1}}^i - \tau)} A_{1,1}^i$. Ein Paar ist dabei relevant, wenn der Preis des Pfades i im Zeitpunkt τ in-the-money ist, also $P_\tau^i > K$.

ii) Schätze die Regressionsfunktion $g_\tau^1(\omega^1, P_\tau)$ aus $\mathcal{F}_1$ mittels der Methode der kleinsten Quadrate über

$$\min_{\omega^1} \sum_{\{i|P_\tau^i > K\}} \left(g_\tau^1(\omega^1, P_\tau^i) - F_1^i\right)^2. \tag{5.11}$$

Dabei sei die Funktion $g_\tau^1(\omega^1, P_\tau)$ mit $\omega^1 = \{\omega_0^1, \omega_1^1, \omega_2^1, \omega_3^1, \omega_4^1\}$ definiert wie in (5.7).

iii) Prüfe für alle Pfade, deren Preis in τ in-the-money ist, ob eine frühzeitige Ausübung zum Zeitpunkt τ optimal ist. Dies gilt, wenn der aktuelle Ausübungswert größer als der durch die Regressionsfunktion gegebene erwartete Fortführungswert ist. Gilt

$$P_\tau^i > K \qquad \text{und} \tag{5.12}$$

$$(P_\tau^i - K) > g_\tau^1(\omega^1, P_\tau^i), \tag{5.13}$$

dann ersetze die bisherige Ausübungsinformation $\left\{A_{1,1}^i, t_{A_{1,1}}^i\right\}$ der Swing Option mit einem Recht für Pfad i mit $\{P_\tau^i - K, \tau\}$.

Betrachte aufsteigend die Swing Optionen mit $\widetilde{R} = 2, ..., \widehat{R}$ und $\widehat{R} = \min\{\frac{\tau}{\bar{t}}, R\}$ Rechten:

i) Bilde die Vereinigung $\mathcal{F}_{\widetilde{R}} = \bigcup_{\{i|P_{\tau-(\widetilde{R}-1)\bar{t}}^i > K\}} \{P_{\tau-(\widetilde{R}-1)\bar{t}}^i, F_{\widetilde{R}}^i\}$ von Paaren aller relevanten Preise $P_{\tau-(\widetilde{R}-1)\bar{t}}^i$ und Fortführungswerte

$$F_{\widetilde{R}}^i = \sum_{j=1}^{\widetilde{R}} e^{-r(t_{A_{\widetilde{R},j}}^i - (\tau-(\widetilde{R}-1)\bar{t}))} A_{\widetilde{R},j}^i \tag{5.14}$$

sowie die Vereinigung $\mathcal{F}_{\widetilde{R}-1} = \bigcup_{\{i|P_{\tau-(\widetilde{R}-1)\bar{t}}^i > K\}} \{P_{\tau-(\widetilde{R}-1)\bar{t}}^i, F_{\widetilde{R}-1}^i\}$ von Paaren aller relevanten Preise $P_{\tau-(\widetilde{R}-1)\bar{t}}^i$ und verbleibenden Optionswerten nach Ausübung des Rechts in $\tau - (\widetilde{R} - 1)\bar{t}$

$$F_{\widetilde{R}-1}^i = \sum_{j=1}^{\widetilde{R}-1} e^{-r(t_{A_{\widetilde{R}-1,j}}^i - (\tau-(\widetilde{R}-1)\bar{t}))} A_{\widetilde{R}-1,j}^i. \tag{5.15}$$

Ein Paar ist dabei relevant, wenn der Preis des Pfades i im Zeitpunkt $\tau - (\widetilde{R} - 1)\bar{t}$ in-the-money ist, also $P^i_{\tau-(\widetilde{R}-1)\bar{t}} > K$.

ii) Schätze die Regressionsfunktion $g^{\widetilde{R}}_{\tau-(\widetilde{R}-1)\bar{t}}(\omega^{\widetilde{R}}, P_{\tau-(\widetilde{R}-1)\bar{t}})$ aus $\mathcal{F}_{\widetilde{R}}$ mittels der Methode der kleinsten Quadrate über

$$\min_{\omega^{\widetilde{R}}} \sum_{\{i|P^i_{\tau-(\widetilde{R}-1)\bar{t}}>K\}} \left(g^{\widetilde{R}}_{\tau-(\widetilde{R}-1)\bar{t}}(\omega^{\widetilde{R}}, P^i_{\tau-(\widetilde{R}-1)\bar{t}}) - F^i_{\widetilde{R}} \right)^2 \qquad (5.16)$$

sowie die Regressionsfunktion $g^{\widetilde{R}-1}_{\tau-(\widetilde{R}-1)\bar{t}}(\omega^{\widetilde{R}-1}, P_{\tau-(\widetilde{R}-1)\bar{t}})$ aus $\mathcal{F}_{\widetilde{R}-1}$ mittels der Methode der kleinsten Quadrate über

$$\min_{\omega^{\widetilde{R}-1}} \sum_{\{i|P^i_{\tau-(\widetilde{R}-1)\bar{t}}>K\}} \left(g^{\widetilde{R}-1}_{\tau-(\widetilde{R}-1)\bar{t}}(\omega^{\widetilde{R}-1}, P^i_{\tau-(\widetilde{R}-1)\bar{t}}) - F^i_{\widetilde{R}-1} \right)^2. \qquad (5.17)$$

Dabei seien die Funktionen $g^{\widetilde{R}}_{\tau-(\widetilde{R}-1)\bar{t}}(\omega^{\widetilde{R}}, P_{\tau-(\widetilde{R}-1)\bar{t}})$ mit $\omega^{\widetilde{R}} = \{\omega_0^{\widetilde{R}}, .., \omega_4^{\widetilde{R}}\}$ sowie $g^{\widetilde{R}-1}_{\tau-(\widetilde{R}-1)\bar{t}}(\omega^{\widetilde{R}-1}, P_{\tau-(\widetilde{R}-1)\bar{t}})$ mit $\omega^{\widetilde{R}-1} = \{\omega_0^{\widetilde{R}-1}, .., \omega_4^{\widetilde{R}-1}\}$ definiert wie in (5.7).

iii) Prüfe für alle Pfade, deren Preis in $\tau - (\widetilde{R}-1)\bar{t}$ in-the-money ist, ob eine frühzeitige Ausübung zum Zeitpunkt $\tau - (\widetilde{R} - 1)\bar{t}$ optimal ist. Dies gilt, wenn der aktuelle Ausübungswert plus der erwartete Wert der verbleibenden Rechte größer als der erwartete Fortführungswert ist. Gilt

$$P^i_\tau > K \qquad \text{und} \qquad (5.18)$$

$$(P^i_\tau - K) + g^{\widetilde{R}-1}_{\tau-(\widetilde{R}-1)\bar{t}}(\omega^{\widetilde{R}-1}, P^i_{\tau-(\widetilde{R}-1)\bar{t}}) > g^{\widetilde{R}}_{\tau-(\widetilde{R}-1)\bar{t}}(\omega^{\widetilde{R}}, P^i_{\tau-(\widetilde{R}-1)\bar{t}}) \quad (5.19)$$

dann ersetze die bisherige Ausübungsinformation

$$\left\{ \left\{ A^i_{\widetilde{R},1}, t^i_{A_{\widetilde{R},1}} \right\}, ..., \left\{ A^i_{\widetilde{R},\widetilde{R}}, t^i_{A_{\widetilde{R},\widetilde{R}}} \right\} \right\} \qquad (5.20)$$

für Pfad i mit

$$\left\{ P^i_\tau - K, \tau \right\} \cup \left\{ \left\{ A^i_{\widetilde{R}-1,1}, t^i_{A_{\widetilde{R}-1,1}} \right\}, ..., \left\{ A^i_{\widetilde{R}-1,\widetilde{R}-1}, t^i_{A_{\widetilde{R}-1,\widetilde{R}-1}} \right\} \right\}. \qquad (5.21)$$

3) Wertbestimmung:

Der Wert der Swing Option in t ergibt sich als

$$C^S_t(T, K, R, \bar{t}) = \frac{1}{N} \sum_{i=1}^{N} \max_{\widetilde{R}\in\{1,...,R\}} \left\{ \sum_{j=1}^{\widetilde{R}} e^{-r(t^i_{A_{\widetilde{R},j}}-t)} A^i_{\widetilde{R},j} \right\}. \qquad (5.22)$$

Die Bestimmung des Wertes $P_t^S(T, K, R, \bar{t})$ einer Swing Option mit R Verkaufsrechten verläuft analog.

Die Bewertung von Speicherkraftwerken wird häufig angelehnt an die Bewertung von Swing Optionen durchgeführt. Dabei muss jedoch nicht nur die Nutzung eines Rechts, also die Ausspeicherung, modelliert werden, sondern auch der Rückkauf eines Rechts, was der Einspeicherung entspricht. So erweitert Kern (2006) den Least-Squares Ansatz von Longstaff und Schwartz zur Bewertung von virtuellen Speicherkraftwerken. Boogert und De Jong (2008) wählen den gleichen Ansatz zur Bewertung von Gasspeichern, welches ein vergleichbares Problem ist. Somit kann die vorgestellte Bewertung der Swing Option die Bewertung von Speicherkraftwerken zwar nicht direkt abbilden, gibt aber eine gute Indikation des Modellrisikos der Speicherkraftwerksbewertung.

Kapitel 6

Modellerweiterungen

Wie bereits in Kapitel 3 herausgearbeitet, genügt der Modellansatz (4.2) für die stochastische Komponente X_t nicht den beobachteten Charakteristika der kurzfristigen Preisbewegungen am Strommarkt. Daher sollen mögliche Erweiterungen der stochastischen Komponente um verschiedene Sprungkomponenten untersucht werden. Dabei ist zum einen von Interesse, wie diese zusätzlichen Komponenten zu modellieren sind, da es bisher kaum Arbeiten gibt, die einen empirischen Vergleich verschiedener Modellierungsvarianten geben. Einzig Villaplana (2003) und Bierbrauer et al. (2007) untersuchen vergleichend verschiedene Ansätze der Sprungmodellierung. Zum anderen ist von Interesse, welche Auswirkung die Wahl des Modellansatzes für die Bewertung von Optionalitäten hat und somit welches Modellrisiko bei der Bewertung von Optionalitäten besteht. Diese Fragestellung ist vor allem für die Bewertung von Interesse, hat aber weiter auch auf die Bestimmung von Hedgeportfolios Einfluss. Um die Wirkungsweise der Modellerweiterungen dabei gut zu verstehen, sollen die herangezogenen Sprungkomponenten ausführlich analysiert werden.

6.1 Modellierungsansätze

Um die Modellierung der Sprungkomponente zu diskutieren, sollen in einem ersten Schritt die Sprungmuster, welche in der Preishistorie beobachtet werden können, näher betrachtet werden. Dabei sind die unterschiedlichen Sprungmuster meist auf unterschiedliche Auslöser für diese Sprünge zurückzuführen, welche bereits in Kapitel 3.1.4 besprochen wurden. Ziel der Modellansätze sollte es sein, diese Sprungmuster erklären und nachbilden zu können. Dabei

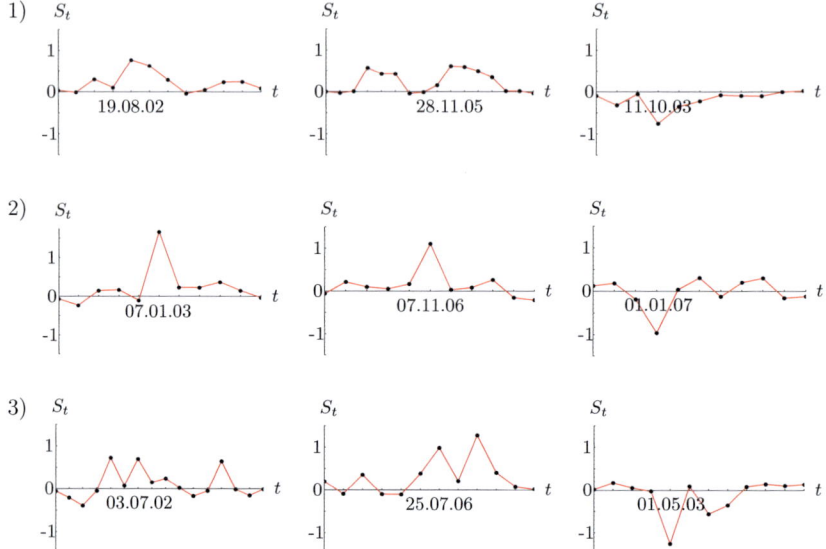

Abbildung 6.1: Die Abbildung zeigt die drei grundlegenden am Strommarkt zu beobachtenden Sprungmuster.

kann zwischen drei grundlegenden Sprungmustern unterschieden werden, welche in Abbildung 6.2 anhand des Verlaufs der kurzfristigen Komponente S_t veranschaulicht sind.[1]

1) Der Sprung:

Das erste Muster ist ein einmaliges Sprungereignis, gefolgt von über einige Tage höheren bzw. niedrigeren aber zum langfristigen Mittel rückläufigen Preisen. Modelle mit Poisson Sprung Prozessen, wie z.B. die in Kapitel 3.1 vorgestellten Modelle von Deng (2000), Escribano, Peña und Villaplana (2002), Villaplana (2003) sowie Cartea und Figueroa (2005) sind besonders gut geeignet, dieses Sprungmuster zu beschreiben.

2) Der Spike:

Das zweite Muster ist ein Sprung, positiv oder negativ, welcher am nächsten Tag von einem entgegengesetzten Sprung etwa gleicher Höhe gefolgt ist. Somit beschränkt sich

---

[1]Zur Schätzung des Verlaufs von S_t wurde das in Kapitel 4.5.2 verwendete Schätzverfahren mit Modell (4.2) herangezogen.

die Wirkung des Sprungs auf einen Tag. Solch ein Sprungmuster wird allgemein als Spike bezeichnet. Huisman und Mahieu (2003), Simonsen, Weron und Wilman (2004) sowie Geman und Roncoroni (2006) stellen Modelle mit Regime-Switch, Poisson Spikes oder gerichteten Sprüngen vor, welche dieses Sprungmuster gut abbilden können.

3) Das Cluster:
Das dritte Muster ist eine Häufung von Sprüngen, positiv oder negativ, innerhalb einer kurzen Zeit. Dieses wird auch als Cluster von Sprüngen bezeichnet. Geman und Roncoroni (2006) bilden dieses Sprungverhalten über eine deterministische Sprungintensität ab, was aber nur ein Cluster zu einer bestimmten Zeit im Jahr beschreiben kann. Im deutschen Strommarkt, aber auch in vielen anderen Märkten, wird dieses Sprungmuster im Gegensatz zu amerikanischen Strommärkten über das ganze Jahr beobachtet. Ein alternativer Ansatz ist die Beschreibung der Sprungcluster über einen Regime-Switching Prozess, was De Jong und Huisman (2002) sowie Schindlmayr (2005) vorschlagen. Barone-Adesi und Gigli (2002) schlagen eine Sprungintensität abhängig von vorher eingetretenen Sprungereignissen vor, verfolgen die Modellierung dieser Idee jedoch nicht weiter.

Während es weniger kompliziert ist, ein einzelnes dieser Sprungmuster mit einem Modell zu beschreiben, eignen sich die meisten Modelle nicht, alle Sprungmuster abzubilden. Daher sollen die bereits in der Literatur vorgestellten Modelle sowie eigene Modellerweiterungen diskutiert und auf ihre Eignung zur Modellierung aller drei Sprungmuster untersucht werden. Nachdem die Modellierungsansätze vorgestellt wurden, soll eine Diskussion der Erklärungskraft der Modelle bezüglich der einzelnen Sprungmuster anhand der aus dem Schätzverfahren erhaltenen Ergebnisse geführt werden. Um die Modellierungsgüte bewerten zu können, werden die Modelle sowohl bezüglich ihrer erzeugten Trajektorien als auch ihrer Verteilungseigenschaften verglichen. Abschließen wird den Vergleich der Modellierungsansätze eine Untersuchung des Modellrisikos, welches auf die Wahl des Modellierungsansatzes zur Beschreibung der Sprungkomponente zurückzuführen ist.

Um die Eigenschaften der verschiedenen Sprungkomponenten zu untersuchen, soll ein sprungloser Modellansatz für die stochastische Komponente X_t in (3.33) als Ausgangsmodell genutzt werden. Dieser wird dann mit alternativen Sprungkomponenten erweitert. Dabei wird eine Vereinfachung der stochastischen Komponente (4.2) für X_t herangezogen, bei der die langfristige

Komponente vernachlässigt wird.[2] Dieses vereinfacht die Schätzung der Modelle erheblich, da bei einer Beschreibung der stochastischen Komponente mit nur zwei Komponenten, in diesem Fall der kurz- und mittelfristigen Komponente, die Schätzung einer latenten Komponente genügt. Somit kann die Laufzeit der MCMC Schätzverfahren deutlich gesenkt werden, ohne dass diese Vereinfachung einen großen Einfluss auf die Ergebnisse hat. Die stochastische Komponente folgt somit unter dem realen Maß $\mathbf{P}$ der Dynamik

$$dX_t \;=\; dS_t + dM_t \qquad\qquad (6.1)$$

$$\text{mit}\quad dS_t \;=\; -\kappa_S S_t dt + \sigma_S dW_t^S \qquad\qquad (6.2)$$

$$dM_t \;=\; -\kappa_M M_t dt + \sigma_M dW_t^M. \qquad\qquad (6.3)$$

Da die Sprungkomponente der kurzfristigen Komponente zuzuordnen ist, soll (6.2) um die Sprungkomponente erweitert werden. Dabei kann zwischen zwei grundsätzlichen Modellansätzen unterschieden werden, dem Poisson Modell sowie dem Regime Switching Modell.

6.1.1   Poisson Modelle

Ein in der Literatur häufig gewählter Ansatz, Sprünge zu modellieren, ist das Einbinden von einem Poisson Prozess in die kurzfristige Komponente. Die Eigenschaften der Sprungkomponente lassen sich dabei durch die Art des Einbindens, die Verteilung der Sprunghöhe sowie die Modellierung der Intensität des Poisson Prozesses charakterisieren.

Sprungtyp

Über die Art des Einbindens des Poisson Prozesses in die kurzfristige Komponente S_t kann der modellierte Sprungtyp beeinflusst werden. Dabei lässt sich zwischen dem Poisson Sprung und dem Poisson Spike unterscheiden.

Poisson Sprung (PJ)

Die erste offensichtliche Erweiterung der kurzfristigen Komponente S_t ist die Hinzunahme von N Poisson Prozessen. Damit folgt S_t der Dynamik

$$dS_t = -\kappa_S S_t dt + \sigma_S dW_t^S + \sum_{i=1}^{N} \xi_t^i dJ_t^i. \qquad\qquad (6.4)$$

---

[2]Eine vergleichbare Untersuchung unter Berücksichtigung der langfristigen Komponente sowie Vernachlässigung der mittelfristigen Komponente findet sich in Seifert und Uhrig-Homburg (2007).

J_t^i beschreibe je einen Poissonprozess mit noch näher zu spezifizierender Sprungintensität h_t^i sowie Verteilung der Sprunghöhe ξ_t^i. Der Preiseffekt von eintretenden Sprüngen bleibt hierbei im Preis erhalten. Ein Zurücklaufen des Preises zum langfristigen Mittel wird durch die Mean-Reversion Rate der kurzfristigen Komponente erreicht. Somit eignet sich diese Sprungvariante besonders gut, um das Sprungmuster 1) beschreiben zu können. Kritik an dieser Sprungmodellierung wird u.a. von Huisman und De Jong (2002) angebracht, welche kritisieren, dass dieser Ansatz zu einer erhöhten Mean-Reversion Rate führt.

Poisson Spike (PS)

Alternativ zum Poisson Sprung können die Poisson Prozesse getrennt vom Mean-Reversion Prozess modelliert werden. Dabei wird S_t beschrieben über

$$\text{mit} \quad \begin{aligned} S_t &= \bar{S}_t + dZ_t \\ d\bar{S}_t &= -\kappa_S S_t dt + \sigma_S dW_t^S, \\ dZ_t &= \sum_{i=1}^{N} \xi_t^i dJ_t^i. \end{aligned} \tag{6.5}$$

Mit der so gewählten Modellierung bleibt der Preiseffekt eines eingetretenen Sprungereignisses nur im Zeitpunkt des Sprungs erhalten, bei täglicher Preismodellierung also ausschließlich am Tag des Sprungereignisses. Im Folgezeitpunkt tritt ein Sprung identischer Höhe aber entgegengesetzter Richtung ein. Weiter besteht kein Einfluss der Sprungkomponente auf die Mean-Reversion Rate, was die erwähnte Kritik an der Poisson Sprung Modellierung umgehen würde. Diese Sprungvariante eignet sich vor allem zur Modellierung des Spikes und soll als Poisson Spike bezeichnet werden.

Eine Modellierung, welche sich zwischen diesen beiden Ansätzen bewegt, ist der bereits in Kapitel 3.1 vorgestellte Ansatz von Hambly, Howison und Kluge (2007). Die hier herangezogenen Ansätze können als Grenzfälle dieses Modells mit $\kappa_Z = \kappa_S$ bzw. $\kappa_Z = \infty$ verstanden werden. Auf eine explizite Untersuchung des Modellansatzes von Hambly, Howison und Kluge soll verzichtet werden, da bei einer zusätzlichen Betrachtung neben den beiden Extremfällen keine weiteren wichtigen Erkenntnisse erwartet werden.

Sprunghöhe

Mit der Wahl der Verteilung der Sprunghöhe ξ_t^i kann maßgeblich beeinflusst werden, welche Sprungausprägungen hervorgehoben werden sollen. Dabei werden zwei Varianten der Modellierung herangezogen.

Normalverteilter Sprung

Bei einer normalverteilten Sprunghöhenverteilung wird mit $N = 1$ nur ein Poisson Prozess J_t mit Intensität h_t berücksichtigt. Dabei können mit der normalverteilten Sprunghöhe

$$\xi_t \sim N(\mu_\xi, \sigma_\xi) \tag{6.6}$$

mit Erwartungswert μ_ξ und Standardabweichung σ_ξ sowohl positive als auch negative Sprünge beschrieben werden. Die große Masse der eintretenden Sprunghöhen wird um den Mittelwert μ_ξ liegen, während auf Grund der flachen Enden der Normalverteilung wenig extreme Sprungereignisse beschrieben werden.

Lognormalverteilte Sprunge (ln)

Eine alternative Möglichkeit ist die Wahl einer lognormalverteilten Sprunghöhe. Hierbei muss ein zweiter Poisson Prozess herangezogen werden, um sowohl positive als auch negative Sprünge modellieren zu können. Durch J_t^u mit der Intensität h_t^u werden dabei positive Sprünge, durch J_t^d mit der Intensität h_t^d negative Sprünge beschrieben. Die zugehörigen Verteilungen der Sprunghöhe für positive Sprünge ξ_t^u und für negative Sprünge ξ_t^d sind definiert über

$$\ln \xi_t^u \sim N(\mu_\xi^u, \sigma_\xi^u) \tag{6.7}$$

$$\text{und } \ln \xi_t^d \sim N(\mu_\xi^d, \sigma_\xi^d). \tag{6.8}$$

Die Parameter μ_ξ^u und σ_ξ^u sowie μ_ξ^d und σ_ξ^d beschreiben hierbei die Verteilungen. Diese Modellierung führt zu einer geringeren Masse von sehr kleinen eintretenden Sprunghöhen sowie zu höheren Wahrscheinlichkeiten extremer Sprungereignisse. Weiter ist von Vorteil, dass zwischen positiven und negativen Sprüngen unterschieden werden kann, was vor allem auch für die Beurteilung der Notwendigkeit einer Modellierung von sowohl positiven als auch negativen Sprüngen von Interesse ist.

Intensität

Um die Spezifikation der Sprungerweiterungen zu vervollständigen, muss die Modellierung der Intensität konkretisiert werden. Dabei eignet sich vor allem die Wahl der Intensitätsmodellierung, um das Verhalten von Sprungclustern nachzubilden. Zur Modellierung der Intensität h_t werden drei Varianten herangezogen.

Konstante Intensität

Die am häufigsten in der Literatur verwendete Spezifikation der Intensitäten ist die Wahl einer konstanten Intensität

$$h_t = h \tag{6.9}$$

$$\text{bzw. } h_t^u = h^u$$
$$\text{und } h_t^d = h^d. \tag{6.10}$$

Ein Hervorheben von Clustern ist hiermit jedoch nicht möglich.

Deterministische Intensität (d)

Um eine bessere Abbildung der zeitlichen Struktur von Sprungereignissen zu erreichen, verwenden Villaplana (2003) sowie Geman und Roncoroni (2006) eine deterministische Sprungintensität. Diese Grundidee soll aufgegriffen werden und die Intensitäten über die auch für europäische Verhältnisse besser geeigneten deterministischen Funktionen

$$h_t^* = h^*(t)$$
$$= \sum_{i=1}^{2} \left(s_{2i-1}^{h^*} \sin \left(i \cdot \frac{2\pi t}{365.25} \right) + s_{2i}^{h^*} \cos \left(i \cdot \frac{2\pi t}{365.25} \right) \right)$$
$$\cdot \left(\sum_{i \in N_d} \mathbf{1}_i(t) d_i^{h^*} \cdot (1 - \mathbf{1}_f(t) w_f(t) - \mathbf{1}_b(t) w_b(t)) \right.$$
$$\left. + \mathbf{1}_f(t) w_f(t) f^{h^*} + \mathbf{1}_b(t) w_b(t) b^{h^*} \right) \tag{6.11}$$

mit $h^* \in \{h, h^u, h^d\}$ beschrieben werden. $N_d = \{Mo, Di - Do, Fr, Sa, So\}$ beschreibe wieder die Menge unterschiedlicher Tagestypen und $s_1^{h^*}, .., s_4^{h^*}, d_{Mo}^{h^*}, .., d_{So}^{h^*}, f^{h^*}$ und b^{h^*} seien Konstanten. Während mit dieser im Vergleich zu Geman und Roncoroni gemäßigten Modellierung der Intensitäten keine vergleichbar extremen Cluster beschreibbar sind, bleiben dagegen das ganze Jahr über Sprungcluster möglich. Weiter können mit dieser Modellierung Erkenntnisse gewonnen werden, inwieweit jährliche sowie wöchentliche Saisonalitäten für die Sprungintensitäten entscheidend sind.

Stochastische Intensität (s)

Der dritte Ansatz beschreibt die Intensitäten über stochastische Prozesse. Dabei folgen die Intensitäten den Dynamiken

$$dh_t = \kappa_h(\nu_h - h_t)dt + \xi_h dJ_t \tag{6.12}$$
$$\text{bzw. } dh_t^u = \kappa_h^u(\nu_h^u - h_t^u)dt + \xi_h^{uu} dJ_t^u + \xi_h^{du} dJ_t^d \tag{6.13}$$
$$\text{und } dh_t^d = \kappa_h^d(\nu_h^d - h_t^d)dt + \xi_h^{ud} dJ_t^u + \xi_h^{dd} dJ_t^d. \tag{6.14}$$

Somit resultiert aus einem Sprungereignis nicht nur ein Effekt im Preis sondern gleichzeitig ein Effekt in den Sprungintensitäten. Dabei spezifizieren $\xi_h, \xi_h^{uu}, \xi_h^{du}, \xi_h^{ud}, \xi_h^{dd} > 0$ den Effekt,

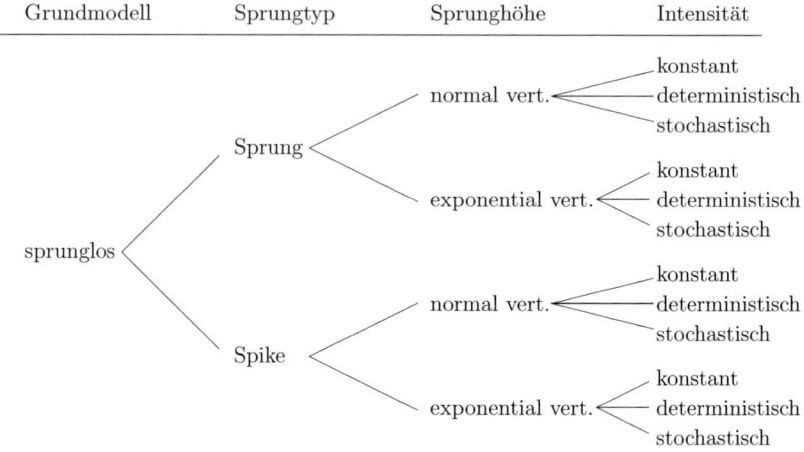

Abbildung 6.2: Die Abbildung zeigt die untersuchten Poisson Modelle kategorisiert nach den Kombinationsmöglichkeiten aus Sprungtyp, Sprunghöhe und Intensität.

den ein Sprungereignis auf die Sprungintensitäten hat. Dabei kann bei Verwendung der lognormalverteilten Sprunghöhen auch eine Wechselwirkung der Poisson Prozesse abgebildet werden. Weiter beschreiben κ_h, κ_h^u und κ_h^d die Mean-Reversion Raten, mit denen die Intensitäten zu den minimalen Intensitätsniveaus ν_h, ν_h^u und ν_h^d zurückkehren. Die somit spezifizierten Intensitätsprozesse orientieren sich an dem von Hawkes (1971) vorgestellten Self-Exciting Prozess mit exponentiellem Verfall. Der Vorteil dieses Modellansatzes besteht in der Möglichkeit, Cluster gut abbilden zu können, da ein Sprungereignis die Wahrscheinlichkeit weiterer Sprungereignisse erhöht. Bei Verwendung der lognormalverteilten Sprunghöhen und der Poisson Sprung Komponente kann zusätzlich durch die Wechselwirkung von positiven Sprungereignissen auf die Intensität negativer Sprünge und von negativen Sprungereignissen auf die positive Sprungintensität die Beschreibung von Spikes durch das Poisson Sprung Modell ermöglicht werden.

Mit den so spezifizierten Charakteristika der Sprungprozesse ergeben sich die in Abbildung 6.2 veranschaulichten zwölf möglichen Kombinationen, durch welche die Sprungkomponente über Poisson Prozesse beschrieben werden kann. Neben diesen sollen weiter Regime-Switching Modelle zur Beschreibung der Sprungkomponente herangezogen werden.

6.1.2 Regime-Switching Modelle

Alternativ zur Verwendung eines Poisson Prozesses finden sich in der Literatur auch Modelle, die sich einen Regime Switch zu Nutze machen, um ein Sprungverhalten zu simulieren. Dabei können zwei Varianten von Regime-Switching Modellen unterschieden werden. Bei der ersten Variante unterscheiden sich die einzelnen Regimes ausschließlich in den Parameterwerten, während die Modellierung der Regimes identisch ist. Das Sprungregime zeichnet sich dabei durch eine deutlich höhere Volatilität gegenüber dem bzw. den weiteren Regimen aus. Die zweite Variante von Regime-Switching Modellen nutzt dagegen unterschiedliche Modellierungen in Abhängigkeit des Regimes. Dabei wird meist eine alternative Verteilung zur Modellierung des Sprungregimes verwendet.

Parameterregime

Zur Modellierung des kurzfristigen Faktors wird ein Ornstein-Uhlenbeck Prozess herangezogen, wobei die Mean-Reversion Rate, das langfristige Mittel sowie die Volatilität regimeabhängig gewählt werden. Bei der Anzahl der Regimes wird auf ein 2-Regime- und ein 3-Regime-Switching Modell zurückgegriffen.

2-Regime-Switching Modell (2RS)

S_t folge dem Regime-Switching Prozess

$$dS_t = \kappa_{z_t}(\nu_{z_t} - S_t)dt + \sigma_{S_{z_t}}dW_t^S \tag{6.15}$$

mit dem versteckten Markovprozess $z_t \in \{1, 2\}$. Die Übergangsmatrix P_z von z_t werde beschrieben durch

$$P_z = \begin{pmatrix} p_{1,1} & p_{1,2} \\ p_{2,1} & p_{2,2} \end{pmatrix} = \begin{pmatrix} p_{1,1} & 1 - p_{1,1} \\ 1 - p_{2,2} & p_{2,2} \end{pmatrix}. \tag{6.16}$$

Mit dieser Modellierung kann zwischen einem normalen Regime und einem Sprungregime unterschieden werden. Durch den Verbleib im Sprungregime ist es möglich, ein Cluster von Sprüngen zu beschreiben.

3-Regime-Switching Modell (3RS)

S_t folge dem Regime-Switching Prozess

$$dS_t = \kappa_{z_t}(\nu_{z_t} - S_t)dt + \sigma_{S_{z_t}}dW_t^S \tag{6.17}$$

mit dem versteckten Markovprozess $z_t \in \{1, 2, 3\}$. Die Übergangsmatrix P_z von z_t werde beschrieben durch

$$P_z = \begin{pmatrix} p_{1,1} & p_{1,2} & p_{1,3} \\ p_{2,1} & p_{2,2} & p_{2,3} \\ p_{3,1} & p_{3,2} & p_{3,3} \end{pmatrix}. \tag{6.18}$$

Durch die Hinzunahme eines weiteren Regimes ist eine feinere Aufteilung der Zustände in ein ruhiges Regime, ein volatileres Regime sowie ein Sprungregime möglich.

Verteilungsregime

Bei der zweiten Variante der Regime-Switching Modelle wird für das normale Regime ein Ornstein-Uhlenbeck Prozess herangezogen. Unterschiedlich kann dagegen die Spezifikation des Sprungregimes ausfallen. Nach der Untersuchung von Bierbrauer et al. (2007) soll hier jedoch ausschließlich ein normalverteiltes Sprungregime herangezogen werden, da dieses die besten Untersuchungsergebnisse geliefert hat. Weiter ist zu spezifizieren, ob ein Verbleib im Sprungregime möglich ist oder ein direktes Zurückkehren in das normale Regime erzwungen wird.

Normalverteiltes Sprungregime einmalig (nvRSe)

Der kurzfristige Faktor sei beschrieben über

$$S_t = S_{t,z_t} \tag{6.19}$$

mit dem versteckten Markovprozess $z_t \in \{1, 2\}$. Dabei seien die unabhängigen Prozesse $S_{t,1}$ und $S_{t,2}$ definiert über

$$dS_{t,1} = -\kappa_S S_{t,1} dt + \sigma_S dW_t^S \tag{6.20}$$

und

$$S_{t,2} \sim N(\mu_\xi, \sigma_\xi). \tag{6.21}$$

Die Übergangsmatrix P_z von z_t werde beschrieben durch

$$P_z = \begin{pmatrix} p_{1,1} & p_{1,2} \\ p_{2,1} & p_{2,2} \end{pmatrix} = \begin{pmatrix} p_{1,1} & 1 - p_{1,1} \\ 1 & 0 \end{pmatrix}. \tag{6.22}$$

Damit kann der Markovprozess nur für einen Zeitpunkt im Sprungregime verweilen und kehrt direkt in das normale Regime zurück. Ein Verbleiben im Sprungregime wird dagegen durch die folgende Modellierung ermöglicht.

Normalverteiltes Sprungregime (nvRS)

Der kurzfristige Faktor sei beschrieben über

$$S_t = S_{t,z_t} \tag{6.23}$$

mit dem versteckten Markovprozess $z_t \in \{1, 2\}$. Dabei seien die unabhängigen Prozesse $S_{t,1}$ und $S_{t,2}$ definiert über

$$dS_{t,1} = -\kappa_S S_{t,1} dt + \sigma_S dW_t^S \tag{6.24}$$

und

$$S_{t,2} \sim N(\mu_\xi, \sigma_\xi). \tag{6.25}$$

Die Übergangsmatrix P_z von z_t werde beschrieben durch

$$P_z = \begin{pmatrix} p_{1,1} & p_{1,2} \\ p_{2,1} & p_{2,2} \end{pmatrix} = \begin{pmatrix} p_{1,1} & 1-p_{1,1} \\ 1-p_{2,2} & p_{2,2} \end{pmatrix}. \tag{6.26}$$

Somit ist ein Verbleib im Sprungregime und somit ein Cluster von Sprüngen möglich.

6.2 Schätzergebnisse

Bisher wurden zur Identifikation von Sprungereignissen im Strompreis in der Literatur meist vereinfachte Schätzverfahren verwendet. So ist das am weitesten verbreitete Verfahren das 3σ-Prinzip, welches von Clewlow und Strickland vorgestellt wurde.[3] Dabei werden über einen iterativen Algorithmus alle Zeitpunkte, die eine Rendite aufweisen, welche größer als das Dreifache der Standardabweichung der Renditezeitreihe ist, als Sprungzeitpunkt identifiziert.[4] In einem iterativen Verfahren werden so Schritt für Schritt alle Sprünge aus der Zeitreihe isoliert, bis in der verbleibenden Zeitreihe keine 3σ-Ereignisse mehr verbleiben. Alternativ verwendet Weron (2005) als kritischen Wert das zweieinhalbfache der Standardabweichung, um alle augenscheinlichen Sprungzeitpunkte zu erfassen. Dieses verdeutlicht schon die Ungenauigkeit, welche diese Schätzmethodik unterliegt. Escribano, Peña und Villaplana (2002) sowie Villaplana (2003) nutzen Maximum Likelihood Schätzungen zur Bestimmung der Sprungparameter. Geman und Roncoroni (2006) entwickeln ein auf der Likelihood Schätzung basierendes Verfahren zur Kalibrierung des von ihnen vorgestellten Sprungmodells. In dieser Arbeit wird dagegen

---

[3]U.a. verwenden Weron, Simonsen und Wilman (2004), Cartea und Figueroa (2005) und Bierbrauer et al. (2007) dieses Verfahren.
[4]Siehe Clewlow und Strickland (2000).

erstmals auf die bereits in Kapitel 4.3 vorgestellten MCMC Methoden zur Parameterschätzung und Sprungidentifikation zurückgegriffen. Neben der Möglichkeit, auch die Parameter komplexer Modelle schätzen zu können, liefern MCMC Methoden eine bessere Identifikationsgüte von Sprüngen sowie zusätzliche Informationen über die latenten Sprungvariablen, welche eine weiterführende Diskussion der Sprungmodelle ermöglichen. Zugleich erweisen sich MCMC Verfahren auch zur Parameterschätzung von Regime-Switching Prozessen als sehr geeignet und werden auch für diese herangezogen.

Die Schätzungen basieren dabei auf den bereits in Kapitel 4.3 verwendeten desaisonalisierten Daten. Weiter werden für die Mittelfristkomponente die aus dem Derivatemarkt in Kapitel 4.5.2 implizit erhaltenen Parameterwerte mit $\kappa_M = 1,809$ und $\sigma_M = 0,662$ herangezogen. Um gezielt auf die Modellansätze eingehen zu können, soll die Vorstellung der Schätzergebnisse und die grundlegende Diskussion der verwendeten Ansätze getrennt nach Poisson-Prozess Modellen und Regime-Switching Modellen durchgeführt werden. Die Bestimmung der Güte der Modelle sowie die Diskussion des Modellrisikos erfolgt im Anschluss modellübergreifend.

6.2.1 Poisson Modelle

Die Schätzergebnisse für die Parameter der Poisson Sprung Modelle sind in den Tabellen 6.1 bis 6.3 zu sehen. Bei Vernachlässigung einer Sprungkomponente ergibt sich bei einer Mean-Reversion Rate von 186,92 eine Volatilität von 3,222. Dieses ist vergleichbar mit den für das Grundmodell in Kapitel 4.3 erhaltenen Parametern. Unter der Berücksichtigung einer Sprungkomponente reduziert sich die Volatilität mit Werten zwischen $2,171$ und $2,324$ deutlich. Dabei kann eine Sprungintensität von durchschnittlich $16,720$ bis $42,023$ Sprüngen pro Jahr festgestellt werden. Um ein besseres Verständnis für die einzelnen Sprungkomponenten zu erhalten, sollen in Zusammenhang mit den erhaltenen Schätzergebnissen über die latenten Sprungvariablen die Modellansätze ausführlich diskutiert werden.

Modell Spezifikation

Parameter	konstantes λ					deterministisches λ_t				stochastisches λ_t			
	(OU)	(PJ)	(lnPJ)	(PS)	(lnPS)	(PJd)	(lnPJd)	(PSd)	(lnPSd)	(PJs)	(lnPJs)	(PSs)	(lnPSs)
κ_S	186,92	197,77	195,81	165,57	195,33	201,61	199,15	163,09	197,94	197,67	189,62	174,84	177,09
σ_S	3,222	2,249	2,289	2,298	2,295	2,171	2,216	2,237	2,223	2,213	2,292	2,324	2,278
h		25,335		25,683		33,794		32,974		29,104		31,120	
μ_ξ		0,096		0,124		0,089		0,121		0,098		0,139	
σ_ξ		0,459		0,460		0,412		0,423		0,435		0,420	
h_u			10,349		15,433		11,549		16,783		13,157		29,614
μ_ξ^u			-0,742		-0,894		-0,799		-0,896		-0,829		-1,414
σ_ξ^u			0,496		0,515		0,509		0,505		0,490		0,607
h_d			6,371		5,858		10,659		10,128		5,086		12,409
μ_ξ^d			-0,849		-0,832		-0,965		-1,024		-0,777		-1,301
σ_ξ^d			0,466		0,539		0,453		0,548		0,479		0,709

Tabelle 6.1: Die Tabelle zeigt die Ergebnisse der Parameterschätzung für die Poisson Modelle. (OU) bezeichnet das sprunglose Modell, (PJ) das Modell mit Poisson Sprung Komponente, (lnPJ) die Erweiterung mit lognormalverteilter Sprungkomponente, (PS) und (lnPS) die Spike Komponenten. Im Fall der deterministischen Intensität (d) und der stochastischen Intensität (s) beschreibt λ die durchschnittliche Intensität über den Betrachtungszeitraum.

Sprungtyp

Für eine erste Diskussion des Sprungtyps sollen die Modellvarianten mit einer normalverteilten Sprunghöhe und konstanter Intensität herangezogen werden. Die Poisson Sprung sowie die Poisson Spike Komponente weisen dabei mit durchschnittlich 25,335 bzw. 25,683 Sprüngen pro Jahr eine vergleichbare Sprungintensität auf. Mit einer nahezu gleichen Volatilität von 2,249 bzw. 2,298 wird die Volatilität durch die Berücksichtigung einer Sprungkomponente im Vergleich zum sprunglosen Modell deutlich gesenkt, da die Sprünge einen großen Teil der Preisfluktuationen erklären. Das Poisson Sprung sowie das Poisson Spike Modell unterscheiden sich dagegen, wie in Teilen der Literatur erwartet, in der Höhe der Mean-Reversion Rate. Während das Poisson Sprung Modell eine Mean-Reversion Rate von 197,77 aufweist, zeigt sich beim Poisson Spike Modell eine niedrigere Mean-Reversion Rate von 165,57. Der Unterschied fällt jedoch geringer als vermutet aus. Wird im Vergleich der Einfluss der Berücksichtigung des mittelfristigen Faktors in der Modellierung betrachtet, so fällt der Effekt auf die Mean-Reversion Rate mit einem Zuwachs von 93,669 beim Ein-Faktor Modell[5] ohne mittelfristige Komponente auf 186,92 beim Zwei-Faktoren Modell mit mittelfristiger Komponente bei weitem stärker aus. Somit ist vor allem die Berücksichtigung eines zweiten Faktors entscheidend für eine bessere Abbildung der Mean-Reversion Rate.

Neben den geschätzten Modellparametern liefern die MCMC Methoden Informationen über die latenten Variablen. Diese können weitere hilfreiche Kenntnisse zur Eignung der einzelnen Sprungkomponenten liefern. So ist für jeden Zeitpunkt t auch die Wahrscheinlichkeit p_t^J bekannt, mit der ein Sprung zu diesem Zeitpunkt eingetreten ist. Mit der driftadjustierten Rendite

$$\varepsilon_t = S_t - S_{t-1} + \kappa_S S_{t-1} \Delta t \tag{6.27}$$

der kurzfristigen Komponente kann die Wahrscheinlichkeit

$$p_t^J = p(J_t = 1 | \varepsilon_t, \Theta) \tag{6.28}$$

eines Sprungereignisses in Abhängigkeit der Modellparameter Θ sowie der adjustierten Rendite ε_t bestimmt werden. Abbildung 6.3 zeigt die Wahrscheinlichkeit p_t^J abgetragen über der adjustierten Rendite ε_t für die Poisson Sprung und die Poisson Spike Komponente. Bei gegebenen Parametern Θ ergibt sich bei der Poisson Sprung Komponente eine eindeutige Beziehung zwischen der adjustierten Rendite und der Wahrscheinlichkeit eines eingetretenen Sprunges. Dabei

---

[5]Vgl. Kapitel 4.3.2.

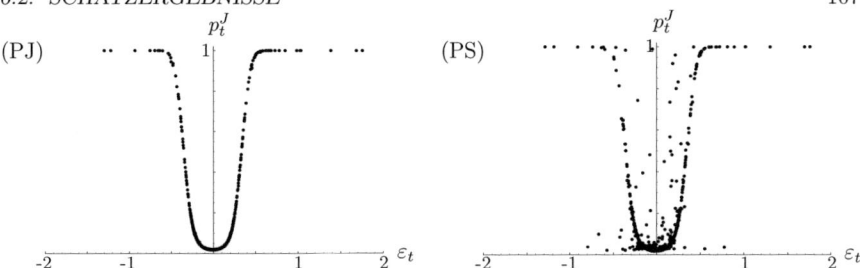

Abbildung 6.3: Die Abbildung zeigt die Wahrscheinlichkeit eines Sprungeintritts p_t^J in Abhängigkeit der driftadjustierten Rendite ε_t. (PJ) beschreibt die Poisson Sprung Komponente und (PS) die Poisson Spike Komponente.

ist festzustellen, dass eine grundlegende Wahrscheinlichkeit von ca. 2% selbst bei einer adjustierten Rendite von nahe Null besteht. Bei höherer absoluter Rendite steigt diese bis nahezu 100%. Ein vergleichbarer Zusammenhang ist bei der Poisson Spike Komponente nur grundlegend festzustellen. Durchzogen wird dieser Zusammenhang jedoch von deutlichen Ausreißern. Dieses liegt in zuvor eingetretenen Sprüngen begründet, welche durch ihre direkt entgegengesetzte Wirkung auch Einfluss auf die folgende Rendite haben. Um somit für diese Sprungmodellierung einen klaren Zusammenhang zu erhalten, kann mit einer Erweiterung der driftadjustierten Rendite ε_t um zuvor eingetretene Sprünge, basierend auf der Wahrscheinlichkeit p_t^J sowie der erhaltenen Information über die latente Variable der Sprunghöhe, dieser abgebildet werden.

Sehr unterschiedlich verhalten sich die Poisson Sprung und die Poisson Spike Komponente jedoch, wenn die Wahrscheinlichkeit p_t^J über den Zeitverlauf betrachtet wird. Abbildung 6.4 zeigt exemplarisch den durchschnittlich geschätzten Verlauf der kurzfristigen Komponente S_t sowie den Verlauf von p_t^J im Zeitraum vom 19.11.2005 bis zum 03.12.2005 sowie vom 01.11.2006 bis zum 15.11.2006 für die Poisson Sprung und die Poisson Spike Komponente. Dabei wurden zwei Zeiträume gewählt, welche ein Sprungmuster vom Typ Sprung sowie ein Sprungmuster vom Typ Spike aufweisen. Während das Sprungmuster Sprung von der Poisson Sprung Komponente mittels eines Sprungereignisses gut modelliert werden kann, benötigt die Poisson Spike Komponente mehrere aufeinander folgende Sprungereignisse, um dieses Sprungmuster zu erklären. Entgegengesetzt verhält es sich bei dem Sprungmuster Spike. Hier benötigt die Poisson Sprung Komponente ein zweites, dem ersten entgegengerichtetes Sprungereignis, um das schnelle Zurückkommen der kurzfristigen Komponente zu erklären. Die Poisson Spike Kom-

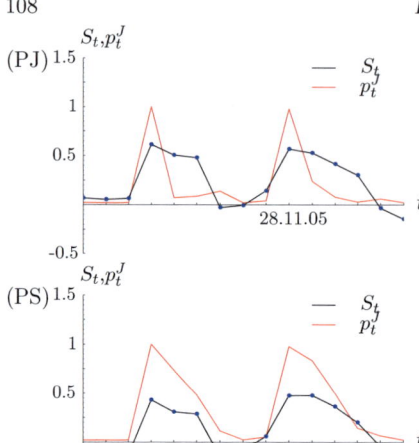 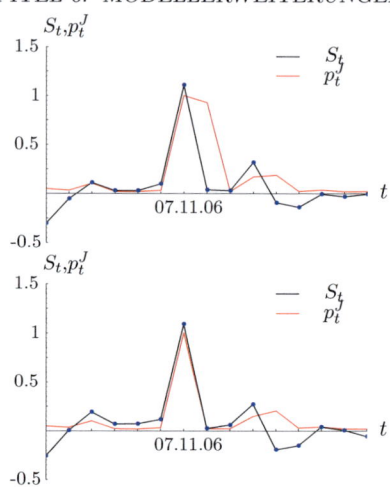

Abbildung 6.4: Die Abbildung zeigt den Verlauf des kurzfristigen Faktors S_t sowie die Wahrscheinlichkeit eines Sprungereignisses p_t^J im Zeitpunkt t für die Zeiträume vom 19.11.2005 bis zum 03.12.2005 sowie vom 01.11.2006 bis zum 15.11.2006.

ponente dagegen erklärt dieses Sprungmuster mit einem einzigen Sprungereignis. Eine Folge von direkt nacheinander auftretenden Sprüngen ist jedoch bei konstanter Sprungintensität eher unwahrscheinlich. Somit eignen sich die beiden Sprungkomponenten in Kombination mit einer konstanten Intensität nur bedingt zur Beschreibung des jeweils anderen Sprungtyps und können somit die gesamte beobachtete Zeitreihe nur mäßig erklären sowie abbilden.

Sprunghöhe

Neben dem Sprungtyp ist die zweite Unterscheidung der Sprungkomponenten durch die Modellierung der Sprunghöhe gegeben. Dabei liefert die Modellierung zweier lognormalverteilter Sprünge im Gegensatz zu einem normalverteilten Sprung neben einer alternativen Modellierung der Sprunghöhenverteilung mittels der Unterscheidung zwischen Aufwärts- und Abwärtssprüngen noch weitere Informationen über die Bedeutung der einzelnen Sprungrichtungen. Wird die Poisson Sprung Komponente mit lognormalverteilter Sprunghöhe betrachtet, zeigt sich, dass die Sprungintensität von aufwärts gerichteten Sprüngen mit 10,349 zu 6,371 von abwärts gerichteten Sprüngen deutlich höher ist. Mit 15,433 zu 5,858 fällt diese Diskrepanz beim Poisson Spike Modell sogar noch stärker aus. Somit scheint die Bedeutung der positiven Sprünge deutlich höher zu sein als die Bedeutung der negativen Sprünge. Eine etwaige Vernachlässigung

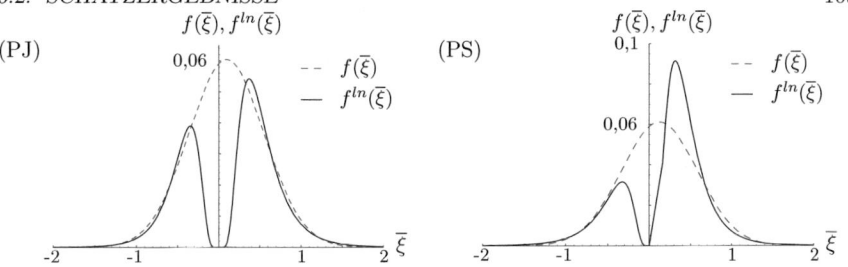

Abbildung 6.5: Die Abbildung zeigt die Wahrscheinlichkeitsverteilungen $f(\overline{\xi})$ und $f^{ln}(\overline{\xi})$ eines Sprungereignisses mit Sprunghöhe $\overline{\xi}$ bei Verwendung normalverteilter bzw. lognormalverteilter Sprunghöhen. (PJ) beschreibt die Poisson Sprung Komponenten und (PS) die Poisson Spike Komponenten.

der Modellierung negativer Sprünge wäre jedoch bei durchschnittlich sechs abwärts gerichteten Sprüngen pro Jahr problematisch.

Weiter zeigt sich, dass sowohl beim Poisson Sprung als auch beim Poisson Spike Ansatz die Sprungintensität bei Modellierung eines normalverteilten Sprunges mit $25, 335$ bzw. mit $25, 683$ deutlich höher ist als die gemeinsame Sprungintensität des Aufwärts- und Abwärtssprungs mit $16, 720$ bzw. $21, 291$ bei Modellierung zweier lognormalverteilter Sprünge. Wird hierzu die in Abbildung 6.5 gezeigte Wahrscheinlichkeitsverteilung $f(\overline{\xi})$ eines Sprungereignisses mit Sprunghöhe $\overline{\xi}$ mit

$$f(\overline{\xi}) \;=\; h \cdot \Delta t \cdot p(\overline{\xi} = \xi | J = 1, \Theta) \tag{6.29}$$

$$\text{bzw. } f^{ln}(\overline{\xi}) \;=\; h^u \cdot \Delta t \cdot p(\overline{\xi} = \xi^u | J^u = 1, \Theta) + h^d \cdot \Delta t \cdot p(\overline{\xi} = \xi^d | J^d = 1, \Theta) \tag{6.30}$$

herangezogen, ist deutlich erkennbar, woher diese Differenz kommt. Während bei der normalverteilten Sprunghöhe die größte Wahrscheinlichkeitsdichte bei Sprüngen mit einer Sprunghöhe nahe Null liegt, ist diese bei der lognormalverteilten Sprunghöhe minimal. Bei genauerer Betrachtung der Enden der Verteilungen fällt weiter auf, dass die Wahrscheinlichkeit extremer Sprünge bei der lognormalverteilten Sprunghöhenmodellierung größer ist. Somit scheint insgesamt eine bessere Trennung zwischen Sprüngen und normalen Preisfluktuationen mittels der lognormalverteilten Sprunghöhen möglich.

Dieses veranschaulicht auch Abbildung 6.6, welche analog zum vorherigen Abschnitt die Wahrscheinlichkeiten

$$p_t^{J^u} \;=\; p(J_t^u = 1 | \varepsilon_t, \Theta) \tag{6.31}$$

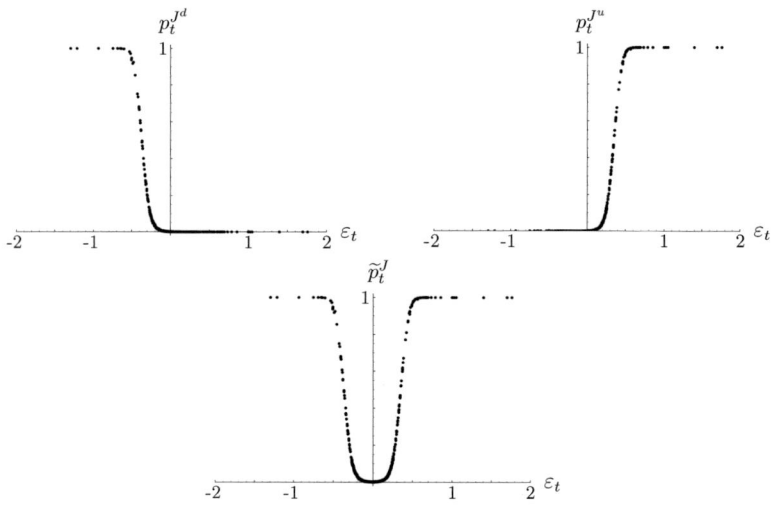

Abbildung 6.6: Die Abbildung zeigt die Wahrscheinlichkeiten eines aufwärts gerichteten Sprungeintritts $p_t^{J^u}$, eines abwärts gerichteten Sprungeintritts $p_t^{J^d}$ sowie die gemeinsame Wahrscheinlichkeit $\widetilde{p}_t^J$ in Abhängigkeit der driftadjustierten Rendite ε_t für die Poisson Sprung Komponente mit lognormalverteilten Sprunghöhen.

$$p_t^{J^d} = p(J_t^d = 1|\varepsilon_t, \Theta) \qquad (6.32)$$

$$\widetilde{p}_t^J = p_t^{J^u} + p_t^{J^d} \qquad (6.33)$$

eines aufwärts sowie abwärts gerichteten Sprungereignisses und die gemeinsame Wahrscheinlichkeit für die Poisson Sprung Komponente mit lognormalverteilten Sprunghöhen illustriert. Wiederum ergibt sich ein eindeutiger Zusammenhang zwischen der bereinigten Rendite und der Wahrscheinlichkeit eines eingetretenen Sprunges. Hierbei zeigt sich erwartungsgemäß, dass die Wahrscheinlichkeit eines eingetretenen Sprungereignisses bei einer bereinigten Rendite nahe Null minimal ist. Bei negativer bereinigter Rendite ist die Wahrscheinlichkeit eines positiven Sprungereignisses nahezu Null, bei positiver bereinigter Rendite die Wahrscheinlichkeit eines negativen Sprungereignisses. Vergleichbar sieht dieses auch für die Poisson Spike Komponente aus, würde, wie im vorherigen Abschnitt beschrieben, die Rendite auch um vorher eingetretene Sprungeffekte bereinigt werden.

Deutlich unterschiedlich gestaltet sich dagegen wiederum die Erklärung von in der Zeitreihe eingetretenen Sprung bzw. Spike Mustern durch die Poisson Sprung bzw. die Poisson Spike Komponente mit lognormalverteilten Sprunghöhen. Abbildung 6.7 zeigt den durchschnittlich geschätzten Verlauf der kurzfristigen Komponente S_t sowie den Verlauf von $p_t^{J^u}$ und $p_t^{J^d}$ im Zeitraum vom 19.11.2005 bis zum 03.12.2005 sowie vom 01.11.2006 bis zum 15.11.2006 für die Poisson Sprung und die Poisson Spike Komponente mit lognormalverteilten Sprunghöhen. Wiederum kann das Sprungmuster Sprung gut durch die Poisson Sprung Komponente erklärt werden, während die Poisson Spike Komponente mehrere aufeinander folgende positive Sprünge zur Erklärung dieses Sprungmusters benötigt. Das Sprungmuster Spike wird dagegen wieder gut durch die Poisson Spike Komponente erklärt, während bei der Poisson Sprung Komponente ein positiver Sprung gefolgt von einem negativen Sprung zur Erklärung dieses Sprungmusters benötigt wird.

Intensität

Die letzte Unterscheidung der Sprungkomponente besteht in der Modellierung der Sprungintensitäten. Hierbei kann eine konstante, eine saisonale oder eine stochastische Sprungintensität herangezogen werden. Die Schätzergebnisse der Parameterwerte für die deterministische sowie stochastische Intensitätsmodellierung sind in den Tabellen 6.2 und 6.3 aufgeführt.

Bei Berücksichtigung saisonaler Sprungintensitäten fällt sowohl eine starke wöchentliche als auch jährliche Saisonalität auf. Abbildung 6.8 zeigt den Verlauf der deterministischen Sprungintensitäten der vier Sprungmodellierungen. Bei der Poisson Sprung Komponente mit normal-

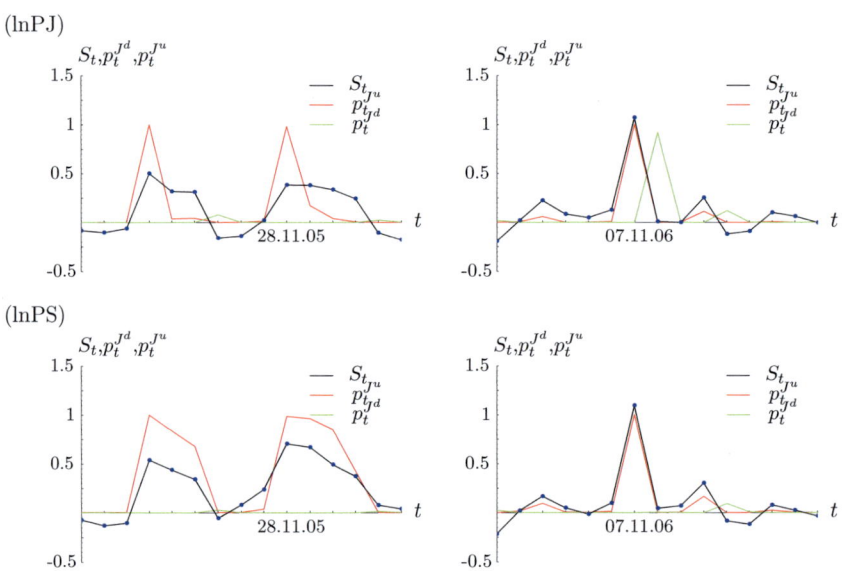

Abbildung 6.7: Die Abbildung zeigt den Verlauf des kurzfristigen Faktors S_t sowie die Wahrscheinlichkeiten eines aufwärts gerichteten Sprungereignisses $p_t^{J^u}$ und eines abwärts gerichteten Sprungereignisses $p_t^{J^d}$ im Zeitpunkt t für die Zeiträume vom 19.11.2005 bis zum 03.12.2005 sowie vom 01.11.2006 bis zum 15.11.2006. (lnPJ) beschreibt dabei die Poisson Sprung Komponente mit lognormalverteilten Sprunghöhen, (lnPS) die Poisson Spike Komponente mit lognormalverteilten Sprunghöhen.

			Modell Spezifikation					
Parameter	(PJd)	(PSd)	Parameter	(lnPJd)	(lnPSd)	Parameter	(lnPJd)	(lnPSd)
s_1^h	-0,260	-0,386	$s_1^{h^u}$	-0,740	-0,888	$s_1^{h^d}$	-0,664	-0,575
s_2^h	0,228	0,256	$s_2^{h^u}$	-0,295	-0,325	$s_2^{h^d}$	0,401	0,479
s_3^h	0,038	0,093	$s_3^{h^u}$	0,781	0,483	$s_3^{h^d}$	-0,693	-0,589
s_4^h	0,852	0,982	$s_4^{h^u}$	-0,533	0,434	$s_4^{h^d}$	1	1
d_{Mo}^h	32,009	33,952	$d_{Mo}^{h^u}$	16,618	18,045	$d_{Mo}^{h^d}$	2,959	4,106
d_{Di-Do}^h	32,802	31,723	$d_{Di-Do}^{h^u}$	13,532	20,595	$d_{Di-Do}^{h^d}$	6,780	3,247
d_{Fr}^h	19,712	21,074	$d_{Fr}^{h^u}$	4,120	11,986	$d_{Fr}^{h^d}$	8,882	8,188
d_{Sa}^h	24,940	23,206	$d_{Sa}^{h^u}$	2,515	4,617	$d_{Sa}^{h^d}$	16,816	15,758
d_{So}^h	20,385	19,572	$d_{So}^{h^u}$	2,307	4,219	$d_{So}^{h^d}$	14,713	19,304
f^h	112,611	84,825	f^{h^u}	49,221	60,460	f^{h^d}	41,175	47,183
b^h	168,056	166,000	b^{h^u}	71,582	84,788	b^{h^d}	42,824	50,808

Tabelle 6.2: Die Tabelle zeigt die Ergebnisse der Parameterschätzung von den Saisonparametern der deterministischen Sprungintensitäten $h(t)$ bzw. $h^u(t)$ und $h^d(t)$.

		Modell Spezifikation		
Parameter	(PJs)	(lnPJs)	(PSs)	(lnPSs)
κ_h	195,58		345,77	
ν_h	18,761		10,513	
ξ_h	66,702		224,35	
κ_h^u		120,41		290,56
ν_h^u		6,675		10,255
κ_h^d		364,77		355,81
ν_h^d		2,212		4,191
ξ_h^{uu}		50,026		221,88
ξ_h^{ud}		72,828		0,014
ξ_h^{du}		25,653		0,171
ξ_h^{dd}		24,938		209,58

Tabelle 6.3: Die Tabelle zeigt die Ergebnisse der Parameterschätzung von den Parametern der stochastischen Sprungintensitäten $h(t)$ bzw. $h^u(t)$ und $h^d(t)$.

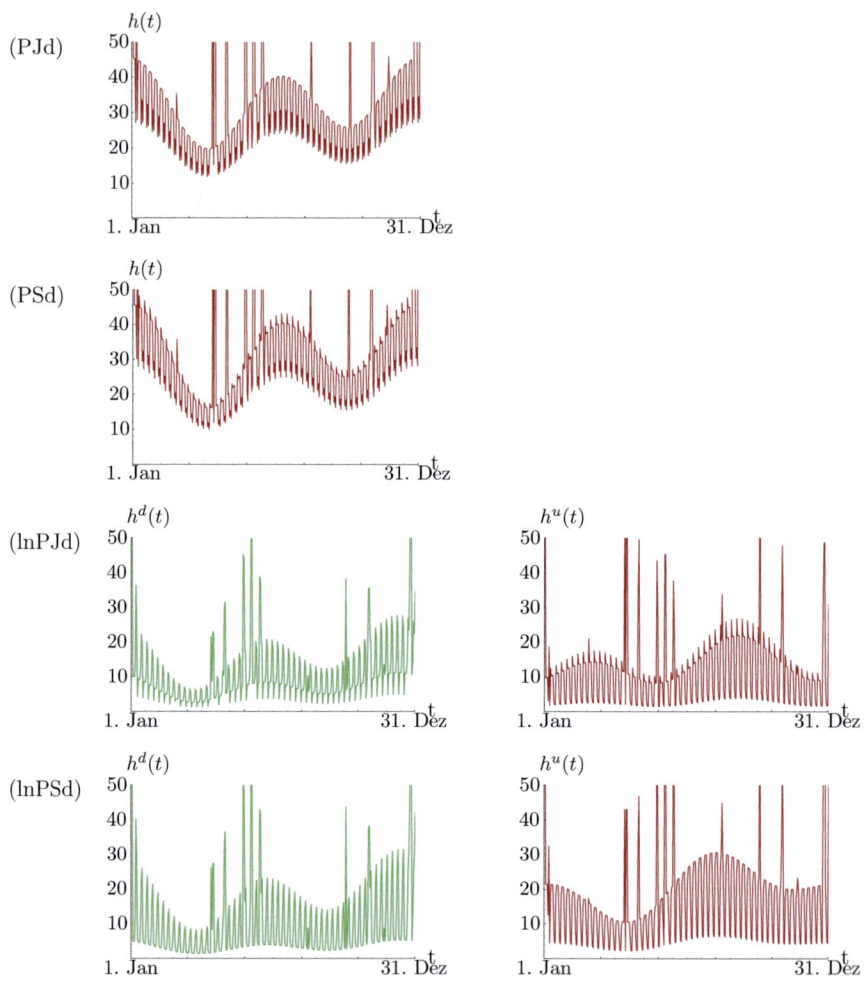

Abbildung 6.8: Die Abbildung zeigt den Verlauf der deterministischen Intensitäten $h(t)$ bzw. $h^u(t)$ und $h^d(t)$ über ein Jahr. (PJs) beschreibt die Poisson Sprung Komponente und (PSs) die Poisson Spike Komponente mit stochastischer Sprungintensität, (lnPJs) und (lnPSs) die Modellvarianten mit lognormalverteilten Sprunghöhen.

verteilter Sprunghöhe zeigt sich die höchste Sprungintensität während der Wintermonate und eine erhöhte Intensität während der Sommermonate. Mit $32,802$ ist die Sprungintensität in den Wochentagen von Dienstag bis Donnerstag am höchsten. Während die Intensität am Montag mit $32,009$ nahezu genauso hoch ist, weist der Freitag mit durchschnittlich $19,712$ die geringste Intensität auf. Das Wochenende mit einer Intensität von $24,940$ bzw. $20,385$ setzt sich mit der Sprungintensität ebenfalls nach unten ab. Damit zeigt sich am Montag während des Anfahrens vieler Kraftwerke und während der Wochenmitte, welche den höchsten Lastgang aufweist, das höchste Risiko in der Preisentwicklung, während am Freitag sowie am Wochenende mit niedrigem Lastgang ein geringeres Sprungrisiko besteht. Überraschend sind die extrem hohen Intensitäten an Brücken- sowie Feiertagen. Diese scheinen aber auf einer nicht ausreichenden Modellierung der Brücken- und Feiertagseffekte zu basieren. Hier ist zu vermuten, dass unterschiedliche Feiertage sich auch in unterschiedlichem Maße auf den Preis auswirken. Eine vergleichbare Saisonalität in der Sprungintensität weist auch die Poisson Spike Komponente auf, wobei nur leichte Abweichungen in der wöchentlichen und jährlichen Saisonalität festzustellen sind.

Werden die Sprungkomponenten mit lognormalverteilten Sprunghöhen betrachtet, kann zwischen positiven und negativen Sprüngen und dem Verlauf ihrer einzelnen Intensitäten differenziert werden. Dabei weisen die Intensitäten deutlich unterschiedliche wöchentliche und jährliche Saisonalitäten auf. Während bei der Poisson Sprung Komponente positive Sprünge die höchste Intensität im Winter und im Sommer bei hohem Lastgang aufweisen, sind negative Sprünge im Frühjahr und im Herbst bei niedrigerem Lastgang wahrscheinlicher. Weiter weist der Montag mit $16,618$ die höchste Intensität bei aufwärts gerichteten Sprüngen und mit $2,959$ die niedrigste Wahrscheinlichkeit bei abwärts gerichteten Sprüngen auf. Dieses scheint in dem erhöhten Risiko durch anfahrende Kraftwerke begründet zu sein, welches in Wochen mit vielen Kraftwerksanfahrten zu einem besonders hohen Preisrisiko am Montag führen. Während in der Wochenmitte die Intensität für positive Sprünge mit $13,532$ leicht ab- und für negative Sprünge mit $6,780$ leicht zunimmt, weisen der Freitag und noch deutlicher das Wochenende mit $4,120$, $2,515$ sowie $2,307$ niedrige Intensitäten für positive Sprünge und mit $8,882$, $16,816$ sowie $14,713$ hohe Intensitäten für negative Sprünge auf. Dies verdeutlicht, dass positive Sprünge vor allem bei einer hohen Last und negative Sprünge bei einer niedrigen Last auftreten. Wird die Poisson Sprung mit der Poisson Spike Komponente mit lognormalverteilten Sprunghöhen verglichen, zeigt sich ein vergleichbarer Saisonverlauf der Intensitäten. Jedoch weist die Poisson Spike Komponente die höchste Intensität für positive Sprünge in der Wochenmitte auf. Dieses lässt sich auf die Abbildung des Sprungmusters Sprung durch die Poisson Spike Komponente mit mehrere gleichgerichteten aufeinander folgenden Sprüngen zurückführen.

Insgesamt deutet dies darauf hin, dass eine Abbildung einer Saisonalität in den Sprungintensitäten zur deutlich besseren Beschreibung der Strompreisentwicklung führen kann. Im Zusammenspiel mit der Unterscheidung positiver und negativer Sprünge durch die Modellierung mit lognormalverteilten Sprunghöhen erhöht sich die bessere zeitliche Abbildung der Sprünge weiter.

Alternativ zur saisonalen Sprungintensität kann eine stochastische Sprungintensität herangezogen werden. Dabei zeigt sich, dass ein Sprungereignis einen starken Einfluss auf die Sprungintensität im nächsten Zeitpunkt hat. Bei der Poisson Sprung Komponente mit normalverteilter Sprunghöhe erhöht ein Sprungereignis die Sprungintensität im Folgezeitpunkt um $66, 702$ bei einer minimalen Sprungintensität von $18, 761$. Somit ist die Wahrscheinlichkeit eines Sprunges nach einem Sprungereignis um bis zu fast dem vierfachen höher als zu zuvor sprunglosen Zeiten. Dieser Einfluss auf die Sprungintensität nimmt jedoch mit einer Mean-Reversion Rate von $195, 58$ bei einem Ausbleiben weiterer Sprungereignisse verhältnismäßig schnell wieder ab, so dass nach drei sprunglosen Tagen nur noch zehn Prozent des Intensitätseffektes verbleiben. Bei der Poisson Spike Komponente zeigt sich eine deutlich unterschiedliche Dynamik der stochastischen Intensität. Während mit $10, 513$ die minimale Sprungintensität deutlich geringer als bei der Poisson Sprung Komponente ist, bewirkt ein Sprungereignis eine mit $224, 35$ deutlich höhere Steigerung der Intensität. Diese verbleibt jedoch mit einer Mean-Reversion Rate von $345, 77$ nahezu nur einen Tag. Abbildung 6.9 verdeutlicht den Verlauf der stochastischen Intensität bei Eintritt von Sprungereignissen. Dafür wird für die vier Sprungkomponenten mit stochastischer Sprungintensität diese für einen Iterationsschritt der jeweiligen MCMC Methode basierend auf den in diesem Iterationsschritt identifizierten Sprungereignissen dargestellt. Hierbei ist auch der deutlich unterschiedliche Intensitätsverlauf der Poisson Sprung sowie der Poisson Spike Komponente zu erkennen. Während bei der Poisson Sprung Komponente Sprünge zu einem nicht so starken Effekt in der Intensität führen, dieser dafür jedoch länger erhalten bleibt und sich durch mehrere aufeinander folgende Sprünge verstärkt, bestehen bei der Poisson Spike Komponente nahezu zwei komplett unterschiedliche Regime in der Sprungintensität, abhängig vom Eintritt eines Sprungereignisses im vorherigen Zeitpunkt. Dieses verdeutlicht abermals die Notwendigkeit stark geclusterter Sprungereignisse bei der Poisson Spike Komponente, um das Sprungmuster Sprung darstellen zu können, während bei der Poisson Sprung Komponente der Intensitätseffekt eher zur Beschreibung des Sprungmusters Cluster benötigt wird.

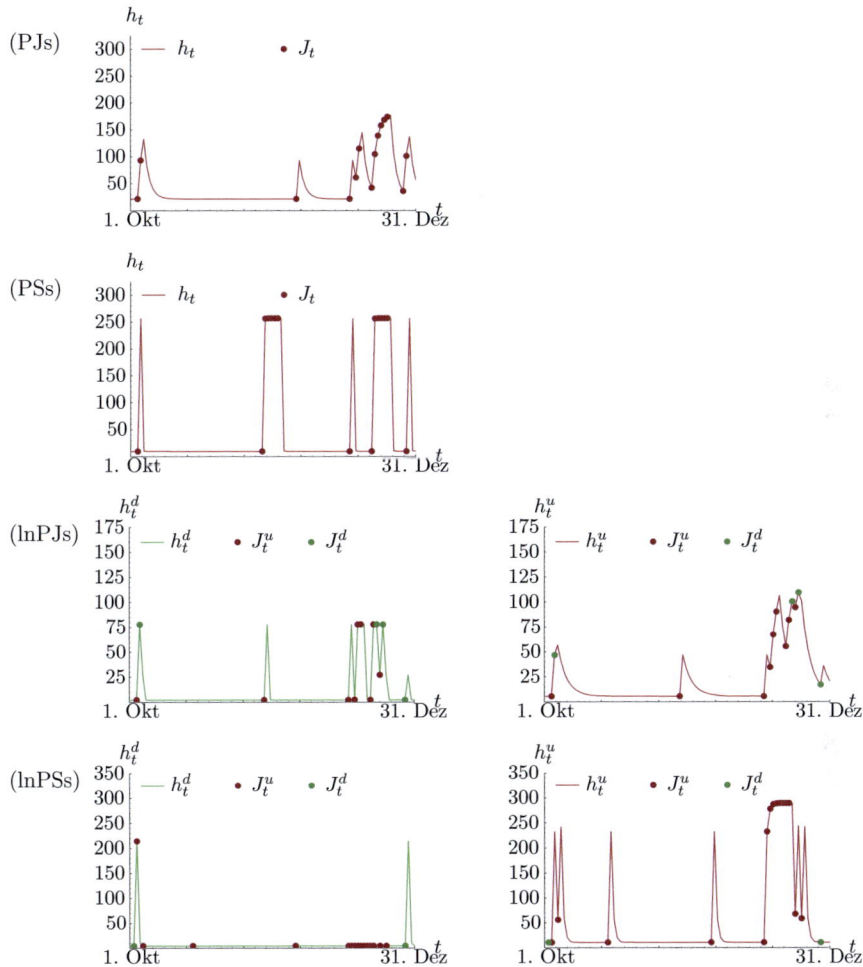

Abbildung 6.9: Die Abbildung zeigt examplarisch einen geschätzten Verlauf der stochastischen Intensitäten h_t bzw. h_t^u und h_t^d für den Zeitraum vom 01.10.2002 bis zum 31.12.2002. Weiter werden die Eintrittszeitpunkte von Sprüngen dargestellt. (PJs) beschreibt die Poisson Sprung Komponente und (PSs) die Poisson Spike Komponente mit stochastischer Sprungintensität, (lnPJs) und (lnPSs) die Modellvarianten mit lognormalverteilten Sprunghöhen.

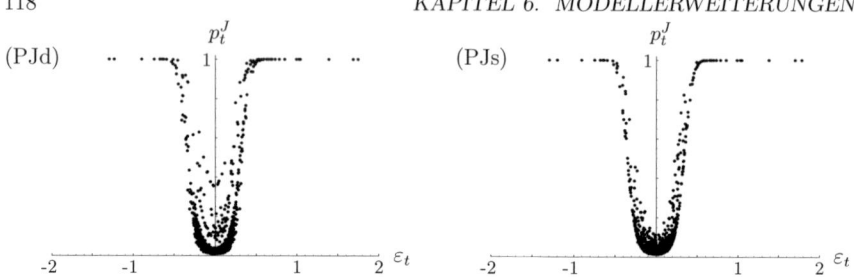

Abbildung 6.10: Die Abbildung zeigt die Wahrscheinlichkeit eines Sprungeintritts p_J in Abhängigkeit der driftadjustierten Rendite ε. (PJd) beschreibt die Poisson Sprung Komponente mit deterministischer Intensität und (PJs) die Poisson Sprung Komponente mit stochastischer Intensität.

Bei Betrachtung der Sprungkomponenten mit lognormalverteilten Sprunghöhen ergeben sich weitere Informationen über den Effekt positiver bzw. negativer Sprünge auf beide Sprungintensitäten. Hierbei zeigt sich ebenfalls ein deutlicher Unterschied zwischen der Poisson Sprung und der Poisson Spike Komponente. Während bei der Poisson Sprung Komponente positive Sprünge mit $50,026$ und $72,828$ sowie negative Sprünge mit $25,653$ und $24,38$ einen bedeutenden Effekt sowohl auf die positive als auch auf die negative Sprungintensität haben, zeigt sich bei der Poisson Spike Komponente sowohl bei positiven Sprüngen mit $221,88$ gegenüber $0,014$ als auch bei negativen Sprüngen mit $209,58$ gegenüber $0,171$ nur ein bedeutender Effekt auf die Intensität gleichgerichteter Sprünge. Dies verdeutlicht abermals bei der Poisson Sprung Komponente die Notwendigkeit aufeinander folgender entgegengerichteter Sprünge, um das Sprungmuster Spike darzustellen, während bei der Poisson Spike Komponente aufeinander folgende Sprünge gleicher Richtung zur Modellierung des Sprungmusters Sprung hervorgehoben werden. Interessant ist auch, dass die Mean-Reversion Rate der positiven Intensität sowohl bei der Poisson Sprung Komponente mit $120,41$ gegenüber $364,77$ als auch bei der Poisson Spike Komponente mit $290,56$ gegenüber $355,81$ deutlich niedriger ist. Somit wird vor allem bei der Poisson Sprung Komponente eine stärkere Clusterung positiver Sprünge hervorgehoben. Dieses deutlich unterschiedliche Verhalten wird in Abbildung 6.9, welche den Verlauf der positiven sowie negativen Intensitäten veranschaulicht, klar sichtbar.

Analog zu der Betrachtung des Sprungtyps und der Sprunghöhe soll die Abhängigkeit der Wahrscheinlichkeit eines eingetreten Sprunges von der driftadjustierten Rendite betrachtet werden. Dazu werde die Poisson Sprung Komponente mit normalverteilten Sprüngen und deterministi-

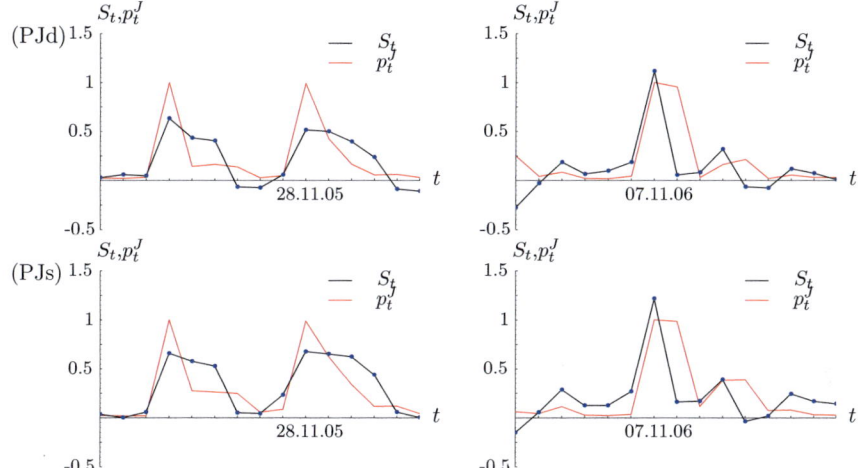

Abbildung 6.11: Die Abbildung zeigt den Verlauf des kurzfristigen Faktors S_t sowie die Wahrscheinlichkeit eines Sprungereignisses p_t^J im Zeitpunkt t für die Zeiträume vom 19.11.2005 bis zum 03.12.2005 sowie vom 01.11.2006 bis zum 15.11.2006.

scher sowie stochastischer Intensität herangezogen. Abbildung 6.10 zeigt die Wahrscheinlichkeiten p_t^J nach (6.28) abgetragen über der driftadjustierten Rendite ε_t nach (6.27). Im Vergleich zur Sprungkomponente mit konstanter Intensität in Abbildung 6.3 zeigt sich bei den Varianten mit nicht konstanter Intensität kein eindeutiger Zusammenhang zwischen ε_t und p_t^J mehr. Dieses begründet sich in der Abhängigkeit der Eintrittswahrscheinlichkeit eines Sprungereignisses von der zum Zeitpunkt t geltenden Intensität. Während bei der deterministischen Intensität somit noch eine tages- und jahreszeitabhängige Verzerrung bei dem Zusammenhang besteht, ist dieser bei der stochastischen Intensität durch die Abhängigkeit von zuvor eingetretenen Sprungereignissen rein stochastisch.

Weiter soll bei der Poisson Sprung Komponente mit deterministischer und stochastischer Intensität die Wahrscheinlichkeit p_t^J über den Zeitverlauf betrachtet werden. Abbildung 6.11 zeigt den Verlauf von p_t^J im Zeitraum vom 19.11.2005 bis zum 03.12.2005 sowie vom 01.11.2006 bis zum 15.11.2006. Im Vergleich zur konstanten Intensität in Abbildung 6.4 zeigt sich bei der Modellierung mit deterministischer Intensität nur ein geringer Unterschied im Verlauf von p_t^J. Dieser tritt deutlich stärker bei Betrachtung des Verlaufes von p_t^J unter Verwendung der stochastischen Intensität auf. Hierbei ist die Wahrscheinlichkeit eines Sprungeintritts zu Zeitpunkten nach wahrscheinlich eingetretenen Sprungereignissen deutlich höher, was auf den Sprungeffekt auf die Intensität zurückzuführen ist.

Insgesamt wird deutlich, dass die verschiedenen Modellierungen der Sprungkomponente, differenziert nach Sprungtyp, Sprunghöhe und Intensität, zu teilweise deutlich unterschiedlichen Beschreibungen des Preisverlaufs führen. Bevor die Frage beantwortet werden soll, welche Sprungkomponente dabei am besten zur Modellierung des Strompreises geeignet ist, sollen die Regime-Switching Modelle näher betrachtet werden.

6.2.2   Regime-Switching Modelle

Die Tabellen 6.4 und 6.5 stellen die Schätzergebnisse für die Regime-Switching Ansätze vor. Hierbei zeigt sich eine deutliche Reduzierung der Volatilität der Kurzfristkomponente auf $1,907$ bis $2,623$ bei Hinzunahme weiterer Regime zur Beschreibung von Sprungereignissen. Analog zu den Poisson-Sprung Komponenten soll eine getrennte Betrachtung der Erweiterungen durch Parameterregime und Verteilungsregime durchgeführt werden.

Parameterregime

Bei Hinzunahme eines zweiten Parameterregimes reduziert sich die Volatilität des normalen Regimes auf $2,181$, während die Volatilität des Sprungregimes mit $8,060$ deutlich höher ist. Mit einer Mean-Reversion Rate von $202,79$ weist das normale Regime eine leicht höhere Rate auf als das Sprungregime mit $175,03$, während das Sprungregime mit einem langfristigen Mittel von $0,160$ sich auf einem generell höheren Niveau als das normale Regime mit $-0,016$ befindet. Mit der gegebenen Übergangsmatrix P_z ergibt sich eine durchschnittliche Aufenthaltswahrscheinlichkeit von 331 Tagen pro Jahr im normalen Regime und von 34 Tagen im Sprungregime.

Die Berücksichtigung eines dritten Parameterregimes führt zu einer weiteren Reduzierung der Volatilität im normalen Regime auf $1,907$, während das volatile Regime mit $4,216$ eine gut doppelt so hohe Volatilität und das Sprungregime mit $15,298$ eine deutliche höhere Volatilität aufweist. Analog zum Zwei-Regime Modell nimmt die Mean-Reversion Rate vom normalen Regime zum Sprungregime mit $211,40$ über $172,45$ auf $156,69$ ab, während das langfristige Mittel von $-0,011$ über $0,040$ auf $0,345$ steigt. Dabei verdeutlicht die sehr hohe Volatilität in Verbindung mit dem deutlich höheren langfristigen Mittel im Sprungregime die mögliche Wirkung auftretender extremer Sprünge. Dafür ist die durchschnittliche Aufenthaltsdauer unter der geschätzten Übergangsmatrix P_z mit durchschnittlich sieben Tagen verhältnismäßig gering

Parameter	Modell Spezifikation	
	(2RS)	(3RS)
ν_1	-0,016	-0,011
κ_1	202,79	211,40
σ_1	2,181	1,907
ν_2	0,160	0,040
κ_2	175,03	172,45
σ_2	8,060	4,216
ν_3		0,345
κ_3		156,69
σ_3		15,298
P_z	$\begin{pmatrix} 0,960 & 0,040 \\ 0,390 & 0,610 \end{pmatrix}$	$\begin{pmatrix} 0,918 & 0,080 & 0,002 \\ 0,246 & 0,720 & 0,034 \\ 0,098 & 0,421 & 0,481 \end{pmatrix}$

Tabelle 6.4: Die Tabelle zeigt die Schätzergebnisse der Regime-Switching Prozesse mit Regimen in den Parametern. (2RS) stellt die Modellvariante mit zwei Regimen, (3RS) die Variante mit drei Regimen dar.

Parameter	Modell Spezifikation	
	(nvRSe)	(nvRS)
κ_S	163,36	194,84
σ_S	2,623	2,274
μ_ξ	0,154	0,085
σ_ξ	0,598	0,420
P_z	$\begin{pmatrix} 0,971 & 0,029 \\ 1 & 0 \end{pmatrix}$	$\begin{pmatrix} 0,967 & 0,033 \\ 0,396 & 0,604 \end{pmatrix}$

Tabelle 6.5: Die Tabelle zeigt die Schätzergebnisse der Regime-Switching Prozesse mit Regimen in den Verteilungen. (nvRSe) stellt die Modellvariante ohne Verbleib, (nvRS) die Variante mit Verbleib im Sprungregime dar.

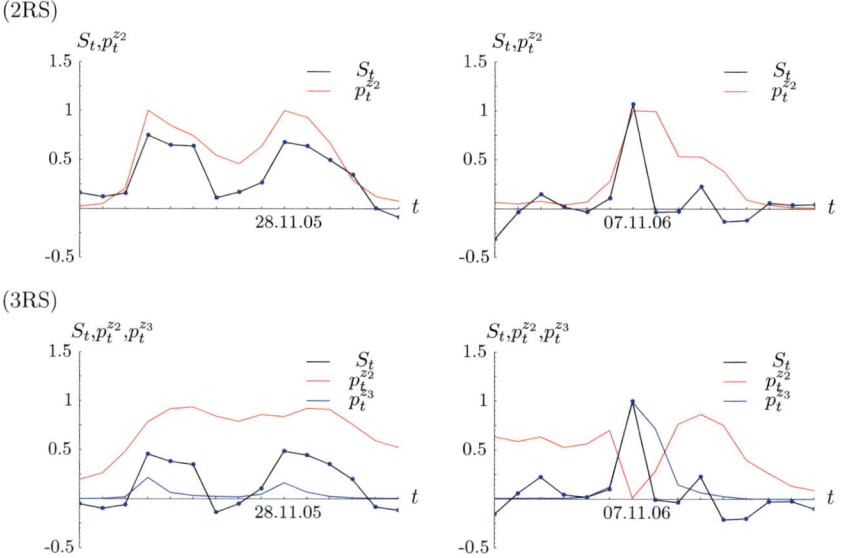

Abbildung 6.12: Die Abbildung zeigt den Verlauf des kurzfristigen Faktors S_t sowie die Wahrscheinlichkeiten $p_t^{z_2}$ und $p_t^{z_3}$ eines Aufenthalts in Regime $z_t = 2$ bzw. $z_t = 3$ im Zeitpunkt t für die Zeiträume vom 19.11.2005 bis zum 03.12.2005 sowie vom 01.11.2006 bis zum 15.11.2006.

im Sprungregime, während das volatile Regime mit durchschnittlich 87 Tagen und das normale Regime mit 271 Tagen deutlich häufiger eintreten.

Zum Verhalten der Regime-Switching Prozesse bei Sprungereignissen sollen die bereits bei den Poisson-Sprung Prozessen herangezogenen Zeiträume mit den Wahrscheinlichkeiten

$$p_t^{z_i} = p(z_t = i|\varepsilon_t, \Theta) \,, i = 1, 2, 3 \qquad (6.34)$$

der einzelnen Regime im Zeitpunkt t betrachtet werden. Abbildung 6.12 zeigt exemplarisch den durchschnittlich geschätzten Verlauf der kurzfristigen Komponente S_t sowie den Verlauf von $p_t^{z_2}$ bzw. $p_t^{z_2}$ und $p_t^{z_3}$ im Zeitraum vom 19.11.2005 bis zum 03.12.2005 sowie vom 01.11.2006 bis zum 15.11.2006 für die 2- und die 3-Regime-Switching Komponente. Bei dem 2-Regime-Switching Ansatz zeigt sich, dass sowohl das Sprungmuster Sprung als auch Spike mit hoher Wahrscheinlichkeit durch das Sprungregime erklärt wird. Dabei weist nicht nur der initiale Sprungzeitpunkt, sondern auch die auf den Sprung folgenden Zeitpunkte eine hohe Wahrscheinlichkeit des Sprungregimes auf. Bei dem 3-Regime-Switching Ansatz werden dagegen nur extreme Sprungereignisse durch das Sprungregime erklärt, während Zeiten mit kleineren Sprüngen fast komplett dem volatilen Regime zugeordnet werden.

Verteilungsregime

Wird statt eines Parameterregimes ein normalverteiltes Sprungregime mit direkter Rückkehr ins normale Regime modelliert, weist das normale Regime mit $2, 623$ die für die Sprungkomponenten höchste Volatilität auf. Die Mean-Reversion Rate beläuft sich dabei auf $163, 36$. Bei der Verteilung des Sprungregimes mit einem Mittelwert von $0, 154$ und einer Volatilität von $0, 598$ zeigt sich auch hier das häufigere Auftreten positiver Sprünge. Dabei tritt an durchschnittlich $10, 29$ Tagen pro Jahr das Sprungregime ein, während an $354, 71$ das normale Regime vorherrscht.

Wird ein Verbleib im Sprungregime ermöglicht, reduziert sich die Volatilität deutlich auf $2, 274$ und die Mean-Reversion Rate fällt mit $194, 84$ höher aus. Das Sprungregime ist mit einem Mittelwert von $0, 085$ und einer Volatilität von $0, 420$ nicht so breit verteilt, tritt jedoch durchschnittlich mit $28, 08$ Tagen deutlich häufiger ein, was auch den größeren Rückgang in der Volatilität des normalen Regimes erklärt.

Die Bedeutung des Verbleibs im Sprungregime zeigt sich besonders, wenn die Wahrscheinlichkeit $p_t^{z_2}$ des Sprungregimes im Zeitverlauf betrachtet wird. Abbildung 6.13 zeigt den Verlauf von $p_t^{z_2}$. Es zeigt sich, dass dabei die Regime Komponente ohne Verbleib im Sprungregime nur das Sprungmuster Spike gut erklären kann. Beim Sprungmuster Sprung wird dagegen nur der

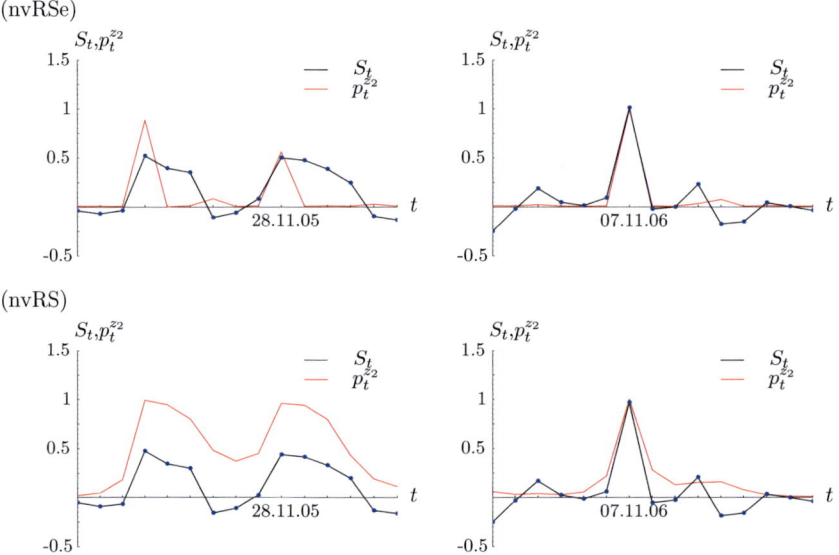

Abbildung 6.13: Die Abbildung zeigt den Verlauf des kurzfristigen Faktors S_t sowie die Wahrscheinlichkeit $p_t^{z_2}$ eines Aufenthalts in Regime $z_t = 2$ im Zeitpunkt t für die Zeiträume vom 19.11.2005 bis zum 03.12.2005 sowie vom 01.11.2006 bis zum 15.11.2006.

initiale Sprung erklärt, während der weiter verbleibende höhere Verlauf der kurzfristigen Komponente nicht durch die Sprungkomponente erklärt werden kann. Dieses führt zu der deutlich höheren Volatilität des normalen Regimes im Vergleich zu den sonstigen Sprungmodellierungen. Wird der Verbleib im Sprungregime ermöglicht, kann dagegen auch das Sprungmuster Sprung über einen Verbleib im Sprungregime erklärt werden.

Während die Regime-Switching Komponente ohne Verbleib somit nur bedingt geeignet scheint, die beobachtete Zeitreihe zu erklären, fällt bei der Komponente mit Verbleib im Sprungregime die Ähnlichkeit zum Poisson Spike Modell mit normalverteilter Sprunghöhe und stochastischer Intensität auf. Neben den geschätzten Parametern für die kurzfristige Komponente und die Sprungverteilung ist auch die Übergangsmatrix mit dem Verlauf der stochastischen Intensität nahezu identisch.

Um zu beurteilen, ob die Poisson oder die Regime-Switching Modelle besser für die Strompreismodellierung geeignet sind und welche Modellierungsvariante dann gewählt werden sollte, sollen die Modellerweiterungen im Folgenden ausführlich in unterschiedlichen Kriterien verglichen werden.

6.3 Modellvergleich

Zur Bewertung der Modellierungsgüte der verschiedenen Ansätze soll auf drei Kriterien zurückgegriffen werden. In einem ersten Schritt sollen die durch die Modellierungsansätze erzeugten Trajektorien der beobachteten Zeitreihe gegenübergestellt werden. Dabei ist zu untersuchen, ob die charakteristischen Ausprägungen der Preiszeitreihe durch die Modellierungsansätze beschrieben werden können. Neben den trajektoriellen Eigenschaften sollten die Modellierungsansätze auch die statistischen Eigenschaften der Zeitreihe beschreiben können. Dazu werden zum einen die ersten vier Momente der Zeitreihe mit denen der aus den Modellansätzen erzeugten vier Momenten verglichen, zum anderen die Maxima und Minima der generierten Zeitreihen betrachtet. Weiter sollten die Modelle die Strompreisentwicklung bestmöglich erklären können. Dazu wird ein in-sample Test der Erklärungsgüte der Modelle unternommen.

Auf die Bewertungsgüte als Kriterium kann dagegen nicht zurückgegriffen werden, da durch die Wahl des äquivalenten Martingalmaßes bereits eine perfekte Bewertung der am Markt beobachteten Terminpreise erfolgt und keine Preisinformationen über weitere Derivate auf den Spotpreis vorliegen. Daher soll im Anschluss an den Modellvergleich ausführlich auf das mit den Modellen verbundene Modellrisiko eingegangen werden.

6.3.1 Trajektorielle Eigenschaften

Zur Bewertung der trajektoriellen Eigenschaften der Modellansätze sollen die von den Modellen erzeugten Trajektorien der beobachteten Preiszeitreihe gegenübergestellt werden. In Abbildung 6.14 ist exemplarisch die beobachtete Preishistorie vom 01.01.2006 bis zum 31.12.2006
abgebildet. Dabei sind wieder die bereits in Kapitel 4.1 diskutierten Charakteristika des Strompreises sowie die zu Beginn diesen Kapitels beschriebenen Sprungmuster zu beobachten. Neben
einem saisonalen und stark volatilen Verhalten sind mehrere extreme Sprungereignisse zu erkennen, bei denen es teilweise zu Clusterbildungen kommt. Die Modelle sollten in der Lage
sein, diese Charakteristika wiederzugeben. Dazu zeigt Abbildung 6.14 neben der Preishistorie
exemplarisch aus den Modellansätzen simulierte Trajektorien über den betrachteten Zeitraum.

Beim sprunglosen Ansatz (OU) ist deutlich zu erkennen, dass sich die Preise volatiler als in
der beobachteten Zeitreihe verhalten, die Sprünge aber nicht wiedergegeben werden können.
Unter Berücksichtigung von der Poisson Sprung Komponente (PJ) ist dagegen eine bessere Abbildung der Preischarakteristika möglich. Während das volatile Verhalten vergleichbar mit der
beobachteten Zeitreihe ist, sind gelegentliche Sprungereignisse zu beobachten. Diese erreichen
aber nicht das Ausmaß der zu beobachtenden Sprungereignisse. Weiter wird ein Cluster ebenfalls nicht abgebildet. Ähnlich verhält sich die Poisson Spike Komponente (PS), die sich vom
(PJ) Ansatz lediglich in der Beschreibung von Spikes anstatt von Sprüngen absetzt.

Werden dagegen die Modellansätze mit lognormalverteilter Sprunghöhe (lnPJ) und (lnPS) verwendet, so ist eine Abbildung extremer Sprungereignisse deutlich besser möglich, ohne in einem anderen Punkt schlechtere Ergebnisse zu liefern. Eine bessere Darstellung der Sprungcluster wird jedoch über die alternative Wahl der Sprunghöhenverteilung nicht erreicht.

Während die Wahl einer deterministischen Sprungintensität bei der Generierung von Sprungclustern keine wirkliche Verbesserung bringt, liefern die Modellansätze mit der stochastischen
Sprungintensität die optisch besten Ergebnisse. Zusätzlich zu den Sprungclustern, die über die
stochastische Intensität abgebildet werden können, ermöglicht diese Modellvariante, sowohl mit
dem Poisson Sprung Ansatz Spikemuster als auch mit dem Poisson Spike Ansatz Sprungmuster
abzubilden. Bei den Ansätzen mit Poisson Sprungprozessen sind daher die beiden Modellansätze mit lognormalverteilter Sprunghöhe und stochastischer Sprungintensität vorzuziehen, wobei
eine Wahl zwischen dem Poisson Sprung und dem Poisson Spike Ansatz basierend auf den
trajektoriellen Eigenschaften nicht weiter möglich ist.

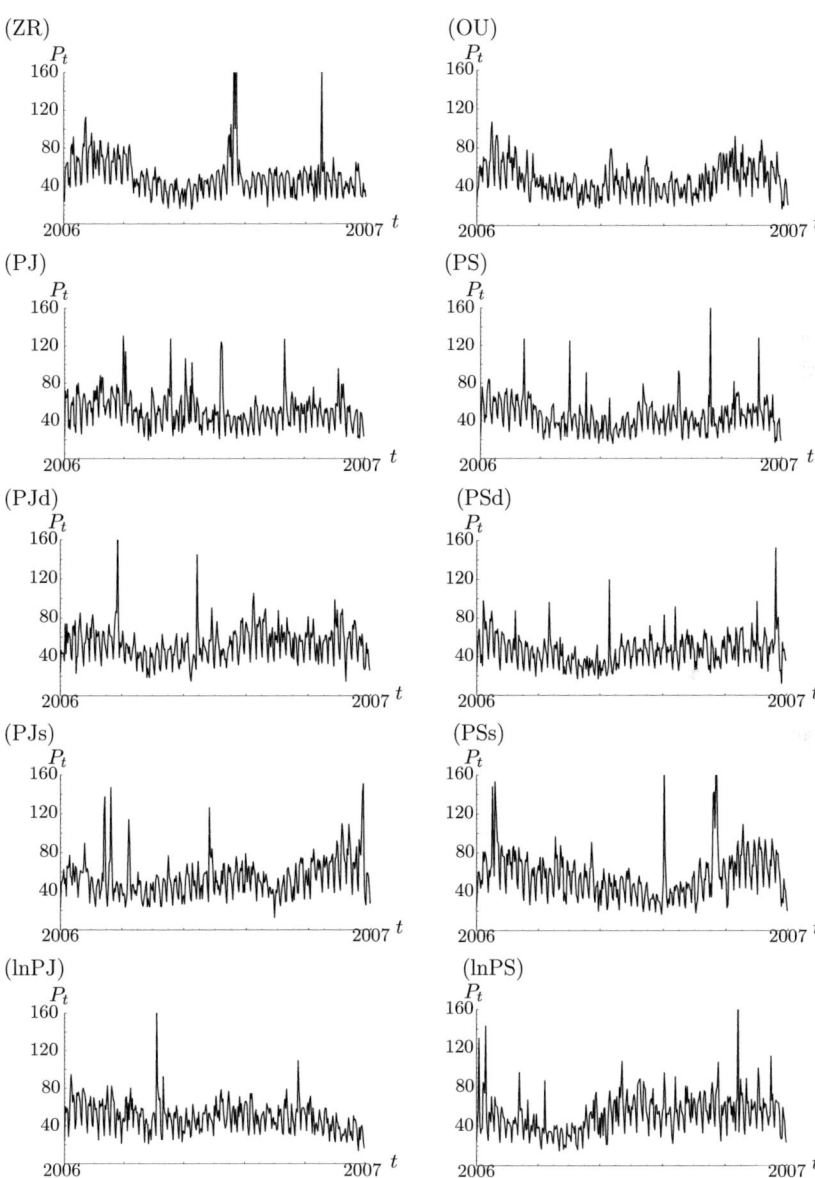

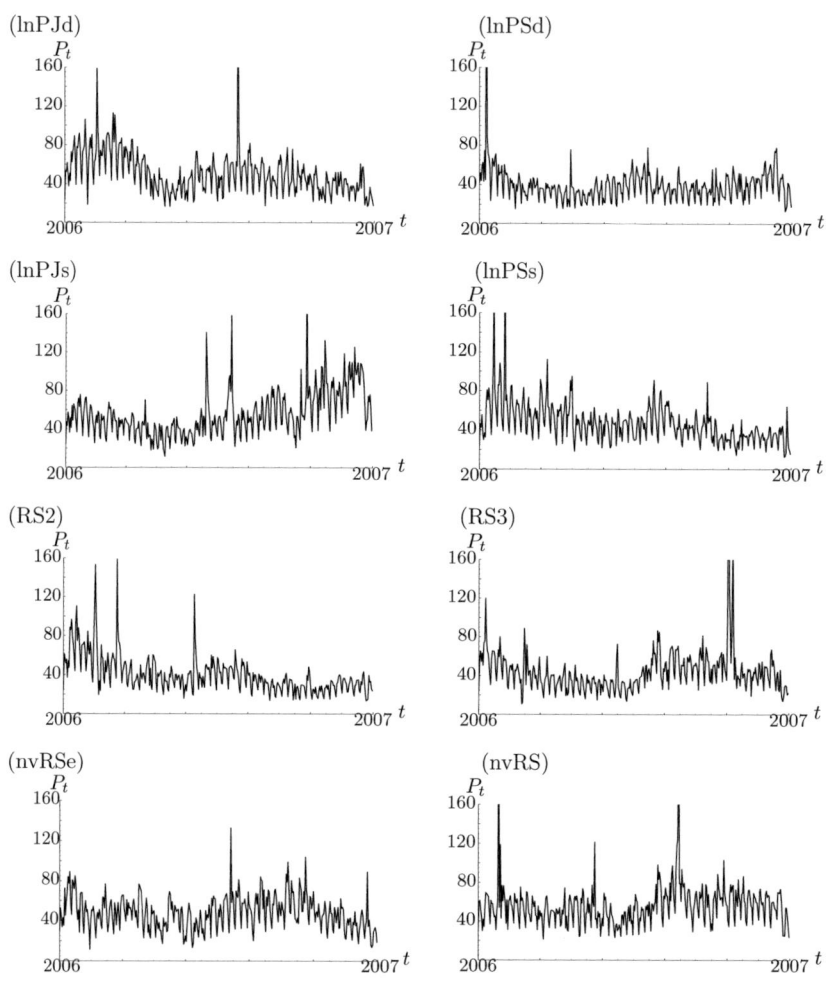

Abbildung 6.14: Die Abbildung zeigt die beobachtete Preiszeitreihe (ZR) sowie jeweils eine exemplarisch von den Modellansätzen erzeugte Trajektorie über den Zeitraum vom 01.01.2006 bis zum 31.12.2006. (OU) bezeichnet das sprunglose Modell, (PJ) das Modell mit Poisson Sprung Komponente, (lnPJ) die Erweiterung mit lognormalverteilter Sprungkomponente, (PS) und (lnPS) die Spike Komponenten. (d) bzw. (s) beziehen sich auf die Modelle mit deterministischer bzw. stochastischer Intensität.

Wird die Modellierung über die Regime-Switching Ansätze herangezogen, zeigt sich im Vergleich zum sprunglosen Ansatz (OU) ebenfalls eine generell deutlich bessere Abbildung von Sprungereignissen. Die Regime-Switching Ansätze (2RS) und (3RS) mit Parameterregimen können dabei sowohl die Sprungmuster Sprung als auch Spike beschreiben, als auch ein Cluster von Sprüngen generieren. Hierbei weist jedoch die Regime-Switching Komponente mit zwei Parameterregimen bei der Beschreibung extremer Sprungereignisse die gleichen Mängel wie die Poisson Sprung Komponenten mit normalverteilter Sprunghöhe auf. Die Regime-Switching Komponente mit drei Parameterregimen liefert dagegen auch hier gute Ergebnisse.

Werden die Regime-Switching Ansätze mit Verteilungsregimen betrachtet, zeigt die Variante ohne Verbleib im Sprungregime einige Schwächen. So ist nur eine Darstellung des Sprungmusters Spike darstellbar, der Sprung und ein Cluster von Sprüngen können dagegen von diesem Modellansatz nicht beschrieben werden. Wird die Variante mit Verbleib im Sprungregime betrachtet, zeigt sich ein deutlich besseres Ergebnis der Trajektorien. So kann ein Cluster von Sprüngen generiert werden und auch das Sprungmuster Sprung ist über die Clusterbildung abbildbar. Beiden Modellansätzen gemein ist jedoch die unbefriedigende Darstellung extremer Sprungereignisse.

Übergreifend betrachtet liefern die Regime-Switching Ansätze mit Parameterregimen vergleichbare Trajektorien wie die Poisson Sprung und Spike Komponenten mit stochastischer Intensität, wobei der Ansatz mit zwei Parameterregimen den Sprungmodellierungen mit normalverteilter Sprunghöhe nahe kommt, der Ansatz mit drei Parameterregimen denen mit lognormalverteilten Sprunghöhen. Der Regime-Switching Ansatz mit Verteilungsregimen ohne Verbleib im Sprungregime fällt dagegen in der Performance der Trajektorien deutlich ab, während die Variante mit Verbleib im Sprungregime auch eine gute Beschreibung liefert.

6.3.2 Statistische Eigenschaften

Um die statistischen Eigenschaften der Modellansätze zu bewerten soll zuerst die Fähigkeit der Modelle untersucht werden, die ersten vier Momente der Zeitreihe wiederzugeben. Weiter wird im ersten Schritt das durchschnittlich modellierte Maximum und Minimum der Zeitreihen mit dem der beobachteten Zeitreihe verglichen. Im Anschluss soll die Fähigkeit der Modelle bewertet werden, die beobachteten Zeitreihe zu erklären.

Modell Spezifikation

	(ZR)	konstantes λ					deterministisches λt				stochastisches λt			
	(ZR)	(OU)	(PJ)	(lnPJ)	(PS)	(lnPS)	(PJd)	(lnPJd)	(PSd)	(lnPSd)	(PJs)	(lnPJs)	(PSs)	(lnPSs)
Mittel	0,000	0,000	0,000	0,000	0,000	0,000	0,000	0,000	0,000	0,000	0,000	0,000	0,000	0,000
Std. Abw.	0,198	0,198	0,203	0,204	0,228	0,234	0,204	0,206	0,269	0,237	0,202	0,202	0,225	0,204
Schiefe	0,331	0,009	0,396	0,507	0,005	-0,004	0,370	0,453	0,003	0,003	0,349	0,110	-0,002	0,001
Kurtosis	14,326	3,011	8,993	11,001	10,442	12,317	8,079	10,205	7,924	11,480	9,186	12,099	12,414	13,865
Maximum	2,072	1,736	2,105	2,225	2,135	2,186	2,083	2,263	2,174	2,195	2,115	2,235	2,072	2,094
Minimum	-1,596	-1,351	-1,420	-1,442	-1,412	-1,546	-1,378	-1,498	-1,470	-1,634	-1,411	-1,403	-1,375	-1,608

Tabelle 6.6: Die Tabelle zeigt die ersten vier Momente der Rendite der desaisonalisierten logarithmierten Preise von der beobachteten Zeitreihe sowie von den simulierten Trajektorien der Modellansätze mit Poisson Prozess. Weiter sind das Maximum sowie das Minimum bzw. das durchschnittliche Maximum sowie das durchschnittliche Minimum der desaisonalisierten logarithmierten Preise über den beobachteten Zeitraum abgebildet. Die Simulationen für die Modellansätze wurden dabei 1000 mal durchgeführt.

Die Tabellen 6.6 und 6.7 zeigen die ersten vier Momente der Rendite der desaisonalisierten logarithmierten Preise von der beobachteten Zeitreihe sowie von den simulierten Trajektorien der Modellansätze. Weiter sind das Maximum sowie das Minimum der desaisonalisierten logarithmierten Preise über den beobachteten Zeitraum bzw. das durchschnittliche Maximum sowie das durchschnittliche Minimum bei den Modellsimulationen angegeben. Hierzu wurden startend mit dem beobachteten Preis am 01.01.2001 1000 Trajektorien mit einer Laufzeit bis zum 30.04.2007 simuliert, insgesamt also 2310000 simulierte Preise.

Die beobachtete Zeitreihe weist neben einer Standardabweichung von 0,198 eine Rechtsschiefe mit 0,331 sowie eine sehr hohe Kurtosis mit 14,326 auf. Während mit dem sprunglosen Modell (OU) die Standardabweichung der beobachteten Zeitreihe wiedergegeben werden kann ist eine Beschreibung einer Schiefe oder Kurtosis nicht möglich. Eine bessere Beschreibung kann hier erst durch die Berücksichtigung einer Sprungkomponente erreicht werden. Während sowohl die Poisson Sprung Komponente (PJ) als auch die Poisson Spike Komponente (PS) zu einer besseren Beschreibung der Kurtosis mit 8,993 bzw. 10,442 kommen, ermöglicht es nur die Poisson Sprung Komponente, auch die Schiefe mit 0,396 zu erfassen. Mit der Poisson Spike Komponente ist es dagegen auf Grund ihres jeweils entgegengerichteten Sprungs gleicher Höhe am Folgetag nicht möglich, eine Schiefe der Renditen abzubilden. Weiter erzeugt die Poisson Spike Komponente mit 0,228 auch eine etwas zu hohe Standardabweichung, was ebenfalls auf die erhöhten Renditen durch den entgegengerichteten Sprung zurückzuführen ist. Auch wenn beide Modellvarianten zu einer bereits besseren Abbildung der Kurtosis führen, wird die Höhe der beobachteten Kurtosis nicht erreicht. Dieses ist aber vor allem für Risikobetrachtungen wie den Value at Risk oder den Conditional Value at Risk von großer Bedeutung.

Deutlich bessere Ergebnisse liefern hier die Sprungvarianten mit lognormalverteilten Sprunghöhen. So weisen die Poisson Sprung und die Poisson Spike Komponente mit lognormalverteilter Sprunghöhe eine Kurtosis von 11,001 bzw. 12,317 auf, was in der besseren Beschreibung der Fat Tails begründet liegt. Während die deterministische Sprungintensität bei der Beschreibung der ersten vier Momente zu keiner relevanten Verbesserung führt, wird durch die stochastischen Intensität eine noch bessere Beschreibung der Kurtosis mit 12,009 bei der Poisson Sprung und 13,865 bei der Poisson Spike Komponente erreicht. Insgesamt stechen somit die Poisson Sprung Komponente mit lognormalverteilten Sprunghöhen und einer stochastischen Sprungintensität, die alle vier ersten Momente gut beschreibt, und unter Vernachlässigung der Schiefe die Poisson Spike Komponente mit lognormalverteilten Sprunghöhen und stochastischer Sprungintensität, die auch die beste Beschreibung des beobachteten Minimums und Maximums liefert, heraus.

| | Modell Spezifikation |
	(ZR)	(2RS)	(3RS)	(nvRSe)	(nvRS)
Mittel	0,000	0,000	0,000	0,000	0,000
Std. Abw.	0,198	0,201	0,206	0,219	0,217
Schiefe	0,331	0,237	0,360	-0,011	-0,001
Kurtosis	14,326	9,068	18,811	13,834	11,808
Maximum	2,072	2,137	2,599	2,193	1,990
Minimum	-1,596	-1,421	-1,673	-1,456	-1,393

Tabelle 6.7: Die Tabelle zeigt die ersten vier Momente der Rendite der desaisonalisierten logarithmierten Preise von der beobachteten Zeitreihe sowie von den simulierten Trajektorien der Modellansätze mit Regime-Switch. Weiter sind das Maximum sowie das Minimum bzw. das durchschnittliche Maximum sowie das durchschnittliche Minimum der desaisonalisierten logarithmierten Preise über den beobachteten Zeitraum abgebildet. Die Simulationen für die Modellansätze wurden dabei 1000 mal durchgeführt.

Die Regime-Switching Prozesse liefern ebenfalls durchgehend bessere Beschreibungen der ersten vier Momente der beobachteten Zeitreihe als das sprunglose Modell. Vergleichbar mit den diskutierten Unterschieden zwischen Poisson Sprung und Poisson Spike Modellen weisen die Regime-Switching Modelle mit Parameterregime eine gute Beschreibung der Standardabweichung und Schiefe auf, während die Regime-Switching Modelle mit Verteilungsregime eine leicht zu hohe Beschreibung der Standardabweichung aufweisen und die beobachtete Schiefe nicht erfassen können. Bei der Kurtosis liefert das Regime-Switching Modell (2RS) mit zwei Parameterregimen mit 9,068 vergleichbar mit dem Poisson Sprung Modell (PJ) eine zu geringe Beschreibung. Wird mit dem Modell (3RS) ein drittes Parameterregime modelliert, führt dieses mit einer Kurtosis von 18,811 sogar zu einer deutlich zu hohen Beschreibung des Risikos. Hier weisen die Regime-Switching Modelle mit Verteilungsregime mit 13,834 ohne Verbleib im Sprungregime und mit 11,808 mit Verbleib im Sprungregime bessere Ergebnisse. Insgesamt scheint jedoch die Beschreibung der ersten vier Momente durch ausgewählte Sprungmodelle besser zu sein.

Weiter soll die Fähigkeit der Modelle bewertet werden, die beobachtete Zeitreihe zu erklären. Dabei ist von Interesse, wie gut die Verteilung von P_t im Zeitpunkt $t-1$ mit Kenntnis der historischen Preise bis inklusive P_{t-1} sowie der geschätzten Parameterwerte Θ und latenten Variablen Z beschrieben wird. Sei $F^{(*)}(P_t|\Theta, Z_{t-1})$ die transformierte Dichte mit

$$s_t^{(*)} = \int_{-\infty}^{P_t} f^{(*)}(x|\Theta, Z_{t-1})dx = F^{(*)}(P_t|\Theta, Z_{t-1}), \qquad (6.35)$$

wobei $f^{(*)}$ die mit dem Modell $(*)$ unterstellte Verteilung unter Kenntnis der geschätzten Parameterwerte Θ sowie der bis zum Zeitpunkt $t-1$ bekannten Informationen über die latenten Variablen Z beschreibt. Diese sollte bei Annahme der tatsächlichen Verteilung $f^{(ZR)}$ gleichverteilt sein.[6] Dabei wird $s_t^{(*)}$ numerisch mit 20000 Simulationen über den betrachteten Zeitraum ermittelt. Um auf eine Gleichverteilung zu testen, soll der Kolmogorov-Smirnov-Test (KS-Test) herangezogen werden. Dabei wird getestet, ob die Hypothese der Gleichverteilung akzeptiert werden kann. Zuerst wird hierfür die Verteilungsfunktion

$$S_n^{(*)}(x) = \frac{1}{n} \sum_{i=1}^{n} \left\{ \begin{array}{ll} 1 & \text{, wenn } s_i^{(*)} < x \\ 0 & \text{, sonst} \end{array} \right. \qquad (6.36)$$

berechnet, welche bei exakter Modellierung der Gleichverteilung entsprechen sollte. Mittels des KS-Tests wird nun überprüft, ob die maximale Abweichung der Verteilungsfunktion von der Gleichverteilung noch akzeptabel ist. Ein signifikanter KS-Wert bedeutet dabei eine Ablehnung der Nullhypothese. Somit wäre die herangezogene Verteilung keine akzeptable Verteilung zur Beschreibung der beobachteten Zeitreihe. Verbleibwahrscheinlichkeit im Sprungregime als am besten geeignet.

In Abbildung 6.15 sind die Histogramme der transformierten Dichte sowie die Verteilungsfunktion und das Ergebnis des KS-Tests abgetragen. Dabei fällt bei dem sprunglosen Modell (OU) deutlich auf, dass keine Gleichverteilung erreicht wird. Dieses zeigt auch der KS-Test mit einem Wert von 0,08, was zu einer deutlichen Ablehnung führt. Deutlich bessere Ergebnisse liefern die Modellansätze mit Sprungkomponente. Dabei liegen die Werte des KS-Tests zwischen 0,0173 und 0,0341 für die Poisson Modelle, von denen neun Modellansätze akzeptiert werden und zwischen 0,0242 und 0,0454 für die Regime-Switching Modelle, von denen nur das Regime-Switching Modell mit drei Parameterregimen akzeptiert wird. Bei den Poisson Modellen zeigt sich dabei, dass die Poisson Sprung Modelle eine bessere Erklärungskraft aufweisen, als dies die Poisson Spike Modelle tun. Besonders die Poisson Spike Modelle mit lognormalverteilter Sprunghöhe erweisen sich als nicht geeignet und werden auf verschiedenen Signifikanzniveaus abgelehnt. Bei der Verwendung einer deterministischen sowie stochastischen Intensität wird

---

[6]Siehe Rosenblatt (1952).

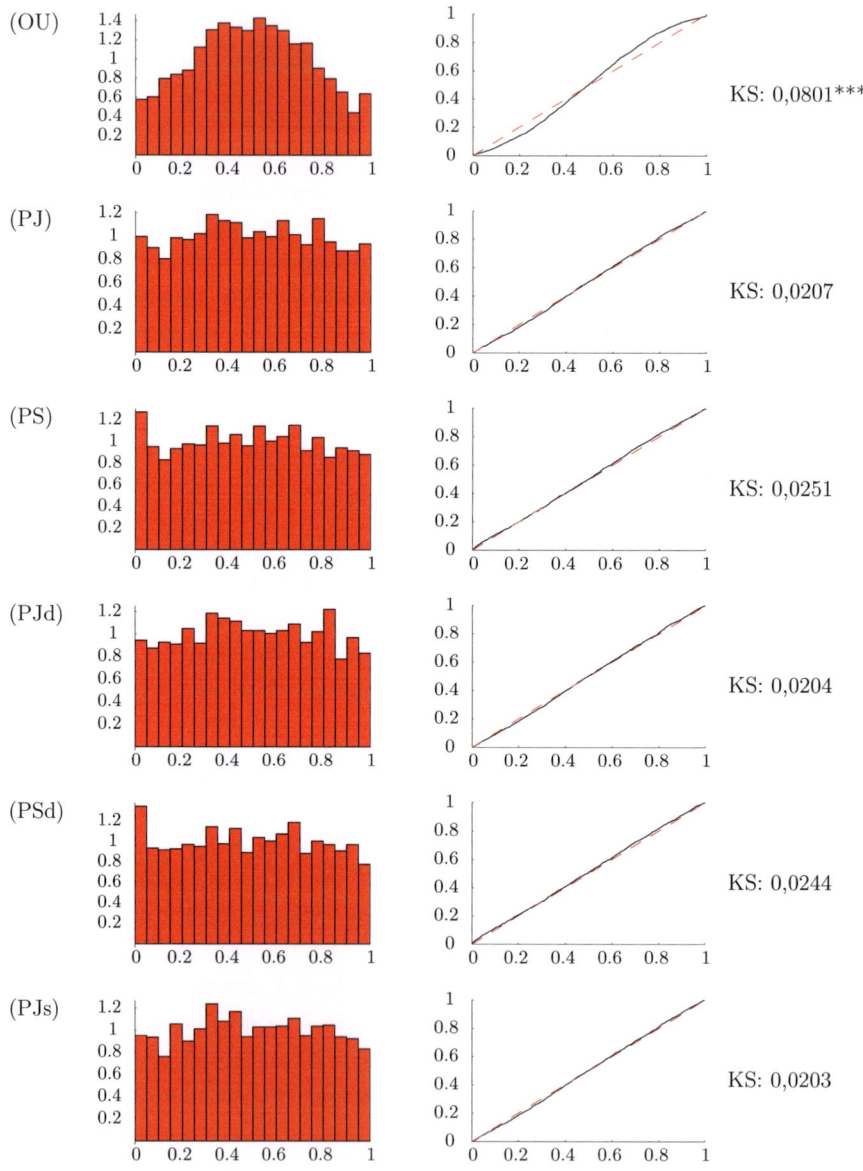

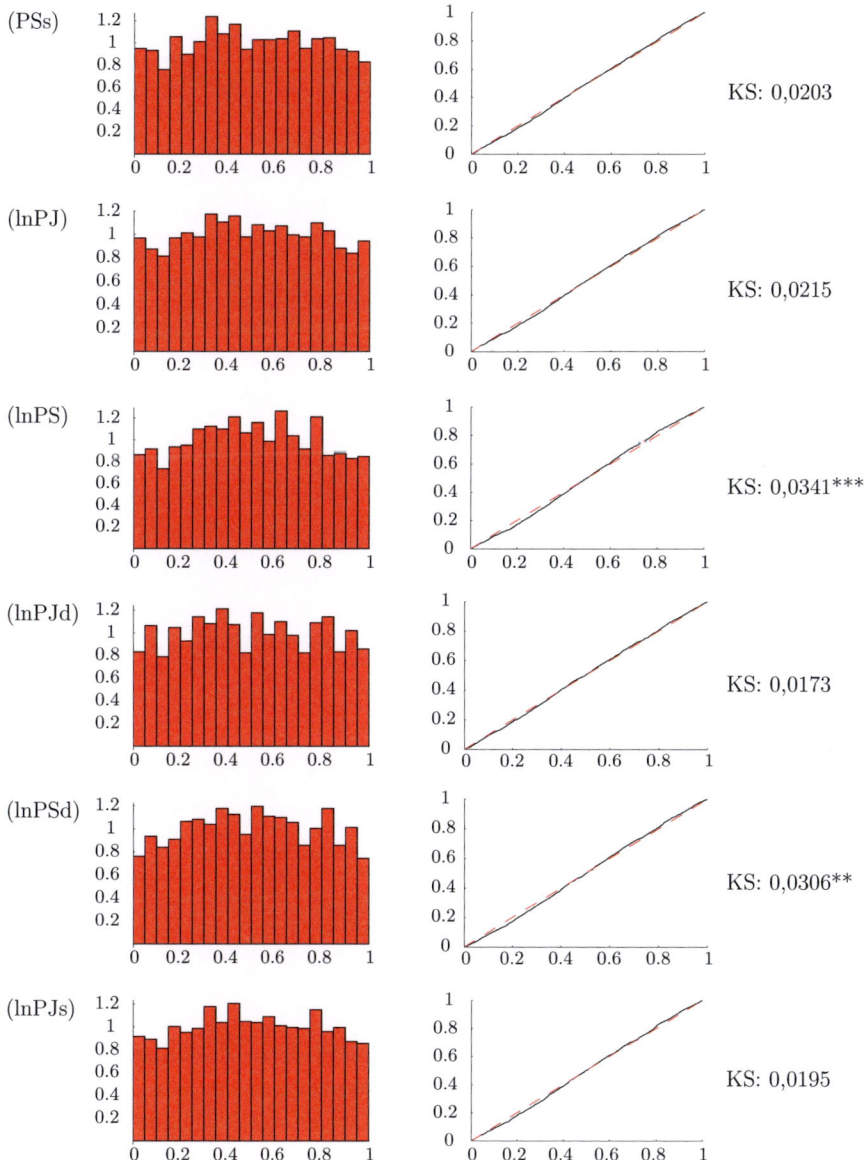

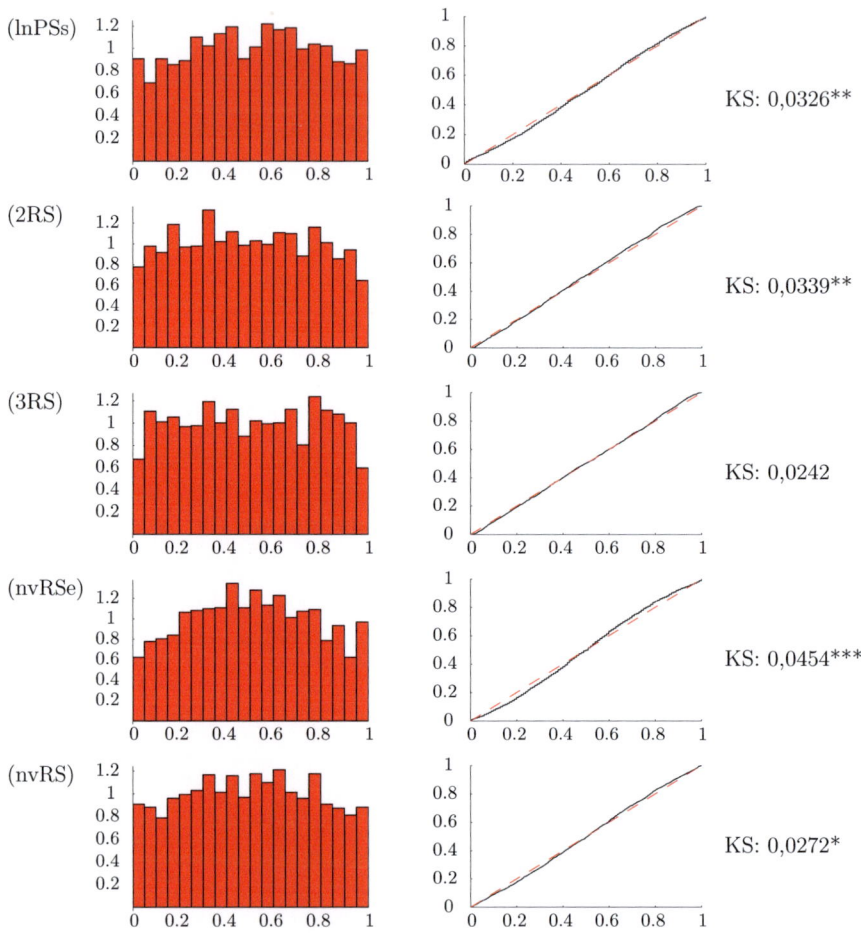

Abbildung 6.15: Die Abbildung zeigt die transformierte Dichte $s_t^{(*)}$, die Verteilungsfunktion $S_n^{(*)}(x)$ sowie das Ergebnis des Kolmogorov-Smirnov-Tests für die unterschiedlichen Modellierungsansätze zur Bestimmung der Erklärungskraft. Dabei bedeutet *, ** bzw *** eine Ablehnung der Kolmogorov-Smirnov Statistik auf dem 10%, 5% bzw. 1% Niveau.

jeweils eine Verbesserung der Erklärungskraft erreicht. Besonders gut scheint dabei das Poisson Sprung Modell (lnPJd) mit lognormalverteilten Sprüngen und deterministischer Sprungintensität zu sein, welches einen Wert von 0,0173 beim KS-Test aufweist. Dabei ist die gute Erklärungskraft auf die Unterscheidung positiver und negativer Sprünge in Kombination mit der deterministischen Sprungintensität zurückzuführen. Bei den Regime-Switching Modellen erweist sich der Ansatz mit drei Parameterregimen sowie mit Abstrichen der Ansatz mit Verteilungsregimen und Verbleibwahrscheinlichkeit im Sprungregime als am besten geeignet.

Wie findet eine geeignete Modellierung der Sprungkomponente statt?

Zusammenfassend lässt sich für die Ergebnisse der trajektoriellen und statistischen Eigenschaften sagen, dass die Poisson Sprung Modelle besser geeignet sind als die Poisson Spike Modelle und dass bei der Verwendung eines Poisson Sprungs zu einer Modellierung mit lognormalverteilten Sprunghöhen tendiert werden sollte. Auch die Verwendung von einer deterministischen sowie stochastischen Sprungintensität führt zu deutlichen Verbesserungen. Bei den Regime-Switching Modellen erwies sich das Regime-Switching Modell mit zwei Parameterregimen als geeignet, während es bei Hinzunahme eines dritten Parameterregimes zu einer deutlichen Überschätzung der Kurtosis kommt. Bei den Regime-Switching Modellen mit Verteilungsregimen eignet sich nur der Ansatz mit möglichem Verbleib im Sprungregime. Insgesamt sollte jedoch die Modellierung mit Poisson Sprung, lognormalverteilten Sprunghöhen sowie stochastischer Sprungintensität gewählt werden, wobei eine deterministische Sprungintensität auch als gut geeignet erscheint.

6.4 Modellrisiko

Um das Modellrisiko, welches das mit der Modellwahl verbundene Risiko einer Fehlbewertung von Derivaten beschreibt, näher zu untersuchen, sollen die diskutierten Modelle zur Derivatebewertung herangezogen werden. Dabei werden folgende Optionstypen betrachtet:

- europäische Call und Put Optionen

- amerikanische Call Optionen

- Swing Optionen

Zur Bewertung der Optionen werden die in Kapitel 5 eingeführten Bewertungsverfahren verwendet. Dabei werden bei der Monte-Carlo Simulation 20000 Pfade zur Bewertung herangezogen. Bewertungstag ist der 30.04.2007. Im folgenden sollen nun die Modellrisiken der einzelnen Optionstypen ausführlich analysiert werden.

6.4.1 Europäische Optionen

Zur Untersuchung des Modellrisikos bei europäischen Optionen werden folgende Optionen betrachtet:

- Europäische Call Optionen mit Fälligkeit am Freitag, den 03.08.2007, mit Strikes von 0 bis 250 Euro

- Europäische Put Optionen mit Fälligkeit am Freitag, den 03.08.2007, mit Strikes von 0 bis 100 Euro

- Europäische Call Optionen mit Fälligkeit am Samstag, den 04.08.2007, mit Strikes von 0 bis 250 Euro

- Europäische Call Optionen mit Fälligkeit am Dienstag, den 15.01.2008, mit Strikes von 0 bis 250 Euro

Damit werden drei Call Optionsreihen mit einer Laufzeit von 95, 96 bzw. 260 Tagen und eine Put Optionsreihe mit einer Laufzeit von 95 Tagen herangezogen, bei denen sowohl ITM, ATM als auch OTM Optionen betrachtet werden. Die Laufzeiten wurden so gewählt, dass mit 95 bzw. 96 Tagen sowohl Optionen mit kürzerer Laufzeit als auch mit 260 Tagen eine Option mit längerer Laufzeit herangezogen wird, welche zusätzlich mit den Wochentagen Dienstag, Freitag und Samstag die Wochenmitte, den Übergang zwischen Wochenmitte und Wochenende und das Wochenende abdecken. Das ATM Niveau, bzw. das in diesem Fall herangezogene Forward-ATM Niveau, ist dabei von der Fälligkeit abhängig und liegt bei 51,57 Euro, 39,53 Euro bzw. 80,66 Euro. Es weist die bereits ausführlich diskutierten saisonalen Effekte auf.

Abbildung 6.16 zeigt den Call sowie Put Optionspreis bei Verwendung des sprunglosen Modells (OU) mit Fälligkeit am 03.08.2007 abgetragen über dem Strike. Weiter werden die Bewertungsdifferenzen

$$\Delta C_t^E = C_t^{E,(*)}(T, K) - C_t^{E,(OU)}(T, K) \tag{6.37}$$

$$\text{und } \Delta P_t^E = P_t^{E,(*)}(T, K) - P_t^{E,(OU)}(T, K) \tag{6.38}$$

(OU) $C_t^{E,(OU)}$

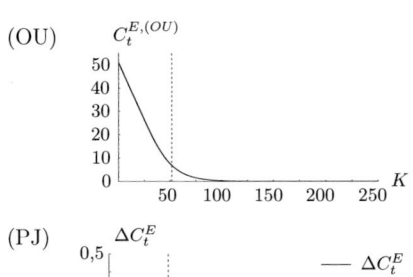

$P_t^{E,(OU)}$

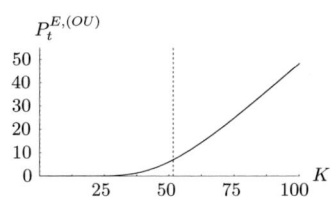

(PJ) ΔC_t^E

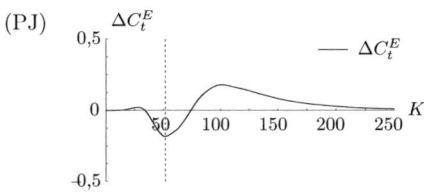

ΔP_t^E

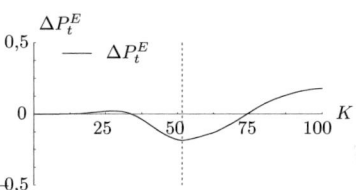

(PS) $\Delta C_t^E, \Delta \widetilde{C}_t^E$

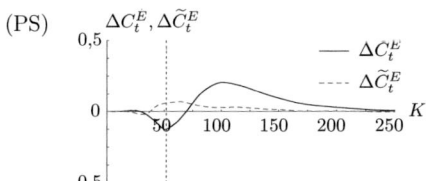

$\Delta P_t^E, \Delta \widetilde{P}_t^E$

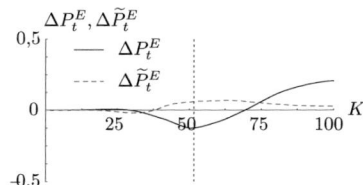

(PJd) $\Delta C_t^E, \Delta \widetilde{C}_t^E$

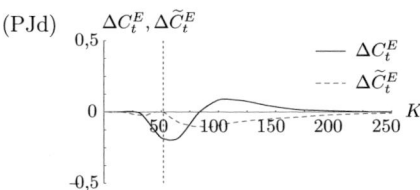

$\Delta P_t^E, \Delta \widetilde{P}_t^E$

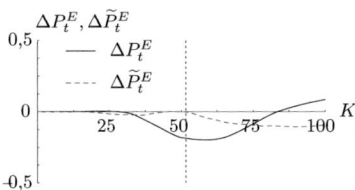

(PSd) $\Delta C_t^E, \Delta \widetilde{C}_t^E$

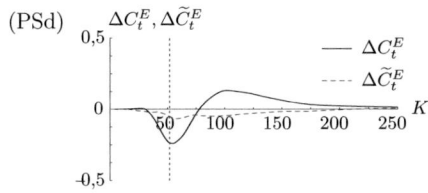

$\Delta P_t^E, \Delta \widetilde{P}_t^E$

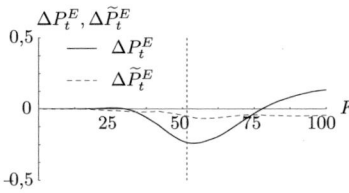

(PJs) $\Delta C_t^E, \Delta \widetilde{C}_t^E$

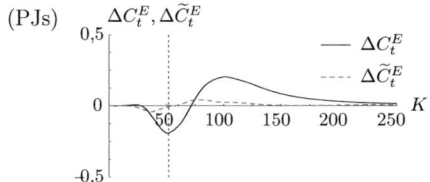

$\Delta P_t^E, \Delta \widetilde{P}_t^E$

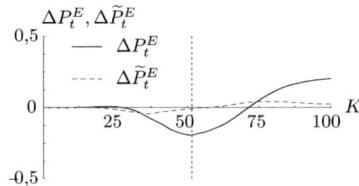

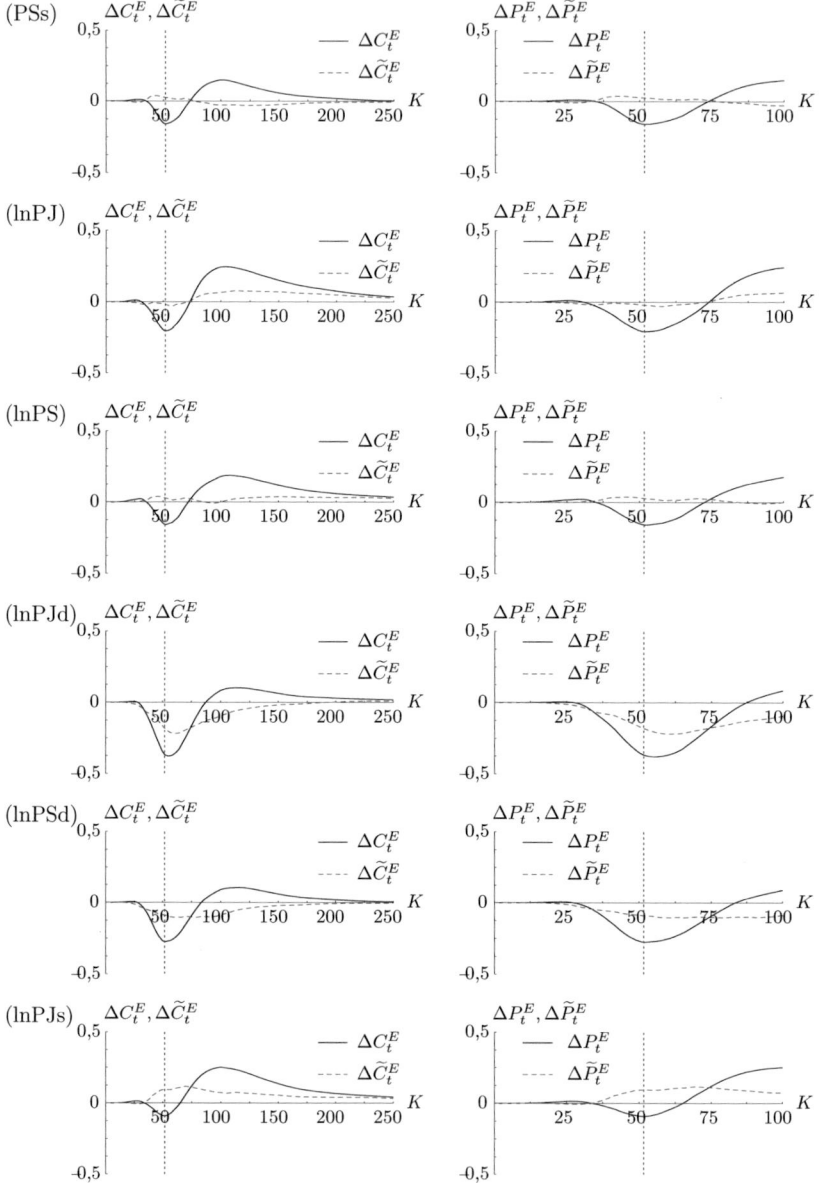

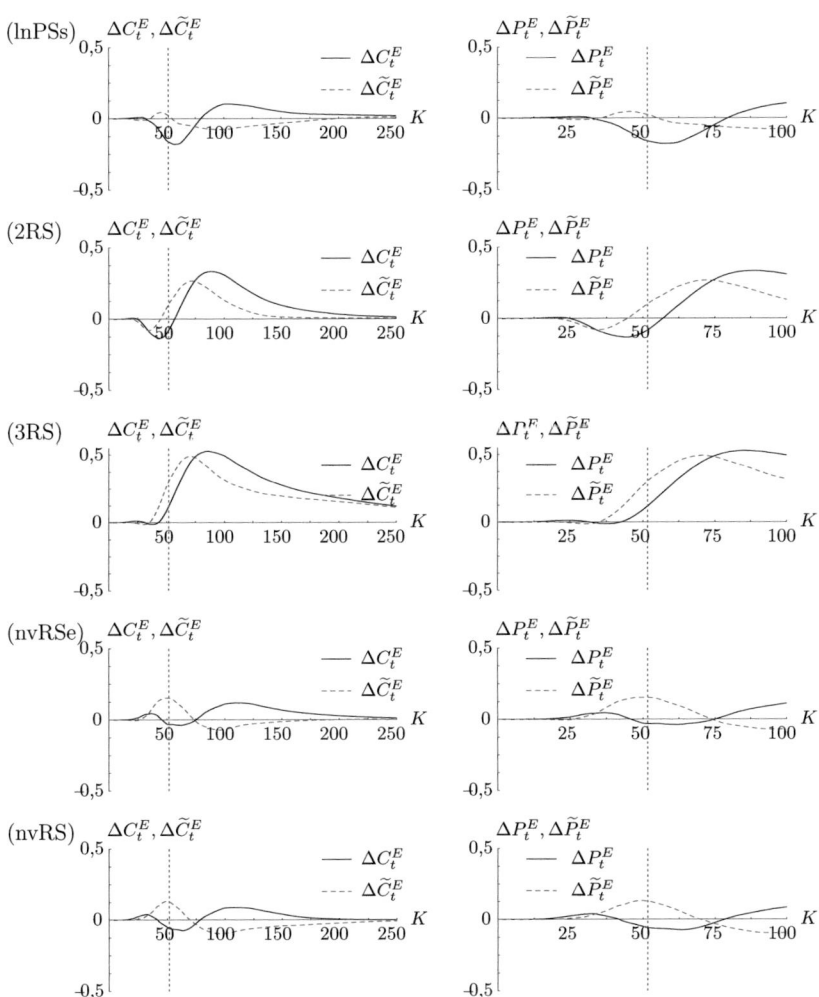

Abbildung 6.16: Die Abbildung zeigt die Optionspreise von europäischen Call (links) und Put (rechts) Optionen mit Fälligkeit am 03.08.2007 sowie das Modellrisiko bei Wahl alternativer Sprungmodellierungen im Vergleich zum sprunglosen Modell (OU) sowie zur einfachen Poisson Sprung Modellierung (PJ).

der einzelnen Sprungmodelle (*) zum sprunglosen Modell (OU) sowie die Bewertungsdifferenzen

$$\Delta \widetilde{C}_t^E \; = \; C_t^{E,(*)}(T,K) - C_t^{E,(PJ)}(T,K) \tag{6.39}$$

$$\text{und } \Delta \widetilde{P}_t^E \; = \; P_t^{E,(*)}(T,K) - P_t^{E,(PJ)}(T,K) \tag{6.40}$$

zum Sprungmodell mit Poisson Sprung Komponente, normalverteilter Sprunghöhe sowie konstanter Intensität (PJ) abgebildet. Somit kann zum einen generell die Bedeutung einer Sprungkomponente diskutiert werden, zum anderen kann mit dem Vergleich zum Sprungmodell mit Poisson Sprung Komponente auch das Modellrisiko basierend auf der Wahl der Sprungkomponente quantifiziert werden. Die Poisson Sprung Komponente wird dabei als Vergleich herangezogen, da diese die in der Literatur am häufigsten verwendete Variante ist. Im folgenden sollen die Bewertungsdifferenzen und das damit verbundene Modellrisiko ausführlich diskutiert werden.

Beim sprunglosen Modell (OU) fällt der Callpreis mit steigendem Strike ab. Bei der ATM Option ist der Call 6,85 Euro wert, bei einer OTM Option mit einem Strike von 100 Euro 28,2 Cent und bei einer deep OTM Option mit einem Strike von 150 Euro nur noch 1,3 Cent. Wird das Poisson Modell (PJ) zur Bewertung herangezogen, fällt der Callpreis bis zur ATM Option leicht stärker ab, welche mit 6,67 Euro ca. 18 Cent weniger wert ist. Prozentual deutlich stärker fällt der Unterschied bei den OTM Optionen aus. So ist die OTM Option mit einem Strike von 100 Euro noch 46,1 Cent wert und somit gut 63 % mehr als bei Verwendung des sprunglosen Modells (OU). Bei der deep OTM Option mit einem Strike von 150 Euro fällt der Unterschied mit 9,5 Cent oder 630 % noch deutlicher aus. Insgesamt lässt sich sagen, dass das Modell (OU) im Bereich um die ATM Option zu höheren Callpreisen führt, während es im OTM Bereich zu deutlich niedrigeren Preisen kommt. Dieses war nach der Diskussion der Verteilungen dieser beiden Modelle so auch zu erwarten, da das Modell (PJ) eine deutlich höhere Kurtosis aufweist.

Zieht man die weiteren Sprungmodellierungen mit heran, fällt die Struktur der Preisdifferenzen zum sprunglosen Modell sehr ähnlich aus. So weisen die Sprungmodelle im ATM Bereich einen niedrigeren Callpreis aus, während im OTM Bereich ein höherer Callpreis erzeugt wird. Dabei sind aber auch die Preisdifferenzen zwischen den einzelnen Sprungmodellierungen nicht zu vernachlässigen. So führen die Modellierungen mit lognormalverteilten Sprunghöhen im OTM und noch stärker im deep OTM Bereich zu deutlich höheren Callpreisen. Der OTM Call ist mit einem Preis von 52,6 Cent 14% teurer als bei einer Modellierung mit normalverteilter Sprunghöhe. Bei dem deep OTM Call fällt der Unterschied mit 73 % bei einem Preis von 16,4

Cent noch deutlicher aus. Dies ist mit Hinblick auf die Verteilung der Sprunghöhe auch so zu erwarten gewesen, da die Modelle mit lognormalverteilten Sprunghöhen eine höhere Kurtosis und breitere Enden in der Sprungverteilung aufweisen. Auch der Effekt einer deterministischen Sprungintensität ist deutlich festzustellen, wobei die Modelle mit deterministischer Sprungintensität durch die an Freitagen niedrigere Sprungintensität zu generell niedrigeren Callpreisen führen als Modelle mit einer konstanten Sprungintensität.

Während bei den Regime-Switching Modellen die Modelle (nvRSe) und (nvRS) mit Parameterregimen nur zu leicht anderen Bewertungen als das sprunglose Modell führen, weist vor allem das Modell (3RS) mit drei Parameterregimen deutlich höhere Optionspreise sowohl im ATM als auch in noch stärkerem Maße im OTM Bereich auf. Dabei ist jedoch eine leichte Überbewertung der Optionspreise zu vermuten, da dieses Modell ebenfalls eine deutlich zu hohe Kurtosis aufgewiesen hat.

Wird die europäische Put Option in der rechten Spalte in Abbildung 6.16 betrachtet, so fällt ein generell sehr ähnliches Bild auf wie bei den Bewertungsdifferenzen der Calls. Dabei weisen die Modelle mit Sprungkomponente im ATM Bereich einen niedrigeren Wert auf, während dieser im ITM und deep ITM Bereich höher als im sprunglosen Modell ausfällt. Die Effekte der lognormalverteilten Sprunghöhen und der deterministischen Sprung-intensität lassen sich dabei auch hier analog feststellen. Da die deutlichen absoluten Bewertungsdifferenzen bei dem Put jedoch im ITM und nicht im OTM Bereich wie beim Call liegen, fallen die relativen Bewertungsdifferenzen beim Put deutlich geringer aus.

Werden die europäischen Call Optionen mit Fälligkeiten am 04.08.2007 und am 15.01.2008, welche nicht grafisch dargestellt werden, herangezogen, so weisen auch diese die gleichen grundsätzlichen Muster der Bewertungsdifferenzen auf. Während die Modelle mit Sprungkomponente im ATM Bereich zu niedrigeren Callpreisen führen, sind die Callpreise im OTM und vor allem deep OTM Bereich deutlich höher als beim sprunglosen Modell. Dabei ist die absolute Bewertungsdifferenz stark abhängig vom ATM Preisniveau. Während die Calls mit Fälligkeit am Samstag, den 04.08.2007, geringere absolute Bewertungsdifferenzen aufweisen, sind die absoluten Bewertungsdifferenzen der Calls mit Fälligkeit am Dienstag, den 15.01.2008, deutlich höher. Interessant ist auch die Betrachtung der Bewertungsdifferenzen zwischen den Poisson Modellen mit konstanter und deterministischer Sprungintensität. Während die Berücksichtigung einer deterministischer Sprungintensität in den Modellen bei den Call Optionen mit Fälligkeit am Freitag, den 03.08.2007, und Samstag, den 04.08.2007, zu niedrigeren Callpreisen führt, führen diese Modelle bei Call Optionen mit Fälligkeit am Dienstag, den 15.01.2008, zu deutlich höheren Callpreisen. Dieses spiegelt die beobachtete Saisonalität in den Sprungin-tensitäten wieder, welche an Dienstagen höher bzw. bei den Modellen mit lognormalverteilten Sprunghöhen bei den positiven Sprüngen höher sind.

Übergreifend ergeben sich also bei europäischen Optionen vor allem extreme Modellrisiken bei der Bewertung von OTM bzw. deep OTM Calls, bei denen die deutlichsten Bewertungs-differenzen zwischen dem sprunglosen Modell (OU) und einem Modell mit Sprungkompo-nente bei knapp 200 % bzw. bei über 2100 % liegen. Aber auch innerhalb der Modelle mit Sprungkomponente sind die Unterschiede mit bis zu 110 % bzw. 485 % deutlich. Dagegen fal-len die Bewertungsdifferenzen im ATM Bereich mit 5,6 % bzw. 7,5 % bei den Modellen mit Sprungkomponente deutlich geringer aus. Auch wenn europäische Optionen auf den Spotpreis im Strommarkt nur sehr wenig gehandelt werden, so sind diese Ergebnisse doch von großem In-teresse für mögliche Modellrisiken in Spread Optionen, welche mit die bedeutendsten Optionen im Strommarkt darstellen. Somit ergeben sich interessante Folgerungen für die einzelnen Kraft-werksbewertungen, die mit entscheidend für Investitionsentscheidungen sein können. Während bei Steinkohlekraftwerken, deren Erzeugungskosten häufig im ATM Bereich sind, nur geringere Modellrisiken zu bestehen scheinen, sind vor allem die Bewertungen von Gas- und Ölkraftwer-ken starken Modellrisiken unterworfen. Dabei ist jedoch zu beachten, dass für die Gas- und Ölkraftwerke nicht der Baseload- sondern eher der Peakload-Kontrakt von Interesse ist. Dieser weist aber eine noch höhere Volatilität und Sprungintensität auf, so dass die hier aufgezeigten Modellrisiken nicht als zu hoch anzusehen sind.

6.4.2 Amerikanische Optionen

Neben den europäischen Optionen sind auch die Modellrisiken bei der Betrachtung amerikani-scher Optionen von Interesse. Zur Untersuchung des Modellrisikos bei diesen werden folgende Optionen betrachtet:

- Amerikanische Call Optionen mit Fälligkeit am Freitag, den 03.08.2007, mit Strikes von 40 bis 250 Euro

- Amerikanische Call Optionen mit Fälligkeit am Dienstag, den 15.01.2008, mit Strikes von 40 bis 250 Euro

Somit werden zwei Call Optionsreihen mit einer Laufzeit von 95 bzw. 260 Tagen und der glei-chen Zahl an Ausübungszeitpunkten herangezogen.

Abbildung 6.17 zeigt die Callpreise amerikanischer Optionen bei Verwendung des sprunglosen Modells (OU) mit Fälligkeit am 03.08.2007 (rechts) sowie am 15.01.2008 (links) abgetragen über dem Strike. Weiter wird hier ebenfalls die Bewertungsdifferenz

$$\Delta C_t^A = C_t^{A,(*)}(T,K) - C_t^{A,(OU)}(T,K) \tag{6.41}$$

der verschiedenen Sprungmodelle (*) zum sprunglosen Modell (OU) sowie die Bewertungsdifferenz

$$\Delta \widetilde{C}_t^A = C_t^{A,(*)}(T,K) - C_t^{A,(PJ)}(T,K) \tag{6.42}$$

zum Sprungmodell (PJ) abgebildet.

Bei Verwendung des sprunglosen Modells (OU) ist die amerikanische Option mit einer Laufzeit von 95 Tagen bei einem Strike von 50 Euro 22,19 Euro wert, bei einem Strike von 150 Euro noch 36,4 Cent und bei einem Strike von 250 Euro nur noch 1,8 Cent. Wird dagegen die Option mit einer Laufzeit von 260 Tagen betrachtet, so ist der Wert der amerikanischen Optionen mit 39,75 Euro, 2,83 Euro und 24,2 Cent deutlich höher. Dieses liegt zum einen an der längeren Laufzeit der Optionen und der damit höheren Anzahl möglicher Ausübungszeitpunkte.[7] Zum anderen ist aber auch entscheidend, dass die länger laufende Option eine in den Winter hineinreichende Laufzeit hat, welcher auf Grund der Saisonalität ein generell höheres Preisniveau aufweist.

Wird das Poisson Sprungmodell (PJ) zur Bewertung herangezogen, ergeben sich deutliche Bewertungsdifferenzen. Bei der Option mit Fälligkeit am 03.08.2007 ergibt sich bei einem Strike von 50 Euro eine Bewertungsdifferenz von 13,85 Euro oder gut 62 %. Bei einem Strike von 150 Euro ist die Bewertungsdifferenz bei 4,14 Euro bzw. 1136 % und bei einem Strike von 250 Euro bei 53,4 Cent oder 2826 %. Ähnlich ergibt sich das Bild bei der Option mit 260 Tagen Laufzeit, welche bei einem Strike von 50 Euro eine Bewertungsdifferenz von 26,14 Euro oder gut 65 % sowie bei Strikes von 150 Euro und 250 Euro Bewertungsdifferenzen von 12,72 Euro bzw. 450 % sowie 2,67 Euro bzw. 1105 % aufweist. Auffällig ist dabei, dass im Gegensatz zu den europäischen Optionen nicht nur bei hohen Strikes große Bewertungsdifferenzen auftreten, sondern dass diese bei amerikanischen Optionen auch bei kleinen Strikes sowohl absolut als auch prozentual deutlich ausfallen. Begründet liegt dies in der Möglichkeit einer frühzeitigen

---

[7]Während bei europäischen Optionen im Strommarkt auf Grund der fehlenden Lagerbarkeit im Gegensatz zu dividendenlosen Aktien keine Monotonie des Optionspreises in der Laufzeit vorliegt, steigt bei amerikanischen Calls der Optionspreis monoton mit der Laufzeit. Dies liegt am frühzeitigen Ausübungsrecht, womit eine länger laufende amerikanische Option immer an Flexibilität und somit an Wert hinzugewinnt.

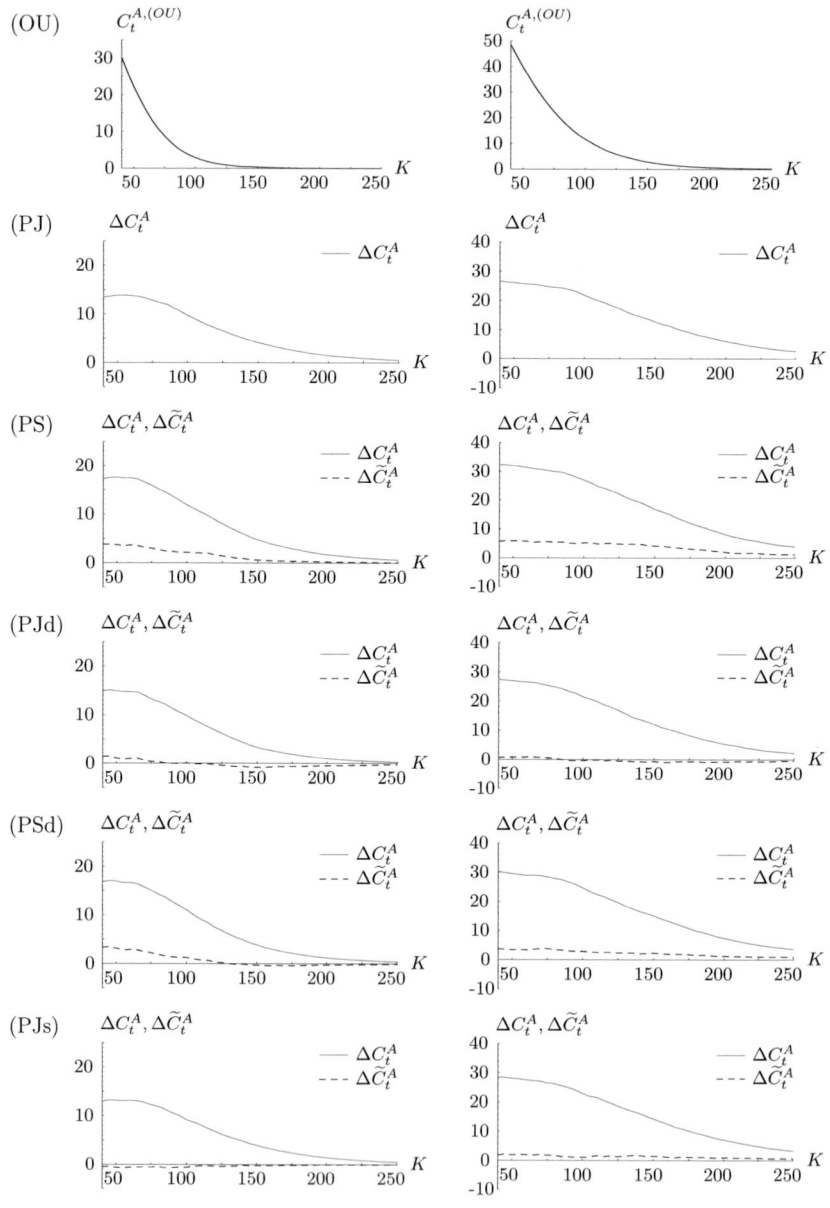

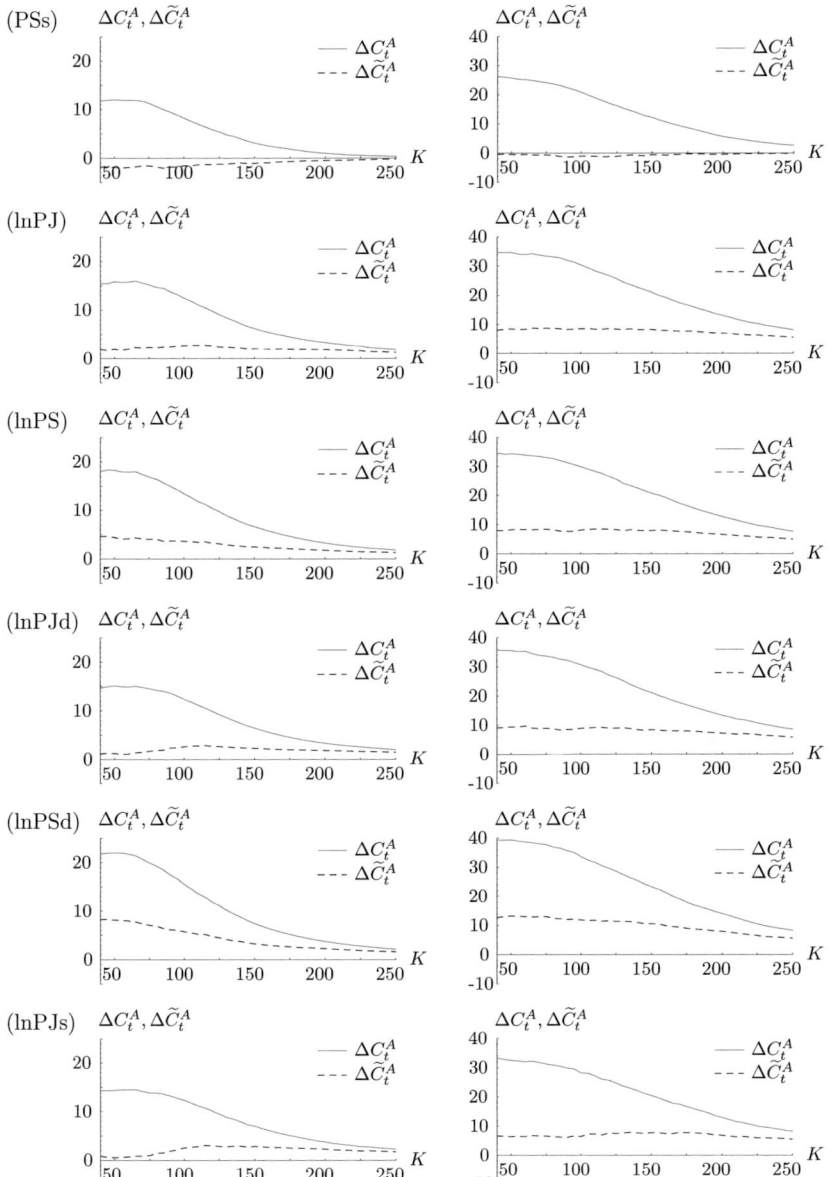

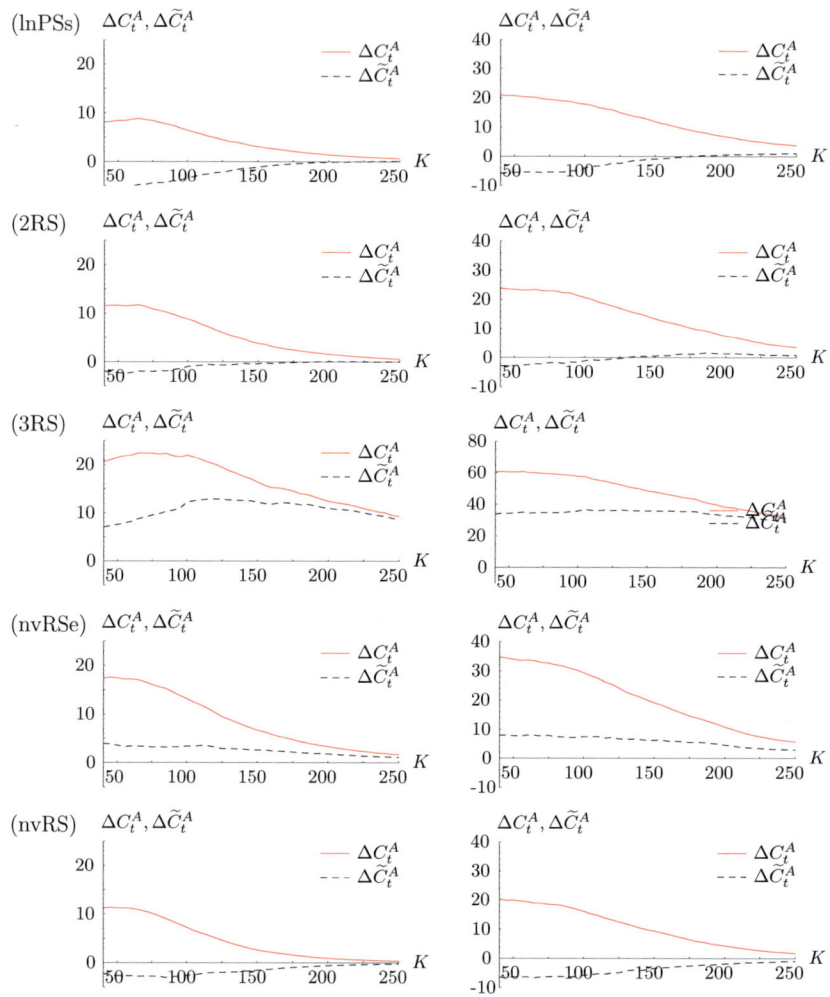

Abbildung 6.17: Die Abbildung zeigt die Optionspreise von amerikanischen Call Optionen mit Fälligkeit am 03.08.2007 (links) und am 15.01.2008 (rechts) sowie das Modellrisiko bei Wahl alternativer Sprungmodellierungen im Vergleich zum sprunglosen Modell (OU) sowie zur einfachen Poisson Sprung Modellierung (PJ).

Ausübung. Unter Berücksichtigung einer Sprungkomponente sind durch die höhere Kurtosis extreme Preisereignisse wahrscheinlicher. Diese führen aber bei europäischen ATM Optionen nicht zu höheren Optionspreisen, da die gesamte Preisverteilung um den ATM Preis zentriert ist und somit der gemittelte realisierte Gewinn sich nicht stark zwischen den Modellen unterscheidet. Bei amerikanischen ATM Optionen ist dagegen auf Grund der hohen Anzahl an Ausübungszeitpunkten nicht die um den ATM Bereich gemittelte Preisverteilung eines Tages entscheidend. Statt dessen sind die Enden der Preisverteilung entscheidend, da bei noch verbleibenden Ausübungszeitpunkten die Option nicht direkt ausgeübt wird wenn sie im Geld ist.[8] Und über die Enden der Verteilung ist der erwartete zu realisierende Erlös aus einer amerikanischen Option auf Grund der hohen Kurtosis bei den Sprungmodellen deutlich höher.

Innerhalb der unterschiedlichen Sprungmodellierungen lassen sich, wie auch bei den europäischen Optionen, ebenfalls deutliche Bewertungsdifferenzen feststellen. Dabei erweist sich die Modellierung der Sprunghöhe wieder als entscheidend. Werden anstatt der normalverteilten Sprunghöhe lognormalverteilte Sprunghöhen herangezogen, führen die Bewertungen zu höheren Callpreisen über den gesamten Bereich berücksichtigter Strikes. Dabei ist die Bewertungsdifferenz relativ gesehen bei hohen Strikes am stärksten. Während die Bewertungsdifferenz bei der Option mit Fälligkeit am 15.01.2008 und einem Strike von 50 Euro zwischen den Poisson Sprung Komponenten (PJ) und (ePJ) mit 8,47 Euro nur bei 12,8 % liegt, ist diese bei einem Strike von 150 Euro bereits mit 8,29 Euro bei 53,3 % und bei einem Strike von 250 Euro mit 5,48 Euro bei 188 %. Ähnlich verhält es sich bei allen anderen Sprungkomponenten mit lognormalverteilten Sprunghöhen im Vergleich zur Modellierung mit normalverteilter Sprunghöhe. Dagegen ist im Gegensatz zur europäischen Option die Berücksichtigung einer deterministischen Sprungintensität kaum entscheidend für die Bewertung amerikanischer Optionen. Dieses erscheint auch logisch, da im Gegensatz zu den europäischen Optionen die Ausübung nicht an einen festen Tag gebunden ist und somit der Saisoneffekt in der Sprungintensität verwischt.

Werden die Regime-Switching Modelle betrachtet, fallen die Bewertungsdifferenzen vom Muster her ähnlich aus wie bei den Poisson Modellen. Nur das Regime-Switching Modell (3RS) mit drei Parameterregimen weist wiederum deutlich höhere Optionspreise aus. Dieses scheint aber auch eine auf die hohe Kurtosis zurückzuführende Überbewertung der amerikanischen Option zu sein. Daher sollte das Modell bei der Interpretation des Modellrisikos mit Vorsicht behandelt werden.

---

[8]Vergleiche hierzu auch die Logik der Bewertungsmethode von Longstaff und Schwartz in Kapitel 5.2.

Übergreifend lässt sich damit für die amerikanischen Optionen feststellen, dass die Bewertung ebenfalls einem extremen Modellrisiko unterworfen ist. Dabei besteht das Modellrisiko im Gegensatz zu den europäischen Optionen nicht nur im hohen Strikebereich, sondern auch bei niedrigen Strikes ergeben sich deutliche absolute und relative Bewertungsdifferenzen. Insgesamt zeigen sich dabei maximale Differenzen zwischen sprunglosem Modell und der Verwendung einer Sprungkomponente von bis zu 89,4 % bei einem Strike von 50 Euro, 1770 % bei einem Strike von 150 Euro und über 10000 % bei einem Strike von 250 Euro. Dabei wird deutlich, dass das sprunglose Modell sowohl amerikanische Optionen mit hohem Strike als nahezu wertlos bewertet als auch amerikanische Optionen mit niedrigerem Strike deutlich unterbewertet. Aber auch das Modellrisiko innerhalb der Modelle mit Sprungkomponente ist nicht zu vernachlässigen. So beläuft sich dieses maximal auf 21,9 % bei einem Strike von 50 Euro, auf 99,6 % bei einem Strike von 150 Euro und auf 219 % bei einem Strike von 250 Euro.

6.4.3 Swing Optionen

Als letzter Optionstyp soll die Swing Option auf das Modellrisiko analysiert werden. Dabei sind die bereits betrachteten amerikanischen Optionen ein Spezialfall der Swing Optionen mit nur einem Ausübungsrecht. Daher ist es zu erwarten, dass das Modellrisiko bei Swing Optionen mit mehreren Ausübungsrechten nicht so hoch ausfällt wie bei den amerikanischen Optionen, da das erste Recht das wertvollste ist und weitere Rechte vom Wert her abnehmen. Betrachtet werden sollen folgende Swing Optionen:

- Swing Optionen mit Fälligkeit am 15.01.2008 und

    – einem Strike von 80 Euro, 140 Euro sowie 200 Euro sowie

    – 3 Ausübungsrechten, 9 Ausübungsrechten bzw. 15 Ausübungsrechten

Somit werden neun Swing Optionen mit jeweils 260 möglichen Ausübungszeitpunkten betrachtet, welche sich im Strike sowie der Anzahl der Ausübungsrechte unterscheiden.

In Tabelle 6.8 finden sich die Optionspreise der betrachteten Swing Optionen. Dabei ergeben sich bei Verwendung des sprunglosen Modells für die Swing Optionen in Abhängigkeit der Anzahl an Rechten mit einem Strike von 80 Euro Optionspreise von 55,41 Euro, 134,98 Euro und 190,62 Euro. Bei einem Strike von 80 Euro hat somit jedes weitere Recht von den bis zu 15 betrachteten Rechten noch einen deutlichen Mehrwert. Dieses gilt auch noch bei einem Strike von 140 Euro und einem Strike von 200 Euro, wobei hier der Optionspreis mit 1,72 Euro, 3,02

Modell	Optionspreise			Modell	Optionspreise		
(OU)	55, 41	134, 98	190, 62				
	9, 32	18, 15	22, 88				
	1, 72	3, 02	3, 65				
(PJ)	95, 49	179, 98	234, 27	(PS)	106, 49	192, 63	247, 25
	29, 31	37, 60	40, 45		35, 78	43, 60	46, 39
	8, 91	9, 26	9, 27		11, 42	12, 09	12, 20
(PJd)	98, 80	190, 00	245, 84	(PSd)	105, 42	193, 75	247, 63
	29, 31	38, 23	40, 81		34, 94	44, 35	47, 36
	8, 20	8, 66	8, 71		10, 58	11, 25	11, 51
(PJs)	101, 39	192, 43	248, 61	(PSs)	96, 87	185, 43	240, 47
	33, 28	42, 86	46, 01		29, 64	37, 77	43, 29
	10, 36	11, 18	11, 31		9, 49	10, 21	10, 27
(lnPJ)	107, 14	193, 14	245, 75	(lnPS)	109, 53	199, 64	255, 47
	39, 73	48, 20	51, 11		40, 16	48, 95	52, 09
	16, 54	17, 21	17, 49		16, 52	17, 50	17, 65
(lnPJd)	107, 98	192, 41	243, 07	(lnPSd)	117, 32	212, 20	266, 70
	40, 55	47, 91	50, 01		43, 74	52, 63	55, 00
	16, 94	17, 41	17, 48		17, 53	17, 92	17, 95
(lnPJs)	112, 78	214, 95	274, 54	(lnPSs)	86, 97	176, 05	233, 76
	44, 81	58, 34	61, 90		27, 67	37, 68	41, 37
	19, 00	20, 48	20, 71		9, 63	10, 67	10, 87
(2RS)	98, 10	193, 37	249, 72	(3RS)	157, 10	264, 38	324, 63
	35, 15	48, 69	53, 30		93, 39	114, 02	119, 01
	12, 26	14, 64	15, 25		61, 28	65, 61	66, 09
(nvRSe)	102, 70	186, 92	242, 44	(nvRS)	85, 82	170, 89	225, 67
	35, 47	42, 50	45, 60		23, 58	31, 05	33, 45
	13, 55	14, 16	14, 23		6, 04	6, 80	7, 09

Tabelle 6.8: Die Tabelle zeigt die Preise von Swing Optionen mit Fälligkeit am 15.01.2008 bei Verwendung der unterschiedlichen Modellierungsansätze. Dabei unterscheiden sich die Swing Optionen in ihrem Strike von 80 Euro (oben), 140 Euro (mittig) und 200 Euro (unten) sowie der Anzahl an Ausübungsrechten mit 3 Rechten (links), 9 Rechten (mittig) sowie 15 Rechten (rechts).

Euro sowie 3,65 Euro nur noch sehr gering ist. Deutlich anders sind die Preise der Swing Optionen bei Verwendung des Poisson Sprung Modells (PJ). Während bei einem Strike von 80 Euro die Optionspreise mit 95,49 Euro, 179,98 Euro und 234,27 Euro auch noch deutlich mit der Anzahl der Rechte zunehmen, erweisen sich weitere Rechte bei einem Strike von 200 Euro und Optionspreisen von 8,91 Euro, 9,26 Euro und 9,27 Euro als nicht mehr sehr wertvoll. So sind die letzten sechs Rechte nur noch ca. einen Cent wert, während die ersten drei Rechte deutlich mehr wert sind als bei Verwendung des sprunglosen Modells. Dieses Preisverhalten begründet sich auf der besseren Modellierung der Sprünge, welche dazu führt, dass die Preise durch die Volatilitätsminderung im allgemeinen nicht mehr so stark schwanken, dafür aber durch die selteneren Sprungereignisse auch extremere Preisentwicklungen abbilden können. Das führt dazu, dass der Strike von 200 Euro nicht mehr so häufig überschritten wird, dafür aber der Ausübungsgewinn bei Überschreiten des Strikes tendenziell deutlich höher ausfällt. Somit sind die ersten Rechte deutlich mehr, die weiteren Rechte weniger wert als bei Verwendung des sprunglosen Modellansatzes. Weiter führt die Berücksichtigung der Poisson Sprung Komponente auch zu einem generell höheren Preis der Swing Optionen.

Das gleiche Preisverhalten ist auch bei allen weiteren Modellen mit Sprungkomponente zu beobachten. Während die Preise der Swing Optionen generell höher ausfallen als im Falle des sprunglosen Modells, nimmt der Wert weiterer Ausübungsrechte bei hohen Strikes deutlich schneller ab, was in der höheren Kurtosis begründet liegt. Weiter zeigen sich auch innerhalb der Sprungmodellierungen deutliche Bewertungsdifferenzen. Dabei führen die Sprung Modelle mit lognormalverteilten Sprunghöhen zu einer höheren Bewertung, die sich vor allem bei hohen Strikes zeigt. Während die Modellierung einer deterministischen Intensität kaum einen Einfluss auf die Bewertung hat, ist die Auswirkung einer stochastischen Sprungintensität deutlich feststellbar. Bei den Regime-Switching Modellen fallen vor allem die Regime Switching Komponente mit drei Verteilungsregimen mit einer extrem hohen Bewertung und die Regime-Switching Komponente mit Verteilungsregime ohne Verbleib im Sprungregime mit einer sehr niedrigen Bewertung auf. So sind in Abhängigkeit des Strikes relative Bewertungsdifferenzen von bis zu 36,7 %, 85,5% sowie 190 % festzustellen.

Somit sind auch in den Swing Optionen, sowohl bei niedrigerem als auch hohem Strike, deutliche Modellrisiken festzustellen. Neben der Bewertung von Swingkontrakten kann dies vor allem bei der Bewertung und Einsatzoptimierung von Saisonspeichern zu Problemen führen, da auf Grund falscher Erwartung zukünftiger Preisverteilungen nicht optimale Entscheidungen beim Einsatz der Saisonspeicher getroffen werden.

Zusammenfassend lässt sich damit die eingangs gestellte Frage

Wie groß ist das mit der Modellwahl verbundene Modellrisiko?

beantworten. Übergreifend über die betrachteten Optionstypen zeigt sich, dass eine Berücksichtigung eines Sprungterms entscheidend für die Bewertung von Optionen ist. Während sich das Modellrisiko bei europäischen und somit auch bei Spread Optionen noch auf den OTM Bereich beschränkt und im ATM Bereich das Modellrisiko noch akzeptabel erscheint, unterliegen amerikanische und Swing Optionen über den gesamten Strikebereich einem erheblichen Modellrisiko. Dabei führt die nach den trajektoriellen und statistischen Tests zu bevorzugende Modellierung der Sprungkomponente über einen Poisson Sprung mit lognormalverteilten Sprunghöhen und einer stochastischen Sprungintensität zu tendenziell höheren Optionspreisen. Neben dem sprunglosen Modell, welches bei europäischen OTM Optionen und sämtlichen amerikanischen Optionen und Swing Optionen somit zu teilweise extrem niedrigeren Preisen führt, weisen auch die meisten bisher in der Literatur verwendeten Sprungmodelle einen etwas zu niedrigen Optionswert aus. Dies verdeutlicht somit nicht nur die Verwendung einer Sprungkomponente sondern auch die Bedeutung einer adäquaten Sprungmodellierung.

Kapitel 7

Strompreismodellierung mit CO_2 Komponente

Seit der Einführung des europaweiten Emissionshandelssystems sind stromerzeugende Unternehmen zu der Abgabe eines CO_2 Emissionszertifikats pro emittierter Tonne CO_2 verpflichtet.[1] Somit kann ein CO_2 Emissionszertifikat als zusätzlicher Produktionsfaktor neben den eigentlichen Energieträgern verstanden werden.[2] Die Kosten für die zur Stromerzeugung notwendigen CO_2 Emissionszertifikate sind daher als zusätzlicher Kostenfaktor aufzufassen und in den Strompreis mit einzubeziehen. Da der Preis eines CO_2 Emissionszertifikats selbst einer stochastischen Preisdynamik folgt, ist diese zusätzliche Unsicherheitsquelle in der Strompreismodellierung zu berücksichtigen.

Somit stellt sich die Frage nach den Auswirkungen einer CO_2 Komponente auf die Strompreismodellierung sowie nach deren Bedeutung. Um dieser Frage im Folgenden nachzugehen, soll ein allgemeiner Modellrahmen zur Berücksichtigung der Stochastik des CO_2 Preises[3] aufgestellt werden. Aufbauend auf einer Konkretisierung dieses Modellrahmens werden dann die Auswirkungen auf die Strompreismodellierung untersucht und deren Bedeutung hinsichtlich einer expliziten Modellierung diskutiert.

---

[1]Für eine Einführung in die Mechanismen des Emissionshandelssystems siehe Uhrig-Homburg und Wagner (2006).

[2]Vgl. Reinaud (2005).

[3]Im Folgenden wird CO_2 Preis stellvertretend für Preis eines CO_2 Emissionszertifikats benutzt.

7.1   Der Modellrahmen

Um einen allgemeinen Modellrahmen für die Einbindung des CO_2 Preises in den Strompreis aufzustellen, soll der fundamentale Zusammenhang betrachtet werden. Ein CO_2 Zertifikat muss als zusätzlicher Produktionsfaktor und somit Kostenfaktor angesehen werden. Somit setzen sich die Kosten der Stromerzeugung aus den bisherigen Erzeugungskosten und den Kosten für die der Emissionsrate des Kraftwerks entsprechenden Anzahl an CO_2 Zertifikaten zusammen. Da sich der Strompreis aus den Grenzkosten der Stromerzeugung ergibt, folgt für den Strompreis P_t^{CO} unter Berücksichtigung der CO_2 Kosten

$$P_t^{CO} = \theta(P_t, t) \cdot CO_t + P_t. \tag{7.1}$$

Hierbei beschreibe CO_t den CO_2 Preis, P_t den Preis für Strom vor Berücksichtigung der CO_2 Kosten und $\theta(P_t, t)$ den Emissionsfaktor, mit dem der CO_2 Preis im Strompreis berücksichtigt wird. Für CO_t und P_t lassen sich hierbei beliebige Preisdynamiken wählen. Weiter kann $\theta(P_t, t)$ sowohl preis- als auch zeitabhängig sein, was auf die vom Kraftwerkstyp des Grenzkraftwerks abhängige Emissionsrate zurückzuführen ist.

7.1.1   Der Emissionsfaktor

Bei einer Konkretisierung des Modellrahmens stellt sich vor allem die Frage, wie $\theta(P_t, t)$ gewählt werden soll. Über eine Preisabhängigkeit ließe sich eine Abhängigkeit zum Grenzkraftwerk und dessen Emissionsrate herstellen. Bei der Modellierung des Preises eines Blockkontraktes, wie z.B. dem Baseload, ist jedoch nicht ein Grenzkraftwerk sondern über den Tag verschiedene Grenzkraftwerke entscheidend. Darum wäre eine durchschnittliche Emissionsrate angebracht, welche an Tagen mit ähnlichem Lastprofil als gleich angenommen werden kann. Es bleibt die Wahl, ob für Tage, bzw. Blöcke, mit unterschiedlichem Lastprofil von einem zeitabhängigen Emissionsfaktor $\theta(t)$ ausgegangen werden soll oder vereinfachend ein konstanter Emissionsfaktor θ gewählt wird. Auch wenn z.B. eine Unterscheidung nach Peak und Off-Peak und somit nach Werktagen sowie Wochenend- bzw. Feiertagen möglich wäre, soll im Folgenden aus Gründen der Komplexität ein konstanter Emissionsfaktor verwendet werden. Weiter ergibt sich die Frage, wie θ zu bestimmen ist. Hierbei spielt eine fundamentale Herleitung aus dem Kraftwerkspark und dem Lastkurvenverlauf eine entscheidende Rolle. Aber es stellt sich auch die Frage, ob tatsächlich die kompletten CO_2 Kosten dem Strompreis hinzugerechnet werden,

Kraftwerkstyp	CO_2 Ausstoß in t/MWh
Braunkohle	1,18
Steinkohle	0,83
Kohle gesamt	1,01
Öl	0,75
Gas	0,51
Gas (GuD)	0,33
Gas gesamt	0,42
Kernenergie	0
Wasser	0
Wind	0

Tabelle 7.1: Die Tabelle zeigt die durchschnittlichen Emissionen von CO_2 in Tonnen pro erzeugter MWh Strom für die unterschiedlichen Kraftwerkstypen. CO_2 äquivalente Treibhausgase und nicht auf der reinen Stromerzeugung basierende CO_2 Emissionen wurden nicht berücksichtigt. Für Kohle gesamt bzw. Gas gesamt wurde eine Gewichtung von jeweils 50% der eingehenden Größen veranschlagt. Quelle: Dones, Heck und Hirschberg (2004).

was über die „CO_2 Pass-through Rate" gemessen wird. Beide Aspekte sollen daher genauer untersucht werden.

Fundamentaler Emissionsfaktor

Tabelle 7.1 zeigt die durchschnittlichen CO_2 Emissionsraten verschiedener Kraftwerkstypen, aus denen sich der fundamentale Emissionsfaktor θ_f ableitet. Dabei bleibt die Frage nach der Gewichtung der Emissionsraten zur Berechnung von θ_f. Ein erster ad hoc Ansatz wäre, für die Gewichtung die Kraftwerkskapazität bzw. die Bruttostromerzeugung heranzuziehen.[4] Über diesen Ansatz ergäbe sich eine fundamentale Emissionsrate von $0,477$ bzw. $0,536$.[5] Hierbei würde jedoch die Bedeutung der Preisbildung durch das Grenzkraftwerk vernachlässigt werden. In Deutschland stellen normalerweise Steinkohlekraftwerke während der Off-Peak sowie Steinkohlekraftwerke oder Gaskraftwerke während der Peak Zeiten die Grenzkraftwerke.[6] So-

---

[4]Vgl. Franke (2005) für einen vergleichbaren Ansatz.
[5]Vgl. Tabelle 2.1 für die Gewichtung.
[6]Vgl. Abbildungen 2.1 bis 2.3.

mit sollte der Emissionsfaktor θ_f zwischen $0, 51$ und $0, 83$ liegen. Sijm et al. (2005) unterstellen für Deutschland sowohl für Off-Peak als auch für Peak Zeiten Steinkohlekraftwerke als Grenzkraftwerk, während Levy (2005) in seiner Studie zu 48% Steinkohle-, zu 44% Gas- und zu 8% Ölkraftwerke als Grenzkraftwerk heranzieht. Unter diesen Annahmen würde der fundamentale Emissionsfaktor bei $0, 83$ bzw. bei $0, 68$ liegen. Im Folgenden soll dem Ansatz von Sijm et al. und Levy gefolgt werden, und die Berechnung des fundamentalen Emissionsfaktors über das Grenzkraftwerk erfolgen. Dabei sei davon ausgegangen, dass während der Off-Peak Zeiten ein Steinkohlekraftwerk und während der Peak-Zeiten ein herkömmliches Gaskraftwerk als Grenzkraftwerk fungiert. Somit ergibt sich mit $\theta_{Off-Peak} = 0, 83$ und $\theta_{Peak} = 0, 51$ für die Modellierung des Baseload-Preises ein durchschnittlicher Emissionsfaktor von $\theta_f = 0, 745$.[7]

CO_2 Pass-through Rate

Die Pass-through Rate θ_{pt} beschreibt den Anteil der bei der Stromerzeugung anfallenden CO_2 Kosten, der an die Marktpreise weitergegeben wird.[8] Während bei der fundamentalen Betrachtungsweise von einer vollständigen Weitergabe der CO_2 Kosten ausgegangen werden kann, können Aspekte wie die Nachfrageelastizität, die Allokationsregeln oder regulatorische Bestimmungen auch zu anderen Pass-through Raten führen.[9] Um eine Abschätzung der Pass-through Rate für Deutschland zu bekommen, soll ein Blick auf die bisherigen Forschungsergebnisse zur Pass-through Rate geworfen werden. Levy (2005) leitet auf Basis der Marktstruktur eine erwartete Pass-through Rate von 35-55% für den deutschen Markt ab. Während Sijm et al. (2005) mittels einer statistischen Analyse eine Pass-through Rate von 40-70% für die Periode Januar bis Juli 2005 finden, stellen Sijm et al. (2006) in einer Folgeuntersuchung eine Pass-through Rate von bis zu 100% fest.[10] Über ein strategisches Modell schätzen Sijm, Neuhoff und Chen (2006) die Pass-through Rate für Deutschland auf 60-100% was Chen et al. (2006) mit ihrer Untersuchung bestätigen können. Somit kann abschließend noch keine konkrete Aussage zur Pass-through Rate getroffen werden. Es zeigt sich aber, dass mit zunehmendem Bestehen des Emissionshandelssystems ein Großteil der CO_2 Kosten weitergereicht wird. Auf Grundlage der aktuellsten Ergebnisse, die sich bei 60-100% bewegen, soll eine Pass-through Rate von $\theta_{pt} = 80\%$ für die Modifizierung des fundamentalen Emissionsfaktors verwendet werden.

---

[7]Der durchschnittliche Anteil von Peak Zeiten über ein Jahr liegt bei etwa 26,3%.

[8]Vgl. Reinaud (2005).

[9]Siehe Reinaud (2003) und Reinaud (2007) für eine ausführliche Diskussion.

[10]Sijm et al. (2006) weisen jedoch darauf hin, dass die Ergebnisse für die zweite Hälfte von 2005 möglicherweise auf den Einfluss anderer Faktoren zurückzuführen sind.

Aus dem fundamentalen Emissionsfaktor θ_f und der Pass-through Rate θ_{pt} ergibt sich für den Emissionsfaktor ein Wert von

$$\theta = \theta_f \cdot \theta_{pt} = 0,596. \tag{7.2}$$

Damit finden sich in den Strompreisen 59,6% des CO_2 Preises wieder. Der Strompreis folgt somit

$$P_t^{CO} = \theta \cdot CO_t + P_t. \tag{7.3}$$

mit $\theta = 0,596$.

7.1.2 Die CO_2 Preis Komponente

Nachdem mit der Wahl von θ geklärt wurde, in welcher Höhe der CO_2 Preis in den Strompreis einfließt, muss weiter eine Modellierung des CO_2 Preises gewählt werden. Dazu soll, nach der Vorstellung der Datengrundlage, anhand bisheriger Untersuchungen ein geeignetes Modell zur Beschreibung der CO_2 Preisdynamik ausgewählt und an den vorgestellten Daten kalibriert werden.

CO_2 Datengrundlage

Betrachtet man den CO_2 Markt, muss auf Grund der Regularien des Marktes zwischen Teilmärkten für die Zertifikate unterschieden werden. Ein Banking[11] von CO_2 Zertifikaten aus der ersten Handelsperiode in die zweite Handelsperiode ist nicht erlaubt. Ebenso können für die zweite Handelsperiode ausgegebene Zertifikate nicht für die erste Handelsperiode verwendet werden. Damit müssen die Emissionszertifikate der ersten und der zweiten Handelsperiode als unterschiedliche Produkte verstanden werden. Es ergibt sich ein CO_2 Teilmarkt für die erste sowie ein CO_2 Teilmarkt für die zweite Handelsperiode, welche voneinander getrennt betrachtet werden müssen.[12] Über die zweite Handelsperiode hinausgehend wurde bisher noch keine Regelung beschlossen. Dementsprechend soll im Folgenden sowohl die Datengrundlage für die erste wie auch für die zweite Handelsperiode betrachtet werden.

---

[11]Unter Banking versteht man das Übertragen von in einem Jahr ausgegebenen CO_2 Zertifikaten in das Folgejahr.

[12]Vgl. Uhrig-Homburg und Wagner (2007a).

Die erste Handelsperiode startete am 01.01.2005 und endete am 31.12.2007. Da die Zuteilung der CO_2 Zertifikate erst mit dem Start der Handelsperiode erfolgte, war der Spothandel von CO_2 Zertifikaten erst ab diesem Zeitpunkt möglich. An den Börsen startete der Handel mit CO_2 Zertifikaten am 09.03.2005 an der EEX sowie am 24.06.2005 an der Powernext. Mittlerweile ist der Handel von CO_2 Zertifikaten noch an weiteren Börsen möglich. Auf Grund der höchsten Liquidität sollen im Folgenden die Daten der Powernext verwendet werden. Neben dem Spothandel begann der Terminhandel auf die CO_2 Zertifikate schon deutlich früher. Hier startete der OTC Handel von Terminkontrakten mit Fälligkeiten am 01.12. der Jahre 2005, 2006 und 2007 bei Spectron bereits Mitte 2003.

Somit liegen Spotpreisdaten erst ab dem 24.06.2005 vor, wohingegen Terminpreisdaten schon deutlich früher zur Verfügung stehen. Um eine mit dem Start der Handelsperiode beginnende CO_2 Spotpreiszeitreihe zu erhalten, soll ein aus dem Terminmarkt theoretisch abgeleiteter Spotpreis gewonnen werden. Mit diesem wird die Preiszeitreihe der Powernext ergänzt. Hierbei soll auf den am liquidesten gehandelten Terminkontrakt bei Spectron mit Fälligkeit 2005 zurückgegriffen werden. Da auch dieser noch Lücken in den Daten aufweist, werden an Tagen ohne Preisfeststellung des 2005er Terminkontraktes die Terminkontrakte mit Fälligkeit 2007 hinzugezogen. Dabei muss zum einen festgelegt werden, wie der 2005er Terminpreis bei Datenlücken aus dem 2007er Terminpreis abgeleitet werden kann. Zum anderen muss bestimmt werden, wie aus den dann vollständigen 2005er Terminpreisen die theoretischen Spotpreise abgeleitet werden können. Uhrig-Homburg und Wagner (2007a) zeigen, dass sich der Terminpreis innerhalb einer Handelsperiode über die Cost-of-Carry Beziehung

$$F_t^{CO}(T) = e^{r(T-t)}CO_t \qquad (7.4)$$

bestimmen lässt, wobei CO_t den Spotpreis und $F_t^{CO}(T)$ den Terminpreis mit Fälligkeit T auf ein CO_2 Zertifikat beschreibt. Somit gilt für den Zusammenhang zweier Terminkontrakte mit Fälligkeiten T_1 und T_2

$$F_t^{CO}(T_2) = e^{r(T_2-T_1)}F_t^{CO}(T_1). \qquad (7.5)$$

Jedoch stellen Uhrig-Homburg und Wagner auch fest, dass diese Beziehung vor Dezember 2005, der ersten Fälligkeit gehandelter Terminkontrakte, gestört war. Dieses führen sie auf eine womöglich nicht gerechtfertigte Annahme einer Convenience Yield im Markt und somit fehlerhafte Bewertung der Terminkontrakte zurück. Gleiches lässt sich bei einer Untersuchung der vom 03.01.2005 bis zum 23.06.2005 bei Spectron gehandelten Terminkontrakte feststellen. Berechnet man bei gegebenen Terminpreisen $F_t^{CO}(T_1)$ und $F_t^{CO}(T_2)$ den impliziten Terminzinssatz $\bar{r}_{(T_1,T_2)}$ mittels

$$F_t^{CO}(T_2) = e^{\bar{r}_{(T_1,T_2)}(T_2-T_1)} F_t^{CO}(T_1) \tag{7.6}$$

mit $T_2 > T_1$, so stellt man bei einem Vergleich der Terminkontrakte mit Fälligkeit $T_1 = 2005$ und $T_2 = 2007$ einen durchschnittlichen impliziten Terminzinssatz von $\bar{r}_{(T_1,T_2)} = 0,32\%$ p.a. fest. Da sich $\bar{r}_{(T_1,T_2)}$ deutlich von dem über diese Zeit beobachteten risikolosen Terminzinssatz unterscheidet, soll $\bar{r}_{(T_1,T_2)}$ genutzt werden, um bei Datenlücken den fehlenden 2005er Terminpreis aus dem 2007er Terminpreis zu berechnen. Somit ergibt sich der 2005er Terminpreis bei gegebenem 2007er Terminpreis mittels

$$F_t^{CO}(T_1) = e^{-\bar{r}_{(T_1,T_2)}(T_2-T_1)} F_t^{CO}(T_2). \tag{7.7}$$

Mit der so erhaltenen durchgängigen 2005er Terminpreiszeitreihe bis zum 23.06.2005 kann die Spotpreiszeitreihe ergänzt werden. Dabei soll $\bar{r}_{(T_1,T_2)}$ unter der Annahme einer flachen Zinsstruktur auch zur Bestimmung des theoretischen Spotpreises verwendet werden. Diese Annahme wird unterstützt durch den implizit gewonnenen durchschnittlichen Zinssatz aus den Powernext Spotpreisen und den Terminkontrakten mit Fälligkeit 2005 vom 24.06.2005 bis 19.11.2005,[13] welcher bei $0,1\%$ p.a. liegt. Abbildung 7.1 zeigt die somit erhaltene Spotpreiszeitreihe für die erste Handelsperiode.

Die zweite Handelsperiode für CO_2 Zertifikate startet am 01.01.2008 und endet voraussichtlich am 31.12.2012.[14] Da noch keine CO_2 Zertifikate der zweiten Handelsperiode zum Untersuchungszeitpunkt ausgegeben wurden, existiert kein Spotmarkt für diese Periode. Jedoch wurde bereits am 22.04.2005 an der ECX der Handel mit einem Terminkontrakt mit Fälligkeit zum 19.12.2008 auf das CO_2 Zertifikat der zweiten Handelsperiode gestartet. Somit lässt sich wiederum der Verlauf eines theoretischen Spotpreises aus den Terminmarktinformationen ableiten, wobei sich abermals die Frage nach dem geeigneten Zinssatz stellt. Analog zur ersten Handelsperiode soll daher ein impliziter Zinssatz aus dem Terminmarkt für die zweite Handelsperiode bestimmt werden. Dieses ist seit dem 03.01.2006 mit der Einführung eines Terminkontraktes mit Fälligkeit am 19.12.2009 möglich. Dabei findet sich ein impliziter Zinssatz, der mit dem risikolosen Terminzinssatz in etwa übereinstimmt. Dies entspricht wiederum den Beobachtungen von Uhrig-Homburg und Wagner, welche die Gültigkeit der Cost-of Carry Beziehung seit

---

[13]Der ECX Terminkontrakt mit Fälligkeit in 2005 wurde zum 19.12.2005 fällig. Auf Grund von sich extremer ergebenen impliziten Zinssätzen basierend auf der kurzen Restlaufzeit wurde der letzte Monat der Laufzeit von der Berechnung des impliziten Zinssatzes ausgenommen.

[14]Für einen Emissionszertifikatehandel nach 2012 wurden bisher erst die Rahmenbedingungen diskutiert.

Abbildung 7.1: Die Abbildung zeigt den CO_2 Spotpreis für die erste Handelsperiode vom 03.01.2005 bis zum 30.04.2007. Datengrundlage sind ab dem 24.06.2005 der Spothandel der Powernext ergänzt mit dem zuvor abgeleiteten theoretischen Spotpreis aus dem Terminhandel bei Spectron.

Ende 2005 feststellen. Somit soll für den theoretischen Zusammenhang zwischen Spot- und Terminpreisen der zweiten Handelsperiode als Zinssatz der entsprechende aktuelle Zinssatz der Zinsstrukturkurve nach Svensson von der Deutschen Bundesbank verwendet werden. Die damit erhaltene Spotpreiszeitreihe vom 22.04.2005 bis zum 30.04.2007 findet sich in Abbildung 7.2.

Es zeigt sich in beiden Teilmärkten ein volatiler Preis mit mehreren extremen Preisbewegungen. Während die Preise der beiden Teilmärkte bis August 2006 annähernd parallel verliefen zeigt sich seitdem eine Entkopplung der Märkte, bei dem sich der starke Preisverfall der CO_2 Preise der ersten Handelsperiode nicht in den CO_2 Preisen der zweiten Handelsperiode widerspiegelt. Es stellt sich nun die Frage einer geeigneten Modellierung der CO_2 Spotpreisdynamik. Diese soll im Folgenden geklärt werden.

Modellierungsansätze

Analog zum CO_2 Markt ist auch die Forschung in diesem Bereich noch jung und es gibt erst eine kleine Anzahl an Untersuchungen einer geeigneten CO_2 Spotpreismodellierung. Das folgende Kapitel soll einen Überblick über geeignete CO_2 Spotpreismodelle geben. Daran anschließend

Abbildung 7.2: Die Abbildung zeigt den CO_2 Spotpreis für die zweite Handelsperiode vom 22.04.2005 bis zum 30.04.2007. Datengrundlage ist der aus dem Terminhandel bei der ECX theoretisch abgeleitete Spotpreis.

werden für die weiteren Untersuchungen geeignete Modelle an den vorgestellten Datenreihen kalibriert, um die Ergebnisse im Weiteren verwenden zu können.

Benz und Trück (2006) stellen als erste eine Modellierung von CO_2 Preisen vor. Sie verwenden ein Regime-Switching Modell zur Beschreibung der CO_2 Renditen, welches der Annahme normalverteilter Renditen überlegen ist. Daskalakis, Markellos und Psychoyios (2009) untersuchen die geometrisch Brownsche Bewegung sowie Mean-Reversion Prozesse mit optionaler Poisson Sprungkomponente zur CO_2 Preismodellierung. Sie finden, dass eine geometrisch Brownsche Bewegung mit Sprungkomponente die besten Ergebnisse liefert. Paolella und Taschini (2008) modellieren den CO_2 Preis mittels mehrdimensionaler GARCH Prozesse, bei denen sie normal und α-stabil verteilte Innovationen verwenden. Uhrig-Homburg und Wagner (2007b) liefern die erste umfangreiche empirische Vergleichsanalyse unterschiedlicher Modellklassen. Dabei wird ebenfalls die Wahl eines Mean-Reversion Modells verworfen und als Grundmodell eine geometrisch Brownsche Bewegung empfohlen.[15] Bei den Modellerweiterungen stellen sich sowohl das Regime-Switching als auch das Sprung-Diffusionsmodell und mit Abstrichen ein Ein-Faktor GARCH-Modell als am geeignetsten heraus.

---

[15]Seifert, Uhrig-Homburg und Wagner (2008) zeigen auch mittels eines theoretischen CO_2 Preismodells, dass der CO_2 Preisprozess keiner Mean-Reversion Eigenschaft unterliegen kann.

Im Folgenden sei den Ergebnissen von Uhrig-Homburg und Wagner sowie Daskalakis, Markellos und Psychoyios gefolgt. Dabei werde in Abhängigkeit der Untersuchung der logarithmierte Spotpreis $\ln CO_t^i$ der i-ten Handelsperiode entweder über die aritmetisch Brownsche Bewegung (ABM)

$$d \ln CO_t^i = \mu_{CO^i} dt + \sigma_{CO^i} dW_t^{CO^i} \tag{7.8}$$

oder über das Sprungdiffusionsmodell aus arithmetisch Brownscher Bewegung und Poisson Sprungkomponente (ABM PJ)

$$d \ln CO_t^i = \mu_{CO^i} dt + \sigma_{CO^i} dW_t^{CO^i} + \xi_t^{CO^i} dJ_t^{CO^i} \tag{7.9}$$

modelliert. Hierbei beschreibe μ_{CO^i} den Drift- und σ_{CO^i} den Volatilitätsparameter. $J_t^{CO^i}$ sei ein Poisson Prozess mit Intensität h_{CO^i} sowie normalverteilter Sprunghöhe $\xi_t^{CO^i} \sim N(\mu_\xi^{CO^i}, \sigma_\xi^{CO^i})$.

Da für das Strompreismodell jedoch ein Handelsperioden übergreifendes CO_2 Preismodell benötigt wird, die bisher beschriebene Modellierung aber je nur auf eine Handelsperiode beschränkt ist, soll mit

$$CO_t = \sum_{i=1}^{N} \mathbf{1}_{t \in \mathbf{TP}_i} \cdot CO_t^i \tag{7.10}$$

der Perioden übergreifende CO_2 Preis beschrieben werden. Dabei sei durch $\mathbf{TP}_i$ der Zeitraum der i-ten Handelsperiode mit

$$\mathbf{TP}_i = [T_i, T_{i+1}) \qquad \text{für} \quad i = 1, .., N \tag{7.11}$$

beschrieben, wobei T_i der Beginn der i-ten Handelsperiode, N die Anzahl der Handelsperioden und T_{N+1} das Ende der letzten bekannten Handelsperiode ist. Da derzeit über eine Verlängerung des Emissionshandelssystems über Ende 2012 hinaus noch nicht entschieden ist, die Tendenz aber zu einer Verlängerung ohne Banking Restriktion geht, soll im Folgenden $N = 2$ und $T_3 = \infty$ gewählt werden.

Modellkalibrierung

Um das CO_2 Modell an die Marktdaten zu kalibrieren, wird wieder auf einen MCMC Algorithmus zurückgegriffen. Tabelle 7.2 zeigt die Kalibrierungsergebnisse der CO_2 Spotpreismodelle an den Preisen der ersten sowie der zweiten Handelsperiode. Bei Verwendung der arithmetischen Brownschen Bewegung zeigt sich mit $95, 87\%$ gegenüber $52, 89\%$ eine deutlich höhere Volatilität in der ersten Handelsperiode. Wird das Modell mit Poisson Sprungkomponente

Handelsperiode i	1	2
(ABM)		
μ_{CO^i}	-0,2761	0,1683
σ_{CO^i}	0,9587	0,5289
(ABM PJ)		
μ_{CO^i}	0,2602	0,5185
σ_{CO^i}	0,2912	0,3329
h_{CO^i}	67,2973	31,0112
$\mu_\xi^{CO^i}$	-0,0223	-0,0154
$\sigma_\xi^{CO^i}$	0,0968	0,0793

Tabelle 7.2: Die Tabelle zeigt die Schätzergebnisse des ABM sowie des ABM PJ Prozesses an den CO_2 Preisen der ersten und zweiten Handelsperiode.

herangezogen, weisen beide Handelsperioden eine jährliche Volatilität um die 30% auf. Die unterschiedliche Schwankungsbreite wird dabei durch die tägliche Sprungwahrscheinlichkeit, welche bei 27% bzw. 12% liegt, erklärt.[16] Hierbei ist die Preisbewegung der ersten Handelsperiode auf Grund des Preisverfalls durch deutlich mehr Sprünge gekennzeichnet.

Diese zusätzlich auf die Strompreisentwicklung wirkenden hohen Preisrisiken verdeutlichen die Notwendigkeit, die Auswirkungen der CO_2 Preisentwicklung auf die Strompreisentwicklung besser zu verstehen. Dabei sollen insbesondere mögliche Auswirkungen auf die Derivatebepreisung abgeschätzt werden.

7.1.3 Die Strompreis Komponente

Bei der Modellierung des Strompreises vor Berücksichtigung der CO_2 Komponente soll wieder auf eine Konkretisierung des allgemeinen Modellrahmens (3.33) zurückgegriffen werden. Dabei muss, wie schon in Kapitel 3 diskutiert, bei der Wahl der Komponenten unterschieden werden, ob der Spot- oder der Terminmarkt untersucht wird.

Werden die im vorherigen Abschnitt diskutierten Dynamiken des CO_2 Preises verwendet, bleiben Preisänderungen im CO_2 Markt langfristig erhalten. Ein Mean-Reversion Effekt besteht

---

[16]Die Sprungwahrscheinlichkeit ergibt sich aus der Sprungintensität bezogen auf die Handelstage pro Jahr.

nicht. Somit ist deren Preiseinfluss nicht nur im Spotmarkt, sondern in gleicher Höhe im Terminmarkt wirksam. Wird die Volatilität im CO_2 Markt mit der kurzfristigen sowie langfristigen Volatilität im Strommarkt verglichen, wird die Bedeutung der Unsicherheit des CO_2 Preises vor allem für den Terminmarkt deutlich. Im kurzfristigen Bereich ist dagegen auf Grund der sehr hohen Volatilität der kurzfristigen Komponente und der extremen Preissprünge im Strommarkt nur ein vernachlässigbarer Einfluss zu erwarten, der zu keinen entscheidenden Effekten bei der Bewertung von Derivaten auf den Spotpreis führen wird. Daher soll im Folgenden die Auswirkung der CO_2 Komponente auf den Stromterminmarkt im Fokus stehen.

Für die Betrachtung des Terminmarktes wird bei der Spotpreismodellierung auf das Zwei-Faktoren Modell

$$
\begin{aligned}
\ln P_t &= D_t^{CO} + M_t + L_t & (7.12) \\
dM_t &= -\kappa_M M_t dt + \sigma_M dW_t^M \\
dL_t &= \sigma_L dW_t^L
\end{aligned}
$$

zurückgegriffen. Aus diesem würde sich unter Vernachlässigung der CO_2 Komponente für die Dynamik des instantanen Terminpreises $F_t(T_1)$ die bereits in Kapitel 4.5 verwendete Dynamik (4.60) ableiten. Die Frage, wie diese Dynamik durch Berücksichtigung der CO_2 Komponente beeinflusst wird und welche Auswirkungen dies auf die Bewertung von Derivaten auf den Terminpreis hat, soll im Weiteren untersucht werden.

7.2 Auswirkungen auf die Derivatebewertung

Wie im vorherigen Abschnitt diskutiert, soll im Kern der Untersuchung die Bewertung von Terminoptionen stehen. Für den Wert der Terminoptionen ist, wie in Kapitel 4.5 beschrieben, die Volatilitätsstruktur der Terminpreise entscheidend. Daher sollen die Auswirkungen der CO_2 Preisdynamik auf die Volatilitätsstruktur der Terminkontrakte auf Strom analysiert werden. Hieraus lassen sich Schlüsse über die Bedeutung für die Bewertung von Terminoptionen ableiten. Dabei soll in einem ersten Schritt die sprunglose CO_2 Preisdynamik herangezogen werden. Anhand dieser soll eine ausführliche Sensitivitätsanalyse der Volatilitätsstruktur bezüglich der Eingangsparameter durchgeführt werden. In einem zweiten Schritt wird dann die Sprungkomponente in der CO_2 Preisdynamik berücksichtigt, um deren Auswirkung auf die Terminpreisdynamik näher zu untersuchen.

7.2.1 Die Volatilitätsstruktur unter Berücksichtigung einer CO_2 Komponente

Um die Effekte der CO_2 Komponente auf die Volatilitätsstruktur von Stromterminkontrakten zu analysieren, soll auf den CO_2 Preisprozess (7.8) sowie den Strompreisprozess (7.12) zurückgegriffen werden. Damit folgt der Strompreis nach Berücksichtigung der CO_2 Kosten dem Modell

$$P_t^{CO} = \theta \cdot CO_t + P_t \qquad (7.13)$$
$$\text{mit } CO_t = \sum_{i=1}^{N} \mathbf{1}_{t \in \mathbf{TP}_i} \cdot CO_t^i$$
$$d \ln CO_t^i = \mu_{CO^i} dt + \sigma_{CO^i} dW_t^{CO^i}$$
$$\ln P_t = D_t^{CO} + M_t + L_t$$
$$dM_t = -\kappa_M M_t dt + \sigma_M dW_t^M$$
$$dL_t = \sigma_L dW_t^L.$$

Die Wiener Prozesse $dW_t^{CO^i}$ sowie dW_t^M und dW_t^L seien unkorreliert. Da hierbei der um CO_2 Kosten bereinigte Strompreis betrachtet wird, ist diese vereinfachende Annahme nicht problematisch.[17] Um aus diesem Modell die Volatilitätsstruktur der börslich gehandelten Terminkontrakte abzuleiten, soll analog zu Kapitel 4.5.2 vorgegangen werden. Zuerst soll die sich aus dem Spotpreismodell ergebende Terminpreisdynamik von Strom unter Berücksichtigung der CO_2 Kosten abgeleitet werden. Diese kann dann in die Terminpreisdynamik gehandelter Terminkontrakte mit Lieferperiode überführt werden, für welche dann die Volatilitätsstruktur abgeleitet wird.

Basierend auf (7.13) leitet sich die Dynamik des Stromterminpreises $F_t^{P_{CO}}(T)$ unter dem risikoneutralen Maß bei Berücksichtigung der CO_2 Kosten als

$$dF_t^{P_{CO}}(T) = \theta F_t^{CO}(T) \sigma_{CO^i} d\widetilde{W}_t^{CO^i} + F_t(T) \left(e^{-\kappa_M(T-t)} \sigma_M d\widetilde{W}_t^M + \sigma_L d\widetilde{W}_t^L \right) \qquad (7.14)$$

ab.[18] Um die Bedeutung für die börsengehandelten Terminoptionen auf die Stromterminkontrakte mit monatlicher, quartalsweiser sowie jährlicher Lieferung zu analysieren, soll aus (7.14)

---

[17]Im Gegensatz dazu sind zwischen den am Markt beobachteten Terminpreisen von Strom und dem CO_2 Preis eine deutliche Korrelation feststellbar. Siehe hierzu auch Franke (2005).

[18]Siehe Anhang A.4.

die Dynamik der Stromterminkontrakte mit Lieferperiode abgeleitet werden. Für einen Stromterminkontrakt $F_t^{Pco}(T_1, T_2)$ mit Lieferperiode $[T_1, T_2)$ ergibt sich die Dynamik [19]

$$dF_t^{Pco}(T_1, T_2) = F_t^{CO}(T_1)\theta\sigma_{CO^i}\left(\sum_{s=T_1}^{T_2}\frac{e^{-rT_1}}{\sum_{u=T_1}^{T_2}e^{-ru}}\right)d\widetilde{W}_t^{CO^i} + dF_t(T_1, T_2). \tag{7.15}$$

Aus der Terminpreisdynamik (7.15) kann die Volatilität der Stromterminkontrakte unter Berücksichtigung der zu Grunde liegenden Lieferperiode abgeleitet werden. Diese ergibt sich zu

$$\sigma_t(F^{Pco}(T_1, T_2)) = \sqrt{\begin{aligned}&\frac{F_t(T_1, T_2)^2}{F_t^{Pco}(T_1, T_2)^2}\left(e^{-2\kappa_M(T_1-t)}\sigma_M^2\left(\frac{\sum_{s=T_1}^{T_2}e^{-rs}e^{-\kappa_M(s-T_1)}F_t(s)}{\sum_{s=T_1}^{T_2}e^{-rs}F_t(s)}\right)^2\\&+\sigma_L^2\right) + \frac{F_t^{CO}(T_1)^2}{F_t^{Pco}(T_1, T_2)^2}\theta^2\sigma_{CO^i}^2\left(\sum_{s=T_1}^{T_2}\frac{e^{-rT_1}}{\sum_{u=T_1}^{T_2}e^{-ru}}\right)^2.\end{aligned}} \tag{7.16}$$

Soll aus der Volatilität (7.16) der für die Terminoptionsbewertung notwendige Varianzterm über
die Laufzeit der Option berechnet werden, tritt wieder das Problem auf, dass die Volatilität durch
ihre Abhängigkeit vom aktuellen Stromterminpreis über die Laufzeit nicht deterministisch sondern stochastisch ist. Daher soll analog zu Kapitel 4.5.2 der Varianzterm unter Vernachlässigung
der Abhängigkeit vom Stromterminpreis approximiert werden. Es ergibt sich der Varianzterm

$$\begin{aligned}\mathbb{V}\text{ar}_t[\ln F_{T_0}^{Pco}(T_1, T_2)] =\ &\frac{F_t(T_1, T_2)^2}{F_t^{Pco}(T_1, T_2)^2}\left(\frac{\sigma_M^2}{2\kappa_M}\left(e^{-2\kappa_M(T_1-T_0)} - e^{-2\kappa_M(T_1-t)}\right)\right.\\&\left.\left(\frac{\sum_{s=T_1}^{T_2}e^{-rs}e^{-\kappa_M(s-T_1)}}{\sum_{s=T_1}^{T_2}e^{-rs}}\right)^2 + \sigma_L^2(T_0 - t)\right)\\&+ \frac{F_t^{CO}(T_1)^2}{F_t^{Pco}(T_1, T_2)^2}\theta^2\sigma_{CO^i}^2\left(\sum_{s=T_1}^{T_2}\frac{e^{-rT_1}}{\sum_{u=T_1}^{T_2}e^{-ru}}\right)^2(T_0 - t)\end{aligned} \tag{7.17}$$

In diesen gehen neben den bereits in (4.65) entscheidenden Parameterinformationen auch die
CO_2 Preisvolatilität σ_{CO^i} sowie der Emissionsfaktor θ ein. Weiter sind die Preisverhältnisse
$\frac{F_t(T_1, T_2)^2}{F_t^{Pco}(T_1, T_2)^2}$ von CO_2 bereinigtem Stromterminpreis zu beobachtetem Stromterminpreis und
$\frac{F_t^{CO}(T_1)^2}{F_t^{Pco}(T_1, T_2)^2}$ von CO_2 Terminpreis zu beobachtetem Stromterminpreis für den Varianzterm entscheidend.

Um den Einfluss der einzelnen Eingangsvariablen besser zu verstehen, soll eine Sensitivitätsanalyse des Varianzterms (7.17) bzw. der daraus abgeleiteten annualisierten Volatilitätsstruktur

---

[19]Siehe Anhang A.5.

Parameter	konstanter Wert	Variationen
κ_M	1,809	-
σ_M	0,662	-
σ_L	0,1	-
$F_t(T_1, T_2)$	45	30; 45; 60
θ	0,596	-
σ_{CO^i}	0,7	0,5; 0,7; 0,9
$F_t^{CO}(T_1)$	15	0; 15; 30

Tabelle 7.3: Die Tabelle zeigt die Eingangsparameter zur Sensitivitätsanalyse der Volatilitätsstruktur bezüglich einer Variation im CO_2 Terminpreis $F_t^{CO}(T_1)$, im CO_2 bereinigten Terminpreis $F_t(T_1, T_2)$ und in der CO_2 Preisvolatilität σ_{CO^i}.

$\overline{\sigma}_t(F_{T_0}^{P_{CO}}(T_1, T_2))$ mit

$$\overline{\sigma}_t(F_{T_0}^{P_{CO}}(T_1, T_2)) = \sqrt{\frac{\mathbb{V}\mathrm{ar}_t[\ln F_{T_0}(T_1, T_2)]}{T_0 - t}} \qquad (7.18)$$

bezüglich dieser Größen durchgeführt werden. Dafür werde bei sonst konstanten Eingangsgrößen

i) der CO_2 Terminpreis,

ii) der CO_2 bereinigte Stromterminpreis und

iii) die CO_2 Preisvolatilität

variiert. Die Eingangsgrößen sowie die Variationen seien gemäß Tabelle 7.3 gewählt. Die Mean-Reversion Rate κ_M und die Volatilität σ_M der mittelfristigen Stromkomponente wurden analog zur impliziten Schätzung aus Kapitel 4.5.2 gewählt. Die langfristige Volatilität σ_L wurde mit 0, 1 niedriger als die implizit geschätzte Volatilität angenommen, um den möglichen Einfluss der CO_2 Volatilität zu berücksichtigen. Der um CO_2 Kosten bereinigte Stromterminpreis $F_t(T_1, T_2)$ entspricht ca. dem am 30.04.2007 beobachteten Stromterminpreis mit jährlicher Lieferperiode in 2008 bereinigt um den mit θ gewichteten CO_2 Preis. Für θ wurde der in Kapitel 7.1.1 abgeleitete Emissionsfaktor herangezogen. Die Volatilität des CO_2 Preises σ_{CO^i} liegt mit 0, 7 zwischen den beobachteten Volatilitäten der beiden Handelsperioden. Mit 15 Euro wurde ein leicht niedrigerer CO_2 Preis als der aktuell beobachtete der zweiten Handelsperiode gewählt. Weiter wird jeweils zur Betrachtung der Sensitivitäten der Wechsel zwischen den Handelsperioden zum 01.01.2008 und somit ein Wechsel der Eingangsparameter für die jeweiligen Handelsperioden vernachlässigt. Dies wird an geeigneter Stelle gesondert betrachtet. Zu untersuchen sind somit die Auswirkungen der Variation der Eingangsdaten auf die Volatilitätsstruktur (7.18) im Stromterminmarkt.

Sensitivität bezüglich des CO_2 Terminpreises

Um die Sensitivität der Volatilitätsstruktur bezüglich des CO_2 Terminpreises zu analysieren, werde für den CO_2 Terminpreis $F_t^{CO}(T_1)$ ein Wert von $0, 15$ bzw. 30 Euro angenommen. Dieses entspricht in etwa der Spanne der bisher beobachteten CO_2 Terminpreise. Während der Terminpreis eines CO_2 Zertifikats der ersten Handelsperiode mit Fälligkeit Dezember 2007 am 30.04.2005 bei nur noch $0, 53$ Euro lag, war der Terminpreis für ein CO_2 Zertifikat der zweiten Handelsperiode mit Fälligkeit Dezember 2008 bei $19, 01$ Euro. Das Maximum erreichten beide Terminpreise im April 2006 mit $29, 80$ Euro bzw. $32, 25$ Euro.

Abbildung 7.3 zeigt die annualisierten Volatilitäten $\bar{\sigma}_t(F_{T_0}^{P_{CO}}(T_1, T_2))$ von Optionen mit Laufzeit T_0 auf Monats-, Quartals- und Jahresterminkontrakte unter Berücksichtigung der unterschiedlichen CO_2 Terminpreise. Während ein hoher CO_2 Terminpreis kurzfristig eine Volatilitätssenkung bewirkt, folgt im langfristigen Bereich ein höherer Volatilitätsverlauf. Dabei zeigt sich der Einfluss kurzfristig besonders stark bei Monatskontrakten. Bei längerer Lieferperiode nimmt der Effekt ab und dreht sich langfristig um. Der höhere Volatilitätsverlauf im langfristigen Bereich zeigt sich dagegen bei den Jahreskontrakten am stärksten. Mit kürzerer Lieferperiode wird der langfristige Effekt schwächer. Insgesamt hat ein höherer CO_2 Terminpreis somit einen glättenden Einfluss auf die Volatilitätsstruktur, während bei niedrigeren CO_2 Terminpreisen eine steilere Struktur auftritt.

Werden die Charakteristika der Optionen betrachtet, lassen sich diese Effekte gut erklären. Die Terminoption unter Berücksichtigung der CO_2 Kosten lässt sich als eine Basketoption auf den Terminpreis des um CO_2 Kosten bereinigten Stroms sowie auf den CO_2 Terminpreis verstehen. Dabei sind per Annahme die Risiken dieser beiden Basketelemente unkorreliert. Wird der kurzfristige Bereich betrachtet, ist die Volatilität des Stromterminpreises, zumindest von Monatskontrakten, vergleichbar mit der des CO_2 Terminpreises. Somit führt eine Basketbildung dieser beiden Größen zu einer niedrigeren Volatilität. Im langfristigen Bereich ist die Volatili-

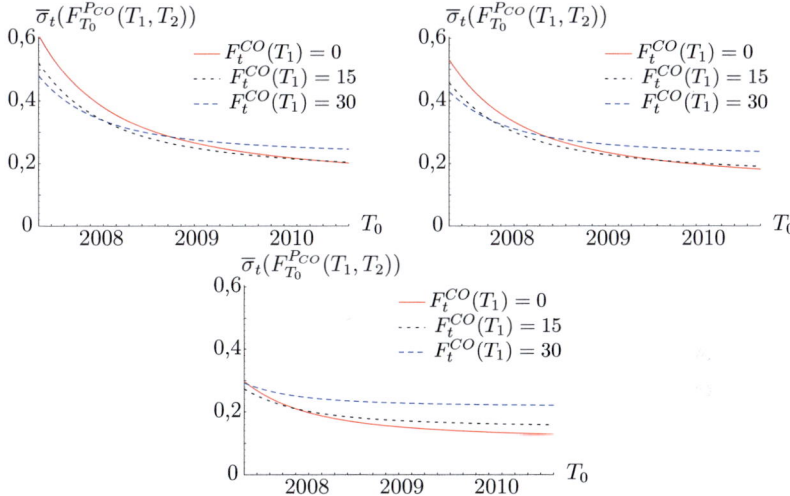

Abbildung 7.3: Die Abbildung zeigt die Volatilitätsstruktur von Monatskontrakten (links oben), Quartalskontrakten (rechts oben) und Jahreskontrakten (unten mitte) bei variierendem CO_2 Terminpreis $F_t^{CO}(T_1)$ von 0, 15, bzw. 30 Euro.

tät der Stromterminpreise auf Grund des Mean-Reverting Verhaltens deutlich geringer als die Volatilität des CO_2 Terminpreises. Damit führt ein höherer CO_2 Terminpreis zu einer stärkeren Gewichtung der deutlich höheren CO_2 Preisvolatilität und somit auch zu einer höheren Gesamtvolatilität des Baskets.

Neben den täglichen Schwankungen der CO_2 Terminpreise, welche dauerhaft eintreten, tritt auf Grund der Konstruktion des CO_2 Marktes ein weiterer Effekt auf. Durch die unterschiedlichen Handelsperioden findet ein Preissprung zum Handelsperiodenübergang statt, bei dem ein Terminpreiswechsel vom CO_2 Preis eines Zertifikates der aktuellen Handelsperiode auf den der Folgeperiode geschieht. Einen vergleichbaren Effekt sollte ebenso die Einführung des Handelssystems in einem neuen Land sowie dessen Abschaffung bewirken. Sei der Preis eines CO_2 Terminkontraktes der ersten Handelsperiode mit $F_t^{CO}(T_1) = 0$ sowie der eines CO_2 Terminkontraktes der zweiten Handelsperiode mit $F_t^{CO}(T_1) = 20$ gegeben. Neben dem 01.01.2008, an dem die zweite Handelsperiode beginnt, werden aus illustratorischen Gründen alternativ der 01.01.2009 und der 01.01.2010 als Beginn der zweiten Handelsperiode herangezogen, um den

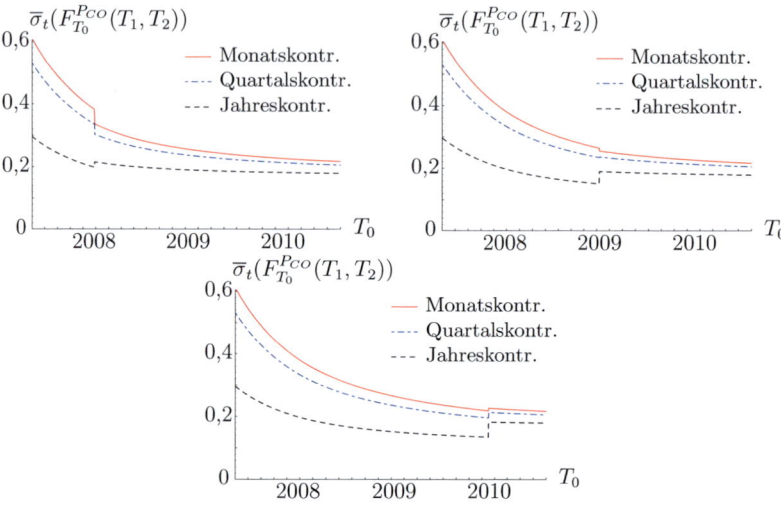

Abbildung 7.4: Die Abbildung zeigt die Volatilitätsstruktur von Monats-, Quartals- und Jahreskontrakten bei Beginn der zweiten Handelsperiode im CO_2 Markt am 01.01.2008 (oben links) sowie bei hypothetischem Beginn am 01.01.2009 (oben rechts) und 01.01.2010 (unten mitte).

Effekt des Periodenübergangs in Abhängigkeit der Dauer bis zu diesem zu zeigen. Alle sonstigen Eingangsparameter seien gemäß Tabelle 7.3 gewählt. Abbildung 7.4 zeigt den Verlauf der Volatilitätsstruktur bei Monats-, Quartals- und Jahreskontrakten unter dem Einfluss zweier Handelsperioden. Mit Beginn der zweiten Handelsperiode ist jeweils deutlich ein Bruch in der Volatilitätsstruktur zu erkennen. Dabei fällt der Bruch bei den Monats- sowie Quartalskontrakten um so deutlicher aus, um so zeitlich näher der Handelsperiodenübergang ist. Bei den Jahreskontrakten ist dagegen der Bruch bei einem späteren Übergang stärker ausgeprägt.

Dieser Effekt sollte auch am Markt beobachtbar sein. Um dieses zu überprüfen, sollen zwei Aspekte untersucht werden.

(i) Die am 30.04.2007 am Markt beobachteten Terminoptionen auf Strom sollen auf einen Bruch in den impliziten Volatilitäten untersucht werden. Da der Wechsel von der ersten in die zweite Handelsperiode eine Auswirkung auf die Volatilitätsstruktur von Stromterminkontrakten haben sollte, müsste diese auch in den impliziten Volatilitäten der gehandelten Terminoptionen beobachtbar sein. Daher soll getestet werden, ob das Modell mit Berücksichtigung der CO_2 Komponente einen besseren Fit an die impliziten Volatilitäten ermöglicht.

(ii) Die zeitliche Entwicklung der impliziten Volatilitäten der Terminoptionen auf die Quartalskontrakte mit Lieferperiode im vierten Quartal 2007 sowie im ersten Quartal 2008 soll auf einen möglichen Bruch in den impliziten Volatilitäten analysiert werden. Der sich über die Zeit ausweitende Preisspread zwischen den CO_2 Zertifikaten der ersten und zweiten Handelsperiode liefert einen interessanten Untersuchungsansatz. Wenn der Preisspread der CO_2 Zertifikate anwächst, sollte sich, basierend auf der Sensitivitätsanalyse, auch der Volatilitätsbruch zwischen den zeitlich angrenzenden Stromterminkontrakten mit Lieferperiode im vierten Quartal 2007 sowie im ersten Quartal 2008 ausweiten. Daher soll getestet werden, ob dies am Markt beobachtbar ist.

(i) Bruch in den impliziten Volatilitäten

Um die modelltheoretische mit der am Markt beobachteten Volatilitätsstruktur vergleichen zu können, sollen analog zu Kapitel 4.5.2 die mittel- und langfristigen Parameter κ_M, σ_M und σ_L implizit aus den am Markt beobachteten impliziten Volatilitäten geschätzt werden, während die Terminpreise sowie σ_{CO^i} als gegeben eingehen. Abbildung 7.5 zeigt die unter Berücksichtigung der CO_2 Komponente geschätzte Volatilitätsstruktur. Dabei ist der erwartete Bruch in der abgeleiteten Volatilitätsstruktur am 01.01.2008 eindeutig erkennbar. Wird die so erhaltene Volatilitätsstruktur mit der in Abbildung 4.11 erhaltenen Volatilitätsstruktur ohne Berücksichtigung der CO_2 Komponente verglichen, ergibt sich nach dem mittleren quadrierten Fehler eine bessere Abbildung der am Markt beobachteten impliziten Volatilitäten ohne Berücksichtigung der CO_2 Preiskomponente. Dieses lässt bereits vermuten, dass der CO_2 Effekt in den Optionspreisen nicht berücksichtigt wurde.

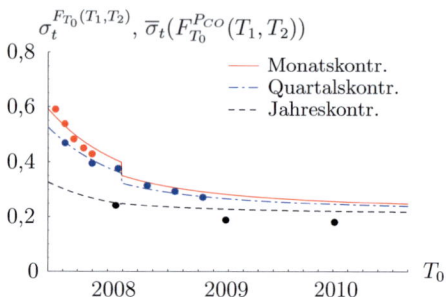

Abbildung 7.5: Die Abbildung zeigt die impliziten Volatilitäten $\sigma_t^{F_{T_0}(T_1,T_2)}$ aller am 30.04.2007 an der EEX notierten ATM-Optionen sowie die durch die aus dem Modell (7.17) erzeugte Volatilitätsstruktur bei impliziter Parameterschätzung.

(ii) Zeitliche Entwicklung der impliziten Volatilitäten

Bei der Analyse der zeitlichen Entwicklung der impliziten Volatilitäten werden die Terminoptionen auf die Quartalskontrakte mit Lieferperiode im vierten Quartal 2007 (Q4-07) sowie im ersten Quartal 2008 (Q1-08) herangezogen. Der Q4-07 Stromterminkontrakt wurde am 29.12.2005 zum Handel aufgenommen, der Q1-08 Stromterminkontrakt zum 30.03.2006. Abbildung 7.6 zeigt den Preisverlauf der beiden Stromterminkontrakte. Weiter wird der sich aus diesen ergebende Preisspread

$$\Delta_{P_{CO}} = F_t^{P_{CO}}(\text{Q1-08}) - F_t^{P_{CO}}(\text{Q4-07}) \tag{7.19}$$

der mit dem Emissionsfaktor θ gewichteten Preisdifferenz

$$\Delta_{CO} = \theta(F_t^{CO}(08) - F_t^{CO}(07)) \tag{7.20}$$

der Terminpreise auf CO_2 der ersten sowie zweiten Handelsperiode gegenübergestellt. Hierbei ist auf Grund der in den Strompreis einfließenden CO_2 Kosten zu erwarten, dass sich ein deutlicher Zusammenhang zwischen dem Preisspread der Stromterminkontrakte und der Preisdifferenz der CO_2 Terminkontrakte zeigt. Wie erwartet, kann dies in Abbildung 7.6 deutlich belegt werden.[20] Daher sollte ebenfalls erwartet werden, dass die impliziten Volatilitäten von

---

[20]Die weitere Differenz zwischen den Stromterminkontrakten Q4-07 und Q1-08 beruht auf den saisonal unterschiedlichen Preisniveaus dieser Quartale sowie sich ändernden Informationen wie z.B. Wetterprognosen oder Verfügbarkeiten von Kraftwerken für die beiden Quartale.

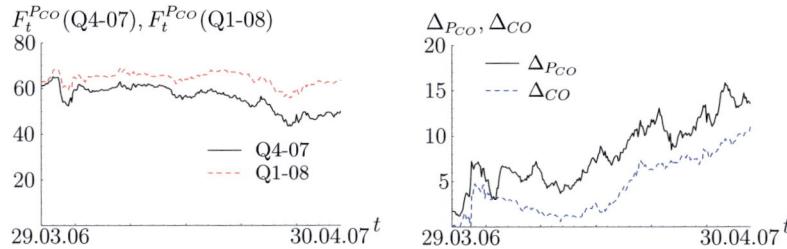

Abbildung 7.6: Die Abbildung zeigt links die Preisentwicklung der Stromterminkontrakte mit Lieferperiode im vierten Quartal 2007 sowie im ersten Quartal 2008. Rechts ist die Preisdifferenz $\Delta_{P_{CO}}$ dieser beiden Kontrakte sowie die mit dem Emissionsfaktor θ gewichtete Preisdifferenz Δ_{CO} zwischen den Terminkontrakten auf CO_2 der ersten und der zweiten Handelsperiode abgebildet.

Optionen auf diese Stromterminkontrakte den zuvor beschriebenen Bruch aufweisen, welcher sich analog zum Preisspread mit der Zeit ausweitet.

Dazu werden die jeweiligen ATM Optionen auf die beiden Stromterminkontrakte herangezogen. Der Handel mit diesen begann am 29.03.2006 für den Q4-07 Stromterminkontrakt bzw. am 28.06.2006 für den Q1-08 Stromterminkontrakt. Abbildung 7.7 zeigt links den Verlauf der impliziten Volatilität der beiden Terminoptionen sowie rechts die Differenz

$$\Delta_\sigma = \sigma_t^{F_t(Q4-07)} - \sigma_t^{F_t(Q1-08)} \tag{7.21}$$

der impliziten Volatilitäten. Weiter sind auf der rechten Seite die aus den Modellen implizierten Volatilitätsdifferenzen $\Delta_{\sigma1}$ aus (4.65) ohne sowie $\Delta_{\sigma2}$ aus (7.17) mit Berücksichtigung der CO_2 Komponente abgebildet. Dabei zeigt sich, dass der Volatilitätsunterschied bei Verwendung des Modells mit CO_2 Preiskomponente größer ist, als dieser am Markt beobachtet wird. Statt dessen erklärt wiederum das Modell ohne CO_2 Preiskomponente die am Markt beobachtete Situation besser. Auch hier findet sich somit kein Anzeichen einer Berücksichtigung des CO_2 Effektes in der Preisstellung der Terminoptionen an der EEX, während er im deutlich liquideren Terminmarkt festzustellen ist.

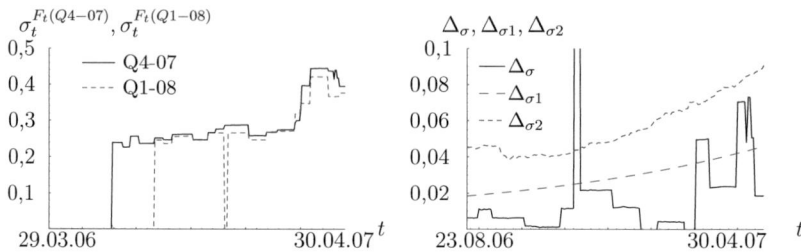

Abbildung 7.7: Die Abbildung zeigt links die Entwicklung der impliziten Volatilität von Optionen auf die Stromterminkontrakte mit Lieferperiode im vierten Quartal 2007 sowie im ersten Quartal 2008. Rechts ist die Differenz Δ_σ dieser beiden impliziten Volatilitäten sowie die modelltheoretische Differenz $\Delta_{\sigma 1}$ ohne und $\Delta_{\sigma 2}$ mit Berücksichtigung der CO_2 Komponente abgebildet.

Sensitivität bezüglich des CO_2 bereinigten Stromterminpreises

Zur Analyse der Sensitivität der Volatilitätsstruktur bezüglich des CO_2 bereinigten Stromterminpreises werde für den Stromterminpreis $F_t(T_1, T_2)$ ein Wert von 30, 45, bzw. 60 Euro herangezogen. Dieses entspricht in etwa der durch die jährliche Saisonalität begründeten Preisspanne von Stromterminkontrakten mit monatlicher Lieferperiode.[21]

Abbildung 7.8 zeigt die annualisierten Volatilitäten $\overline{\sigma}_t(F_{T_0}^{Pco}(T_1, T_2))$ der Optionen mit Laufzeit T_0 auf Monats-, Quartals- und Jahresterminkontrakte unter Berücksichtigung der Stromterminpreise $F_t(T_1, T_2)$. Die Sensitivität der Volatilitätsstruktur fällt hierbei umgekehrt zu der Sensitivität bezüglich des CO_2 Terminpreises aus. Mit steigendem Stromterminpreis $F_t(T_1, T_2)$ ergibt sich im kurzfristigen Bereich eine leicht höhere Volatilität, während die Volatilität im langfristigen Bereich niedriger ausfällt. Somit führen hohe Stromterminpreise zu einer steileren, niedrige Stromterminpreise zu einer flacheren Volatilitätsstruktur. Das Ausmaß der Volatilitätsstrukturverschiebung ist im Vergleich zur Terminpreisänderung von CO_2 jedoch geringer. Dabei lässt sich das Verhalten analog zur Sensitivität bezüglich des CO_2 Terminpreises erklären. Ein höherer Stromterminpreis mindert den Einfluss der CO_2 Komponente, was entgegengesetzt einer CO_2 Terminpreiserhöhung wirkt. Somit führt eine Stromterminpreisänderung zu einer Volatilitätsstrukturverschiebung, die der einer CO_2 Terminpreisänderung entgegengesetzt ist.

---

[21]Vgl. Abbildung 4.6.

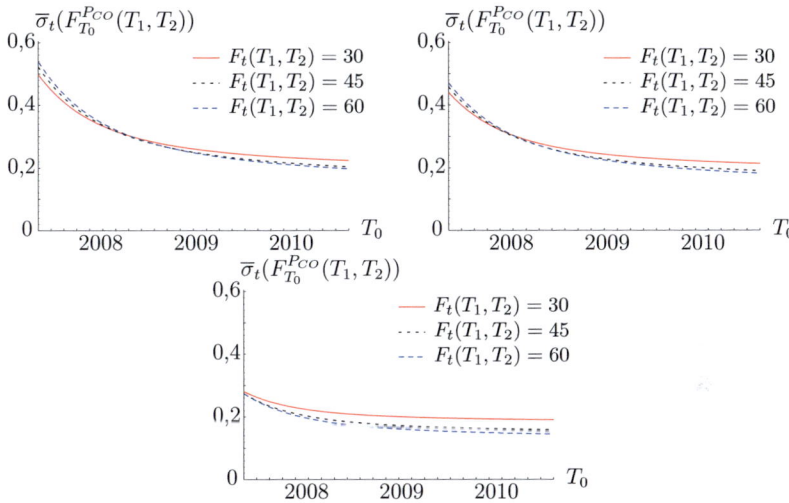

Abbildung 7.8: Die Abbildung zeigt die Volatilitätsstruktur von Monatskontrakten (links oben), Quartalskontrakten (rechts oben) und Jahreskontrakten (unten mitte) bei variierendem Terminpreis $F_t(T_1, T_2)$ von 30, 45, bzw. 60 Euro.

Dabei ist neben den Preisfluktuationen der Terminkontrakte ebenso die Saisonalität in der Stromterminstruktur für die Volatilitätsstruktur von Bedeutung. Durch diese fließen mit unterschiedlichen Fälligkeiten unterschiedliche CO_2 bereinigte Terminpreise von Strom in die Volatilitätsstruktur ein. Abbildung 7.9 zeigt exemplarisch die Volatilitätsstruktur bei Wahl der Eingangswerte gemäß Tabelle 7.3 unter Berücksichtigung der am 30.04.2008 am Markt beobachteten Terminstruktur von Strom. Es ist deutlich zu sehen, dass die Saisonalität der Stromterminstruktur in der Volatilitätsstruktur wiederzufinden ist. Dabei ist die Saisonalität bei Optionen auf Monatskontrakte am stärksten ausgeprägt. Während die Optionen auf Quartalskontrakte ebenfalls noch eine deutlich ausgeprägte Saisonalität aufweisen, ist diese bei Jahreskontrakten nahezu nicht mehr feststellbar, da hier bereits ein kompletter Saisonzyklus umfasst wird.

Sensitivität bezüglich der CO_2 Preisvolatilität

Bei der Analyse der Sensitivität der Stromterminstruktur bezüglich der CO_2 Preisvolatilität werden für σ_{CO^i} Werte von 50 %, 70 %, bzw. 90 % angenommen. Dieses liegt in dem Bereich der Volatilitäten der ersten Handelsperiode mit 95,87 % sowie der zweiten Handelsperiode mit 52,89 %.

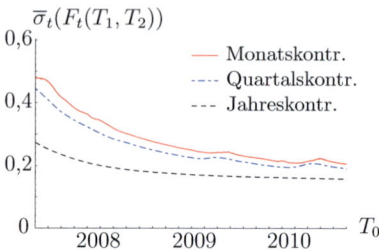

Abbildung 7.9: Die Abbildung zeigt die durch die CO_2 Komponente theoretisch resultierende Saisonalität in der Volatilitätsstruktur von Stromterminkontrakten.

In Abbildung 7.10 sind die annualisierten Volatilitäten $\overline{\sigma}_t(F_{T_0}^{Pco}(T_1, T_2))$ der Optionen mit Laufzeit T_0 auf Monats-, Quartals- und Jahresterminkontrakte bei Annahme der herangezogenen Volatilitäten abgebildet. Analog zum CO_2 Terminpreis zeigt sich bei höherer Volatilität des CO_2 Terminpreises ein flacherer Verlauf der Volatilitätsstruktur sowie bei niedrigerer Volatilität des CO_2 Terminpreises eine steilere Volatilitätsstruktur. Der Grund für die gleiche Wirkungsweise liegt darin, dass durch eine höhere Volatilität der gleiche Effekt wie durch einen höheren CO_2 Terminpreis auf den Varianzterm wirkt.

7.2.2   Die Terminpreisdynamik unter Berücksichtigung von Preissprüngen im CO_2 Preis

Bisher wurden in der CO_2 Preismodellierung Sprünge nicht berücksichtigt. Wie aber in Kapitel 7.1.2 diskutiert, weisen CO_2 Preiszeitreihen deutliche Sprungereignisse auf, so dass von deren Modellierung nicht abgesehen werden sollte. Daher ist von Interesse, wie sich die Berücksichtigung von CO_2 Preissprüngen auf die Dynamik von Stromterminkontrakten auswirkt.

Dazu werde das Modell (7.9) zur Modellierung des CO_2 Preises herangezogen. Das Gesamtmodell zur Modellierung des Strompreises unter Berücksichtigung der CO_2 Komponente ergibt sich damit als

$$
\begin{aligned}
P_t^{CO} &= \theta \cdot CO_t + P_t \\
\text{mit } CO_t &= \sum_{i=1}^{N} \mathbf{1}_{t \in \mathbf{TP}_i} \cdot CO_t^i
\end{aligned}
\tag{7.22}
$$

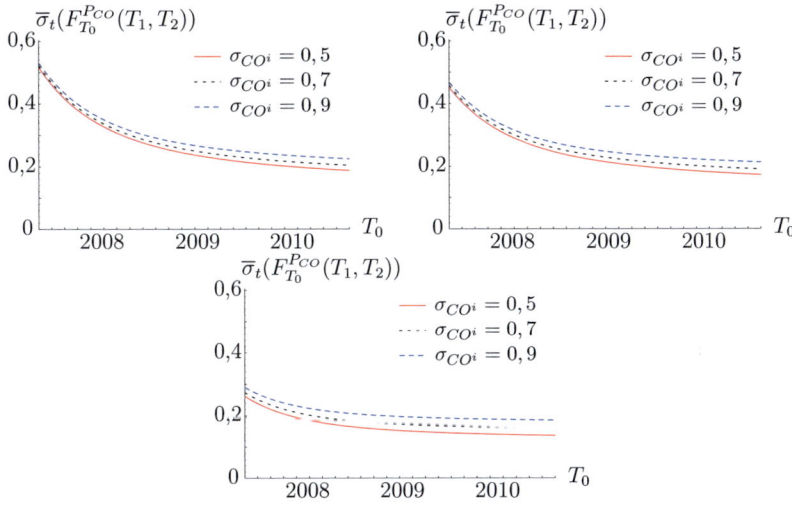

Abbildung 7.10: Die Abbildung zeigt die Volatilitätsstruktur von Monatskontrakten (links oben), Quartalskontrakten (rechts oben) und Jahreskontrakten (unten mitte) bei variierender CO_2 Preisvolatilität σ_{CO^i} von 50%, 70%, bzw. 90%.

$$d \ln CO_t^i = \mu_{CO^i} dt + \sigma_{CO^i} dW_t^{CO^i} + \xi_t^{CO^i} dJ_t^{CO^i}$$
$$\ln P_t = D_t^{CO} + M_t + L_t$$
$$dM_t = -\kappa_M M_t dt + \sigma_M dW_t^M$$
$$dL_t = \sigma_L dW_t^L.$$

Es gilt nun, die sich aus diesem Modell ergebende Terminpreisdynamik abzuleiten und mit der Terminpreisdynamik ohne CO_2 Komponente zu vergleichen.

Aus dem Modell (7.22) leitet sich dabei die Terminpreisdynamik

$$dF_t^{Pco}(T) = \theta F_t^{CO}(T) \left(\sigma_{CO^i} d\widetilde{W}_t^{CO^i} + \xi_t^{CO^i} d\widetilde{J}_t^{CO^i} \right)$$
$$+ F_t(T) \left(e^{-\kappa_M(T-t)} \sigma_M d\widetilde{W}_t^M + \sigma_L d\widetilde{W}_t^L \right) \quad (7.23)$$

mit kompensiertem Poisson Sprungprozess $\widetilde{J}_t^{CO^i}$ ab.[22] Dabei fällt auf, dass die in der CO_2 Preisdynamik berücksichtigte Sprungkomponente mit in den Terminpreis eingeht. Da diese keinem

---

[22]Siehe Anhang A.6.

Mean-Reverting Verhalten unterworfen ist, bleiben Sprungeffekte im CO_2 Preis ungemindert in den Terminpreisen enthalten und wirken damit analog zur Langfristkomponente. Somit ist die langfristige Terminpreisentwicklung, welche ohne Berücksichtigung einer CO_2 Preiskomponente nur von einer geringen Volatilität getrieben war, den teils starken Sprüngen des CO_2 Preises unterworfen.

7.3   Folgerungen für die Strompreismodellierung

Welche Auswirkungen hat die Einführung des Emissionszertifikatehandels auf die Bewertung von Stromderivaten?

Die Untersuchungen haben gezeigt, dass die Berücksichtigung einer CO_2 Preiskomponente weitreichende Auswirkungen auf die Strompreisdynamik hat. Dabei konnten vor allem die folgenden Effekte herausgearbeitet werden:

- Die Höhe des CO_2 Terminpreises $F_t^{CO}(T_1)$ und die Höhe der CO_2 Volatilität σ_{CO^i} beeinflussen die Volatilitätsstruktur von Stromterminkontrakten. Dabei führen ein höherer CO_2 Terminpreis sowie eine höhere CO_2 Volatilität zu einer flacheren Volatilitätsstruktur.

- Die Höhe des um die CO_2 Kosten bereinigten Stromterminpreises $F_t(T_1, T_2)$, welcher hauptsächlich auf den Preisen der Energieträger basiert, beeinflusst die Volatilitätsstruktur von Stromterminkontrakten. Dabei führt ein niedrigerer bereinigter Stromterminpreis zu einer flacheren Volatilitätsstruktur.

- Der Übergang von zwei Handelsperioden führt zu einem Bruch in der Volatilitätsstruktur von Stromterminkontrakten.

- Die Sprünge in der CO_2 Preisdynamik gehen in die langfristige Terminpreisentwicklung ein.

Jedoch ist es aus Komplexitätsgründen nicht immer sinnvoll, die CO_2 Preiskomponente zusätzlich zu den Strompreisfaktoren zu modellieren. Folglich stellt sich die Frage, ob durch eine geeignete Modellierung des Strompreises die oben genannten Effekte grundlegend abgebildet werden können.

Betrachtet man die herausgearbeiteten Effekte, so zeigt sich, dass sich diese meist auf die langfristige Entwicklung des Strompreises auswirken. Daher ist es naheliegend, eine Anpassung der Langfristkomponente L_t des Strompreismodells vorzunehmen. Der Bruch in der Volatilitätsstruktur bei dem Übergang zweier Handelsperioden könnte dabei durch eine deterministische Volatilität $\sigma_L(t)$ modelliert werden. Weiter kann durch Berücksichtigung eines Poisson Sprungprozesses J_t^L mit Sprungintensität h_L und Sprunghöhe ξ_t^L mit $\xi_t^L \sim N(\mu_\xi^L, \sigma_\xi^L)$ in der Langfristkomponente das CO_2 Sprungrisiko abgebildet werden. Somit würde die Langfristkomponente L_t beschrieben werden über die Dynamik

$$dL_t = \sigma_L(t)dW_t^L + \xi_t^L J_t^L \qquad (7.24)$$

$$\text{mit } \sigma_L(t) = \sum_{i=1}^{N} \mathbf{1}_{t\in\mathbf{TP}_i} \cdot \sigma_L^i. \qquad (7.25)$$

σ_L^i beschreibt hierbei das Volatilitätsniveau in Abhängigkeit des CO_2 Terminpreis- sowie Volatilitätsniveaus der einzelnen Handelsperioden. Weiter wäre noch eine komplexere deterministische Abbildung der Volatilität $\sigma_L(t)$ sowie eine stochastische Modellierung dieser möglich, um die Effekte in der Volatilitätsstruktur bei steigenden bzw. fallenden CO_2 sowie Stromterminpreisen abzubilden. Dieses scheint jedoch bei Abwägung der zusätzlichen Komplexität im Vergleich zum Zuwachs in der Modellierungsgüte nicht sinnvoll zu sein.

Zusammenfassend lässt sich sagen, dass die Einführung des CO_2 Emissionszertifikatehandels zu einer zusätzlichen Unsicherheit in den Strompreisen geführt hat. Diese Unsicherheit lässt sich dabei entweder direkt über die Modellierung des CO_2 Preises und dessen Einbindung in das Strompreismodell abbilden oder aber durch geeignete Erweiterungen der Langfristkomponente im Strompreismodell gut approximieren. Eine Vernachlässigung der aufgeführten Effekte sollte dagegen nur nach guter Abwägung der möglichen Folgen und in Hinblick auf das Modellierungsziel geschehen.

Kapitel 8

Zusammenfassung und Ausblick

Die einzigartigen Eigenschaften des Strommarktes erfordern eine besondere Sorgfalt bei der Modellierung der Strompreisdynamik um eine geeignete Bewertung von Derivaten und ein adäquates Risikomanagement zu ermöglichen. Dabei stellen sich sowohl bei der Strompreismodellierung als auch bei deren Auswirkung auf die Derivatebewertung und das Risikomanagement entscheidende Fragen. Die Beantwortung dieser Fragen stand im Fokus der vorliegenden Arbeit, woraus zentrale Erkenntnisse für die Strompreismodellierung, Optionsbewertung und das Risikomanagement im Strommarkt resultierten.

Wie findet eine geeignete Modellierung der Strompreisdynamik statt?

Bei der Modellierung der Strompreisdynamik wurden die wichtigsten Modellkomponenten herausgearbeitet und deren Modellierung ausführlich diskutiert. Es zeigt sich, dass bei der Modellierung eine deterministische Komponente zur Abbildung der am Markt beobachteten Saisonalitäten und eine stochastische Komponente bestehend aus einer kurz-, mittel- und langfristigen Komponente zur Abbildung der unterschiedlichen Risiken benötigt wird. Bei der deterministischen Komponente gehen dabei eine jährliche und wöchentliche Saisonalität sowie ein Trend, Brücken- und Feiertagseffekte, ein Weihnachtseffekt und gegebenenfalls eine CO_2 Komponente mit ein. Diese sehr komplexe deterministische Komponente ist erforderlich, um die saisonalen Preiseffekte von den stochastischen Preiseffekten zu trennen und so eine fehlerhafte Schätzung der stochastischen Komponente zu vermeiden. Bei der Modellierung der stochastischen Komponente lag das Hauptaugenmerk auf der Modellierung der kurzfristigen Komponente, während die Modellierungen der mittelfristigen Komponente als Ornstein-Uhlenbeck Prozess und der langfristigen Komponente als arithmetisch Brownsche Bewegung offensichtlich waren. Dabei war neben der Berücksichtigung der Mean-Reversion Eigenschaft vor allem die Wahl der Sprungkomponente offen. Hierbei können sowohl Poisson Prozesse mit der Spezifikation des Sprungprozesses, der Sprunghöhe und der Sprungintensität, als auch Regime-Switching Prozesse herangezogen werden. Dabei stellte sich anhand von trajektoriellen und statistischen Tests ein Poisson Sprung Modell mit lognormalverteilten Sprunghöhen und einer stochastischen Intensität als am geeignetsten heraus.

Welche Marktinformationen können und sollen bei der Modellierung und Bewertung berücksichtigt werden?

Bei den Marktinformationen können die Spotpreishistorie sowie börslich gehandelte Terminkontrakte und Terminoptionen berücksichtigt werden. Um die Modellparameter zu schätzen, werden dazu als erstes die impliziten Volatilitäten der Terminoptionen herangezogen. Anhand dieser werden die mittel- und langfristigen Parameter der stochastischen Komponente implizit geschätzt. Weiter können die Parameter der deterministischen Komponente aus der Spotpreishistorie mittels der Methode der kleinsten Quadrate bestimmt und die Spotpreishistorie desaisonalisiert werden. Die Parameter der kurzfristigen Komponente werden abschließend aus der desaisonalisierten Spotpreishistorie bedingt auf die bereits bestimmten mittel- und langfristigen Parameter mittels der MCMC Methode geschätzt. Um das äquivalente Martingalmaß zu spezifizieren, werden die börslich notierten Terminkontrakte mittels geeigneter struktureller Annahmen in eine tägliche Terminstrukturkurve überführt. Anhand dieser wird der Marktpreis des Gesamtrisikos zur Überführung des Modells in das äquivalente Martingalmaß bestimmt. Mit den so durchgeführten Schätzungen ist das Spotpreismodell zum einen konsistent mit den am Markt beobachteten Preisen der Terminkontrakte und Terminoptionen, zum anderen bildet es auch die kurzfristigen Eigenschaften und saisonalen Effekte der Spotpreise ab.

Für welche Optionalitäten ist eine adäquate Bewertung am bedeutendsten und wie groß ist das mit der Modellwahl verbundene Modellrisiko?

Die größte Bedeutung kommt im Strommarkt den Swing Optionen und den Spread Optionen zu. Um das Modellrisiko bei deren Bewertung zu quantifizieren, wurden amerikanische Optionen und Swing Optionen zur Bestimmung des Modellrisikos herangezogen. Weiter wurden unter der vereinfachenden Annahme konstanter Rohstoffpreise europäische Optionen zur Bestimmung des Modellrisikos bei den Spread Optionen verwendet. Dabei zeigt sich, dass die

Bewertung von amerikanischen Optionen und von Swing Optionen extremen Modellrisiken unterliegt. Eine Vernachlässigung der Sprungkomponente führt dabei über alle Strikes und Anzahl der Swing Rechte zu deutlich niedrigeren Optionspreisen, wobei das Modellrisiko hierbei von gut 20% bis zu über 1000% beträgt. Aber auch bei der Wahl der Sprungkomponente besteht ein erhebliches Modellrisiko von bis zu 200%. Bei der europäischen Option fällt das Modellrisiko im ATM Bereich geringer aus, ist aber im OTM und deep OTM Bereich ebenfalls sehr groß. Während bei den europäischen ATM Optionen das sprunglose Modell zu einem bis zu 8% höherem Preis führt, fällt der Optionspreis im OTM bzw. deep OTM Bereich um bis zu 200% bzw. 2100% geringer aus. Weiter fallen auch hier die Bewertungsdifferenzen zwischen den Sprungmodellen mit bis zu 7,5% im ATM Bereich und bis zu 110% bzw. 485% im OTM bzw. deep OTM Bereich deutlich aus. Somit lassen sich auch für die im Strommarkt vorhandenen Realoptionen große Modellrisiken folgern, wobei für die fossilen Kraftwerke indikativ die europäische Option herangezogen werden kann, für Speicherkraftwerke die Swing Option. Während die Modellrisiken bei der Bewertung eines Steinkohlekraftwerks, welches häufig im ATM Bereich liegt, noch gering ausfallen, unterliegen die Bewertungen von Gas- und Ölkraftwerken deutlich höheren Modellrisiken. Auch bei der Bewertung von Speicherkraftwerken treten große Modellrisiken auf. Mit der Kenntnis des empfohlenen Spotpreismodells und der aufgezeigten Modellrisiken kann die Bewertung solcher Optionalitäten jedoch deutlich fundierter angegangen werden. Auch ermöglicht die Quantifizierung des Modellrisikos eine bessere Risikoabschätzung, so dass finanzielle Risiken basierend auf Optionalitäten besser abgeschätzt und abgedeckt werden können.

Welche Auswirkungen hat die Einführung des Emissionszertifikatehandels auf die Bewertung von Stromderivaten?

Mit der Einführung des Emissionszertifikatehandels ist mit den CO_2 Emissionszertifikaten ein weiterer Produktionsfaktor in der Stromerzeugung hinzugekommen, welcher weitreichende Auswirkungen auf die Strompreisentwicklung hat. Dabei sind diese Auswirkungen langfristiger Natur und beeinflussen vor allem die Volatilitätsstruktur von Terminkontrakten und somit die Terminoptionspreise. Es konnte gezeigt werden, dass das CO_2 Terminpreisniveau, die CO_2 Volatilität und die Preisniveaus der Energieträger einen Einfluss auf die Volatilitätsstruktur haben. Hierbei wird die Steilheit der Volatilitätsstruktur, aber auch das absolute Niveau beeinflusst. Weiter führen ein Übergang zwischen den Handelsperioden sowie die Einführung des Emissionszertifikatehandels zu einem Sprung in der Volatilitätsstruktur. Da die CO_2 Preisdynamik in die langfristige Komponente der Strompreisdynamik eingeht und der CO_2 Preis einem Sprung-risiko unterliegt, könnte es zusätzlich vorteilhaft sein, ebenfalls ein Sprungrisiko in der lang-fristigen Komponente der Strompreismodellierung zu berücksichtigen. Dabei ließen sich die Sprungparameter aus dem CO_2 Markt schätzen.

Über die gesamte Arbeit wurden somit viele Aspekte der Modellierung des Strompreises aus-führlich analysiert sowie deren Auswirkungen auf die Derivatebewertung und das Risikoma-nagement untersucht bzw. quantifiziert. Dabei können die Ergebnisse dieser Arbeit als Aus-gangspunkt weiterer Untersuchungen herangezogen werden. So können die eingeführten Spot-preismodelle zur Modellierung des Baseloads herangezogen werden, der dann durch Tagespro-file in eine stündliche Granulierung überführt wird. Aufbauend hierauf ist die Bewertung von Realoptionen unter Berücksichtigung ihrer Restriktionen möglich. Somit kann eine adäquate Bewertung der Realoptionen erreicht werden. Weiter können die Erkenntnisse über den Ein-fluss der Einführung des Emissionszertifikatehandels genutzt werden, um z.B. die Volatilitäts-strukturen der Terminkontrakte besser abzuleiten. Dies ist von besonderem Interesse in Ländern wie derzeit z.B. den USA, in denen die Einführung von Emissionszertifikaten diskutiert wird. Somit können die aus dem europäischen Emissionszertifikatemarkt gewonnenen Erkenntnisse auf andere Länder übertragen werden.

Anhang A

Beweise

A.1 Ableitung von $Y_t(T)$

$Y_t(T)$ sei definitionsgemäß der unter dem realen Maß erwartete Preis zum Zeitpunkt T:

$$Y_t(T) = \mathbb{E}_t^{\mathbf{P}}[P_T] \tag{A.1}$$

Mit den Modellannahmen (4.3) bis (4.5) ergibt sich dieser zu

$$\mathbb{E}_t^{\mathbf{P}}[P_T] = e^{D_T + e^{-\kappa_S(T-t)}S_t + \frac{\sigma_S^2}{4\kappa_S}(1-e^{-2\kappa_S(T-t)}) + e^{-\kappa_M(T-t)}M_t + \frac{\sigma_M^2}{4\kappa_M}(1-e^{-2\kappa_M(T-t)})}$$
$$\cdot e^{L_t + \frac{\sigma_L^2}{2}(T-t)}. \tag{A.2}$$

Beweis:

In einem ersten Schritt werde $\ln P_T$ berechnet. Mit

$$
\begin{aligned}
\ln P_T &= \ln P_t + \int_t^T d\ln P_s ds \\
&= \ln P_t + \int_t^T dD_s ds + \int_t^T dS_s ds + \int_t^T dM_s ds + \int_t^T dL_s ds \\
&= \ln P_t + (D_T - D_t) + \int_t^T dS_s ds + \int_t^T dM_s ds + \int_t^{T_1} \sigma_L dW_s^L \\
&= \ln P_t + (D_T - D_t) + \int_t^T dS_s ds + \int_t^T dM_s ds + \sigma_L \left(W_T^L + W_t^L\right) \quad \text{(A.3)}
\end{aligned}
$$

muss $\int_t^T dS_s ds$ sowie $\int_t^T dM_s ds$ berechnet werden, um eine Lösung für $\ln P_T$ zu erhalten. Dieses sei anhand von $\int_t^T dM_s ds$ durchgeführt. Die Lösung von $\int_t^T dS_s ds$ ergibt sich analog.

Dazu werde die Substitution $\widehat{M}(M,t) = e^{\kappa_M t} M$ durchgeführt. Es folgt mit

$$\frac{\partial \widehat{M}}{\partial t} = \kappa_M e^{\kappa_M t} M = \kappa_M \widehat{M} \tag{A.4}$$

$$\frac{\partial \widehat{M}}{\partial M} = e^{\kappa_M t} \tag{A.5}$$

$$\frac{\partial^2 \widehat{M}}{\partial M^2} = 0 \tag{A.6}$$

die Dynamik von $\widehat{M}_t$ als

$$
\begin{aligned}
d\widehat{M}_t &= \frac{\partial \widehat{M}}{\partial t} dt + \frac{\partial \widehat{M}}{\partial M} dM_t + \frac{\partial^2 \widehat{M}}{\partial M^2} (dM_t)^2 \\
&= \kappa_M \widehat{M} dt + e^{\kappa_M t} \left(-\kappa_M M_t dt + \sigma_M dW_t^M \right) \\
&= \kappa_M \widehat{M} dt - \kappa_M \widehat{M} dt + e^{\kappa_M t} \sigma_M dW_t^M \\
&= e^{\kappa_M t} \sigma_M dW_t^M.
\end{aligned}
\tag{A.7}
$$

Damit werde aus

$$
\begin{aligned}
\widehat{M}_T &= \widehat{M}_t + \int_t^T d\widehat{M}_s ds \\
&= \widehat{M}_t + \int_t^T e^{\kappa_M s} \sigma_M dW_s^M \\
&= \widehat{M}_t + \sigma_M \left(e^{\kappa_M T} W_T^M - e^{\kappa_M t} W_t^M \right) \\
\Longleftrightarrow \quad e^{\kappa_M T} M_T &= e^{\kappa_M t} M_t + \sigma_M \left(e^{\kappa_M T} W_T^M - e^{\kappa_M t} W_t^M \right) \\
\Longleftrightarrow \quad M_T &= e^{-\kappa_M (T-t)} M_t + \sigma_M \left(W_T^M - e^{-\kappa_M (T-t)} W_t^M \right)
\end{aligned}
\tag{A.8}
$$

M_T abgeleitet, womit

$$
\begin{aligned}
\int_t^T dM_s ds &= M_T - M_t \\
&= \left(e^{-\kappa_M (T-t)} - 1 \right) M_t + \sigma_M \left(W_T^M - e^{-\kappa_M (T-t)} W_t^M \right)
\end{aligned}
\tag{A.9}
$$

folgt.

Mit (A.9) folgt aus (A.3)

$$
\begin{aligned}
\ln P_T &= \ln P_t + \left(D_T^{CO} - D_t^{CO} \right) + \int_t^T dS_s ds + \int_t^T dM_s ds + \sigma_L \left(W_T^L + W_t^L \right) \tag{A.10} \\
&= \ln P_t + \left(D_T^{CO} - D_t^{CO} \right) + \left(e^{-\kappa_S (T-t)} - 1 \right) S_t + \sigma_S \left(W_T^S - e^{-\kappa_S (T-t)} W_t^S \right) \\
&\quad + \left(e^{-\kappa_M (T-t)} - 1 \right) M_t + \sigma_M \left(W_T^M - e^{-\kappa_M (T-t)} W_t^M \right) + \sigma_L \left(W_T^L + W_t^L \right).
\end{aligned}
$$

Damit lässt sich der Erwartungswert

$$
\begin{aligned}
\mathbb{E}_t^{\mathbf{P}}\left[P_T\right] &= \mathbb{E}_t^{\mathbf{P}}\left[e^{\ln P_T}\right] \\
&= \mathbb{E}_t^{\mathbf{P}}\left[e^{\ln P_t + (D_T - D_t) + \left(e^{-\kappa_S(T-t)} - 1\right)S_t + \sigma_S\left(W_T^S - e^{-\kappa_S(T-t)}W_t^S\right)}\right. \\
&\qquad \left. + \left(e^{-\kappa_M(T-t)} - 1\right)M_t + \sigma_M\left(W_T^M - e^{-\kappa_M(T-t)}W_t^M\right) + \sigma_L\left(W_T^L + W_t^L\right)\right] \\
&= \mathbb{E}_t^{\mathbf{P}}\left[e^{\ln P_t}\right] \cdot \mathbb{E}_t^{\mathbf{P}}\left[e^{(D_T - D_t)}\right] \cdot \mathbb{E}_t^{\mathbf{P}}\left[e^{\left(e^{-\kappa_S(T-t)} - 1\right)S_t}\right] \\
&\quad \cdot \mathbb{E}_t^{\mathbf{P}}\left[e^{\sigma_S\left(W_T^S - e^{-\kappa_S(T-t)}W_t^S\right)}\right] \cdot \mathbb{E}_t^{\mathbf{P}}\left[e^{\left(e^{-\kappa_M(T-t)} - 1\right)M_t}\right] \\
&\quad \cdot \mathbb{E}_t^{\mathbf{P}}\left[e^{\sigma_M\left(W_T^M - e^{-\kappa_M(T-t)}W_t^M\right)}\right] \cdot \mathbb{E}_t^{\mathbf{P}}\left[e^{\sigma_L\left(W_T^L + W_t^L\right)}\right] \\
&= e^{D_t + S_t + M_t + L_t} \cdot e^{(D_T - D_t)} \cdot e^{\left(e^{-\kappa_S(T-t)} - 1\right)S_t} \cdot e^{\frac{1}{2}\int_t^T \sigma_S^2 e^{-2\kappa_S(T-s)}ds} \\
&\quad \cdot e^{\left(e^{-\kappa_M(T-t)} - 1\right)M_t} \cdot e^{\frac{1}{2}\int_t^T \sigma_M^2 e^{-2\kappa_M(T-s)}ds} \cdot e^{\frac{\sigma_L^2}{2}(T-t)} \\
&= e^{D_T} \cdot e^{e^{-\kappa_S(T-t)}S_t} \cdot e^{\frac{\sigma_S^2}{4\kappa_S}\left(1 - e^{-2\kappa_S(T-t)}\right)} \\
&\quad \cdot e^{e^{-\kappa_M(T-t)}M_t} \cdot e^{\frac{\sigma_M^2}{4\kappa_M}\left(1 - e^{-2\kappa_M(T-t)}\right)} \cdot e^{L_t} \cdot e^{\frac{\sigma_L^2}{2}(T-t)} \\
&= e^{D_T + e^{-\kappa_S(T-t)}S_t + \frac{\sigma_S^2}{4\kappa_S}\left(1 - e^{-2\kappa_S(T-t)}\right) + e^{-\kappa_M(T-t)}M_t + \frac{\sigma_M^2}{4\kappa_M}\left(1 - e^{-2\kappa_M(T-t)}\right)} \\
&\quad \cdot e^{L_t + \frac{\sigma_L^2}{2}(T-t)} \qquad\qquad\qquad\qquad\qquad\qquad\qquad\qquad\qquad (A.11)
\end{aligned}
$$

ableiten.

$\square$

A.2 Die Terminpreisdynamik $dF_t(T)$

Mit (4.32) lässt sich mittels Ito's Lemma die aus (4.2) resultierende Dynamik des Terminpreises $F_t(T)$ ableiten als

$$
dF_t(T) = F_t(T)\left(e^{-\kappa_S(T-t)}\sigma_S d\widetilde{W}_t^S + e^{-\kappa_M(T-t)}\sigma_M d\widetilde{W}_t^M + \sigma_L d\widetilde{W}_t^L\right). \qquad (A.12)
$$

Beweis:

Um die Dynamik des Terminpreises zu erhalten, werde als erstes der Logarithmus des Termin-preises $\ln F_t(T)$ abgeleitet. Nach (4.32) gilt

$$
\begin{aligned}
\ln F_t(T) &= D_T + e^{-\kappa_S(T-t)}S_t + \frac{1}{2}\int_t^T \sigma_S^2 e^{-2\kappa_S(T-s)}ds + e^{-\kappa_M(T-t)}M_t \\
&\quad + \frac{1}{2}\int_t^T \sigma_M^2 e^{-2\kappa_M(T-s)}ds + L_t + \frac{\sigma_L^2}{2}(T-t) + (\Lambda_T - \Lambda_t). \qquad (A.13)
\end{aligned}
$$

Mit der Funktion $f(S_t, M_t, L_t, t) = \ln F_t(T)$ mit

$$\frac{\partial f}{\partial t} = \kappa_S e^{-\kappa_S(T-t)} S_t - \frac{1}{2}\sigma_S^2 e^{-2\kappa_S(T-t)} + \kappa_M e^{-\kappa_M(T-t)} M_t$$
$$-\frac{1}{2}\sigma_M^2 e^{-2\kappa_M(T-t)} - \frac{\sigma_L^2}{2} - \lambda_t \tag{A.14}$$

$$\frac{\partial f}{\partial S_t} = e^{-\kappa_S(T-t)} \tag{A.15}$$

$$\frac{\partial f}{\partial M_t} = e^{-\kappa_M(T-t)} \tag{A.16}$$

$$\frac{\partial f}{\partial L_t} = 1 \tag{A.17}$$

$$\frac{\partial^2 f}{\partial S_t \partial M_t} = 0 \tag{A.18}$$

$$\frac{\partial^2 f}{\partial S_t \partial L_t} = 0 \tag{A.19}$$

$$\frac{\partial^2 f}{\partial M_t \partial L_t} = 0 \tag{A.20}$$

$$\frac{\partial^2 f}{\partial S_t^2} = 0 \tag{A.21}$$

$$\frac{\partial^2 f}{\partial M_t^2} = 0 \tag{A.22}$$

$$\frac{\partial^2 f}{\partial L_t^2} = 0 \tag{A.23}$$

ergibt sich die Dynamik des logarithmierten Terminpreises als

$$d\ln F_t(T) = \frac{\partial f}{\partial t}dt + \frac{\partial f}{\partial S_t}dS + \frac{\partial f}{\partial M_t}dM + \frac{\partial f}{\partial L_t}dL$$
$$= \left(\kappa_S e^{-\kappa_S(T-t)}S_t - \frac{1}{2}\sigma_S^2 e^{-2\kappa_S(T-t)} + \kappa_M e^{-\kappa_M(T-t)}M_t - \frac{1}{2}\sigma_M^2 e^{-2\kappa_M(T-t)}\right.$$
$$\left. -\frac{\sigma_L^2}{2} - \lambda_t\right)dt + e^{-\kappa_S(T-t)}\left(-\kappa_S S_t dt + \sigma_S d\widetilde{W}_t^S\right)$$
$$+ e^{-\kappa_M(T-t)}\left(-\kappa_M M_t dt + \sigma_M d\widetilde{W}_t^M\right) + \lambda_t dt + \sigma_L d\widetilde{W}_t^L$$
$$= \left(-\frac{1}{2}\sigma_S^2 e^{-2\kappa_S(T-t)} - \frac{1}{2}\sigma_M^2 e^{-2\kappa_M(T-t)} - \frac{\sigma_L^2}{2}\right)dt$$
$$+ e^{-\kappa_S(T-t)}\sigma_S d\widetilde{W}_t^S + e^{-\kappa_M(T-t)}\sigma_M d\widetilde{W}_t^M + \sigma_L d\widetilde{W}_t^L. \tag{A.24}$$

Dann lässt sich über Ito's Lemma mittels $f(\ln F_t(T), t) = e^{\ln F_t(T)}$ mit

$$\frac{\partial f}{\partial t} = 0 \tag{A.25}$$

$$\frac{\partial f}{\partial \ln F_t(T)} = e^{\ln F_t(T)} = F_t(T) \tag{A.26}$$

$$\frac{\partial^2 f}{\partial \ln F_t(T)^2} = e^{\ln F_t(T)} = F_t(T) \tag{A.27}$$

die Dynamik des Terminpreises $F_t(T)$ ableiten als

$$
\begin{aligned}
dF_t(T) &= \frac{\partial f}{\partial t}dt + \frac{\partial f}{\partial \ln F_t(T)}d\ln F_t(T) + \frac{1}{2}\frac{\partial^2 f}{\partial \ln F_t(T)^2}\left(d\ln F_t(T)\right)^2 \\
&= F_t(T)\left(\left(-\frac{1}{2}\sigma_S^2 e^{-2\kappa_S(T-t)} - \frac{1}{2}\sigma_M^2 e^{-2\kappa_M(T-t)} - \frac{\sigma_L^2}{2}\right)dt \right. \\
&\quad \left. + e^{-\kappa_S(T-t)}\sigma_S d\widetilde{W}_t^S + e^{-\kappa_M(T-t)}\sigma_M d\widetilde{W}_t^M + \sigma_L d\widetilde{W}_t^L\right) \\
&\quad + \frac{1}{2}F_t(T)\left(e^{-2\kappa_S(T-t)}\sigma_S^2 dt + e^{-2\kappa_M(T-t)}\sigma_M^2 dt + \sigma_L^2 dt\right) \\
&= F_t(T)\left(e^{-\kappa_S(T-t)}\sigma_S d\widetilde{W}_t^S + e^{-\kappa_M(T-t)}\sigma_M d\widetilde{W}_t^M + \sigma_L d\widetilde{W}_t^L\right). \tag{A.28}
\end{aligned}
$$

$\square$

A.3 Die Terminpreisdynamik $dF_t(T_1, T_2)$

Die Dynamik eines Terminkontraktes mit Lieferperiode $[T_1, T_2]$ folgt der Dynamik

$$
\begin{aligned}
dF_t(T_1, T_2) &= e^{-\kappa_M(T_1-t)}\sigma_M\left(\frac{\sum_{s=T_1}^{T_2} e^{-rs}e^{-\kappa_M(s-T_1)}F_t(s)}{\sum_{s=T_1}^{T_2} e^{-rs}F_t(s)}\right)F_t(T_1, T_2)d\widetilde{W}_t^M \\
&\quad + \sigma_L F_t(T_1, T_2)d\widetilde{W}_t^L \tag{A.29}
\end{aligned}
$$

Beweis: Mit $f(\{F_t(s)|s = T_1 \ldots T_2\}, t) = \sum_{s=T_1}^{T_2} \frac{e^{-r(s-t)}}{\sum_{u=T_1}^{T_2} e^{-r(u-t)}}F_t(s)$ und

$$\frac{\partial f(\{F_t(s)|s = T_1 \ldots T_2\}, t)}{\partial t} = 0 \tag{A.30}$$

$$\frac{\partial f(\{F_t(s)|s = T_1 \ldots T_2\}, t)}{\partial F_t(v)} = \frac{e^{-r(v-t)}}{\sum_{u=T_1}^{T_2} e^{-r(u-t)}} \qquad \text{für } v = T_1 \ldots T_2 \tag{A.31}$$

$$\frac{\partial^2 f(\{F_t(s)|s = T_1 \ldots T_2\}, t)}{\partial F_t(v)\partial F_t(w)} = 0 \qquad \text{für } v, w = T_1 \ldots T_2 \tag{A.32}$$

folgt

$$
\begin{aligned}
dF_t(T_1, T_2) &= \sum_{s=T_1}^{T_2} \frac{e^{-r(s-t)}}{\sum_{u=T_1}^{T_2} e^{-r(u-t)}}dF_t(s) \\
&= \sum_{s=T_1}^{T_2} \frac{e^{-r(s-t)}}{\sum_{u=T_1}^{T_2} e^{-r(u-t)}}\left(e^{-\kappa_M(s-t)}\sigma_M F_t(s)d\widetilde{W}_t^M + \sigma_L F_t(s)d\widetilde{W}_t^L\right)
\end{aligned}
$$

$$= \sum_{s=T_1}^{T_2} \frac{e^{-r(s-t)}}{\sum_{u=T_1}^{T_2} e^{-r(u-t)}} e^{-\kappa_M(s-t)} \sigma_M F_t(s) d\widetilde{W}_t^M$$

$$+ \sigma_L \sum_{s=T_1}^{T_2} \frac{e^{-r(s-t)}}{\sum_{u=T_1}^{T_2} e^{-r(u-t)}} F_t(s) d\widetilde{W}_t^L$$

$$= e^{-\kappa_M(T_1-t)} \sigma_M \sum_{s=T_1}^{T_2} \frac{e^{-r(s-t)}}{\sum_{u=T_1}^{T_2} e^{-r(u-t)}} e^{-\kappa_M(s-T_1)} F_t(s) d\widetilde{W}_t^M$$

$$+ \sigma_L F_t(T_1, T_2) d\widetilde{W}_t^L$$

$$= e^{-\kappa_M(T_1-t)} \sigma_M \left(\frac{\sum_{s=T_1}^{T_2} \frac{e^{-r(s-t)}}{\sum_{u=T_1}^{T_2} e^{-r(u-t)}} e^{-\kappa_M(s-T_1)} F_t(s)}{\sum_{s=T_1}^{T_2} \frac{e^{-r(s-t)}}{\sum_{u=T_1}^{T_2} e^{-r(u-t)}} F_t(s)} \right)$$

$$\cdot \sum_{s=T_1}^{T_2} \frac{e^{-r(s-t)}}{\sum_{u=T_1}^{T_2} e^{-r(u-t)}} F_t(s) d\widetilde{W}_t^M + \sigma_L F_t(T_1, T_2) d\widetilde{W}_t^L$$

$$= e^{-\kappa_M(T_1-t)} \sigma_M \left(\frac{\sum_{s=T_1}^{T_2} e^{-r(s-t)} e^{-\kappa_M(s-T_1)} F_t(s)}{\sum_{s=T_1}^{T_2} e^{-r(s-t)} F_t(s)} \right) F_t(T_1, T_2) d\widetilde{W}_t^M$$

$$+ \sigma_L F_t(T_1, T_2) d\widetilde{W}_t^L$$

$$= e^{-\kappa_M(T_1-t)} \sigma_M \left(\frac{\sum_{s=T_1}^{T_2} e^{-rs} e^{-\kappa_M(s-T_1)} F_t(s)}{\sum_{s=T_1}^{T_2} e^{-rs} F_t(s)} \right) F_t(T_1, T_2) d\widetilde{W}_t^M$$

$$+ \sigma_L F_t(T_1, T_2) d\widetilde{W}_t^L$$

(A.33)

□

Die Volatilitätsstruktur des Terminpreises unter dem Zwei-Faktoren Modell ergibt sich als

$$\sigma_t(T_1, T_2) = \sqrt{e^{-2\kappa_M(T_1-t)} \sigma_M^2 \left(\frac{\sum_{s=T_1}^{T_2} e^{-rs} e^{-\kappa_M(s-T_1)} F_t(s)}{\sum_{s=T_1}^{T_2} e^{-rs} F_t(s)} \right)^2 + \sigma_L^2}. \qquad (A.34)$$

Beweis:

$$\sigma_t(T_1, T_2) = \sqrt{\frac{\mathbb{E}_t \left[\left(\frac{dF_t(T_1,T_2)}{F_t(T_1,T_2)} \right)^2 \right]}{dt}}$$

$$= \sqrt{\frac{\mathbb{E}_t \left[\left(e^{-\kappa_M(T_1-t)} \sigma_M \left(\frac{\sum_{s=T_1}^{T_2} e^{-rs} e^{-\kappa_M(s-T_1)} F_t(s)}{\sum_{s=T_1}^{T_2} e^{-rs} F_t(s)} \right) d\widetilde{W}_t^M + \sigma_L d\widetilde{W}_t^L \right)^2 \right]}{dt}}$$

$$= \sqrt{\dfrac{\mathbb{E}_t\left[e^{-2\kappa_M(T_1-t)}\sigma_M^2\left(\dfrac{\sum_{s=T_1}^{T_2} e^{-rs}e^{-\kappa_M(s-T_1)}F_t(s)}{\sum_{s=T_1}^{T_2} e^{-rs}F_t(s)}\right)^2 dt + \sigma_L^2 dt\right]}{dt}}$$

$$= \sqrt{e^{-2\kappa_M(T_1-t)}\sigma_M^2\left(\dfrac{\sum_{s=T_1}^{T_2} e^{-rs}e^{-\kappa_M(s-T_1)}F_t(s)}{\sum_{s=T_1}^{T_2} e^{-rs}F_t(s)}\right)^2 + \sigma_L^2} \qquad \text{(A.35)}$$

$\square$

Damit ergibt sich für den in der Black-Formel benötigten Varianzterm einer in T_0 fälligen Option

$$\mathbb{V}\text{ar}_t[\ln F_{T_0}(T_1, T_2)] = \frac{\sigma_M^2}{2\kappa_M}\left(e^{-2\kappa_M(T_1-T_0)} - e^{-2\kappa_M(T_1-t)}\right)\left(\frac{\sum_{s=T_1}^{T_2} e^{-rs}e^{-\kappa_M(s-T_1)}F_t(s)}{\sum_{s=T_1}^{T_2} e^{-rs}F_t(s)}\right)^2$$
$$+ \sigma_L^2(T_0 - t). \qquad \text{(A.36)}$$

Beweis:

$$\mathbb{V}\text{ar}_t[\ln F_{T_0}(T_1, T_2)] = \int_t^{T_0} \sigma_s(F(T_1, T_2))^2 ds$$

$$= \int_t^{T_0} e^{-2\kappa_M(T_1-u)}\sigma_M^2\left(\frac{\sum_{s=T_1}^{T_2} e^{-rs}e^{-\kappa_M(s-T_1)}F_u(s)}{\sum_{s=T_1}^{T_2} e^{-rs}F_u(s)}\right)^2 + \sigma_L^2 du$$

$$\approx \int_t^{T_0} e^{-2\kappa_M(T_1-u)}\sigma_M^2\left(\frac{\sum_{s=T_1}^{T_2} e^{-rs}e^{-\kappa_M(s-T_1)}F_t(s)}{\sum_{s=T_1}^{T_2} e^{-rs}F_t(s)}\right)^2 + \sigma_L^2 du$$

$$= \left[e^{-2\kappa_M(T_1-u)}\frac{\sigma_M^2}{2\kappa_M}\left(\frac{\sum_{s=T_1}^{T_2} e^{-rs}e^{-\kappa_M(s-T_1)}F_t(s)}{\sum_{s=T_1}^{T_2} e^{-rs}F_t(s)}\right)^2 + \sigma_L^2 u\right]_t^{T_0}$$

$$= \frac{\sigma_M^2}{2\kappa_M}\left(e^{-2\kappa_M(T_1-T_0)} - e^{-2\kappa_M(T_1-t)}\right)\left(\frac{\sum_{s=T_1}^{T_2} e^{-rs}e^{-\kappa_M(s-T_1)}F_t(s)}{\sum_{s=T_1}^{T_2} e^{-rs}F_t(s)}\right)^2$$
$$+ \sigma_L^2(T_0 - t) \qquad \text{(A.37)}$$

A.4 Die Terminpreisdynamik $dF_t^{Pco}(T)$

Aus (7.13) lässt sich die Dynamik des Terminpreises $F_t^{Pco}(T)$ ableiten als

$$dF_t^{Pco}(T) = \theta F_t^{CO}(T)\sigma_{CO^i}d\widetilde{W}_t^{CO^i} + F_t(T)\left(e^{-\kappa_M(T-t)}\sigma_M d\widetilde{W}_t^M + \sigma_L d\widetilde{W}_t^L\right). \qquad \text{(A.38)}$$

Beweis:

Der Terminpreis unter Berücksichtigung der CO_2 Komponente ergibt sich als

$$
\begin{aligned}
F_t^{Pco}(T) &= \mathbb{E}_t^{\mathbf{Q}}\left[P_T^{CO}\right] \\
&= \theta \cdot \mathbb{E}_t^{\mathbf{Q}}\left[CO_t\right] + \mathbb{E}_t^{\mathbf{Q}}\left[P_t\right] \\
&= \theta \cdot F_t^{CO}(T) + F_t(T).
\end{aligned}
\tag{A.39}
$$

Damit folgt der Terminpreis $F_t^{Pco}(T)$ unter dem risikoneutralen Maß der Dynamik

$$
dF_t^{Pco}(T) = \theta \cdot dF_t^{CO}(T) + dF_t(T),
\tag{A.40}
$$

wobei die Dynamik von $dF_t(T)$ unter dem risikoneutralen Prozess schon aus (4.60) bekannt ist.

Mit (7.8) ergibt sich die Dynamik des CO_2 Preises der i-ten Handelsperiode CO_t^i unter dem risikoneutralen Maß als

$$
dCO_t^i = rCO_t^i dt + \sigma_{CO^i}CO_t^i d\widetilde{W}_t^{CO^i}
\tag{A.41}
$$

und somit die Dynamik des Terminpreises auf ein CO_2 Zertifikat mit Fälligkeit T als

$$
dF_t^{CO}(T) = F_t^{CO}(T)\sigma_{CO^i}d\widetilde{W}_t^{CO^i}
\tag{A.42}
$$

Damit folgt für die Dynamik von $F_t^{Pco}(T)$

$$
dF_t^{Pco}(T) = \theta F_t^{CO}(T)\sigma_{CO^i}d\widetilde{W}_t^{CO^i} + F_t(T)\left(e^{-\kappa_M(T-t)}\sigma_M d\widetilde{W}_t^M + \sigma_L d\widetilde{W}_t^L\right)
\tag{A.43}
$$

$\square$

A.5   Die Terminpreisdynamik $dF_t^{Pco}(T_1, T_2)$

Die Dynamik eines Terminkontraktes $F_t^{Pco}(T_1, T_2)$ mit Lieferperiode $[T_1, T_2]$ folgt der Dynamik

$$
dF_t^{Pco}(T_1, T_2) = F_t^{CO}(T_1)\theta\sigma_{CO^i}\left(\sum_{s=T_1}^{T_2}\frac{e^{-rT_1}}{\sum_{u=T_1}^{T_2}e^{-ru}}\right)d\widetilde{W}_t^{CO^i} + dF_t(T_1, T_2)
\tag{A.44}
$$

Beweis:

Mit $f(\{F_t^{Pco}(s)|s = T_1 \ldots T_2\}, t) = \sum_{s=T_1}^{T_2} \frac{e^{-r(s-t)}}{\sum_{u=T_1}^{T_2} e^{-r(u-t)}} F_t^{Pco}(s)$ und

$$\frac{\partial f(\{F_t^{Pco}(s)|s = T_1 \ldots T_2\}, t)}{\partial t} = 0 \tag{A.45}$$

$$\frac{\partial f(\{F_t^{Pco}(s)|s = T_1 \ldots T_2\}, t)}{\partial F_t^{Pco}(v)} = \frac{e^{-r(v-t)}}{\sum_{u=T_1}^{T_2} e^{-r(u-t)}} \quad \text{für } v = T_1 \ldots T_2 \tag{A.46}$$

$$\frac{\partial^2 f(\{F_t^{Pco}(s)|s = T_1 \ldots T_2\}, t)}{\partial F_t^{Pco}(v) \partial F_t^{Pco}(w)} = 0 \quad \text{für } v, w = T_1 \ldots T_2 \tag{A.47}$$

folgt

$$
\begin{aligned}
dF_t^{Pco}(T_1, T_2) &= \sum_{s=T_1}^{T_2} \frac{e^{-r(s-t)}}{\sum_{u=T_1}^{T_2} e^{-r(u-t)}} dF_t^{Pco}(s) \\
&= \sum_{s=T_1}^{T_2} \frac{e^{-r(s-t)}}{\sum_{u=T_1}^{T_2} e^{-r(u-t)}} \left(\theta F_t^{CO}(s) \sigma_{CO^i} d\widetilde{W}_t^{CO^i} \right. \\
&\quad + F_t(s) \left(e^{-\kappa_M(s-t)} \sigma_M d\widetilde{W}_t^M + \sigma_L d\widetilde{W}_t^L \right) \Big) \\
&= \sum_{s=T_1}^{T_2} \frac{e^{-r(s-t)}}{\sum_{u=T_1}^{T_2} e^{-r(u-t)}} \theta F_t^{CO}(s) \sigma_{CO^i} d\widetilde{W}_t^{CO^i} \\
&\quad + \sum_{s=T_1}^{T_2} \frac{e^{-r(s-t)}}{\sum_{u=T_1}^{T_2} e^{-r(u-t)}} F_t(s) \left(e^{-\kappa_M(s-t)} \sigma_M d\widetilde{W}_t^M + \sigma_L d\widetilde{W}_t^L \right) \\
&= \theta \sigma_{CO^i} \left(\sum_{s=T_1}^{T_2} \frac{e^{-r(s-t)}}{\sum_{u=T_1}^{T_2} e^{-r(u-t)}} F_t^{CO}(s) \right) d\widetilde{W}_t^{CO^i} + dF_t(T_1, T_2) \\
&= \theta \sigma_{CO^i} \left(\sum_{s=T_1}^{T_2} \frac{e^{-rs}}{\sum_{u=T_1}^{T_2} e^{-ru}} F_t^{CO}(s) \right) d\widetilde{W}_t^{CO^i} + dF_t(T_1, T_2) \tag{A.48}
\end{aligned}
$$

Ist weiter die Periode $[T_1, T_2)$ ausschließlich in einer Handelsperiode des CO_2 Marktes enthalten, was für alle gehandelten Stromterminkontrakte erfüllt ist, so lässt sich die Dynamik weiter umformen zu

$$dF_t^{Pco}(T_1, T_2) = F_t^{CO}(T_1) \theta \sigma_{CO^i} \left(\sum_{s=T_1}^{T_2} \frac{e^{-rT_1}}{\sum_{u=T_1}^{T_2} e^{-ru}} \right) d\widetilde{W}_t^{CO^i} + dF_t(T_1, T_2) \tag{A.49}$$

$\square$

Die Volatilitätsstruktur des Terminpreises unter dem Zwei-Faktoren Modell ergibt sich als

$$
\sigma_t(F^{Pco}(T_1, T_2)) =
$$
$$
\sqrt{\begin{aligned}
&\frac{F_t(T_1, T_2)^2}{F_t^{Pco}(T_1, T_2)^2} \left(e^{-2\kappa_M(T_1-t)} \sigma_M^2 \left(\frac{\sum_{s=T_1}^{T_2} e^{-rs} e^{-\kappa_M(s-T_1)} F_t(s)}{\sum_{s=T_1}^{T_2} e^{-rs} F_t(s)} \right)^2 + \sigma_L^2 \right) \\
&+ \frac{F_t^{CO}(T_1)^2}{F_t^{Pco}(T_1, T_2)^2} \theta^2 \sigma_{CO^i}^2 \left(\sum_{s=T_1}^{T_2} \frac{e^{-rT_1}}{\sum_{u=T_1}^{T_2} e^{-ru}} \right)^2
\end{aligned}} . \qquad (A.50)
$$

Beweis:

$$
\sigma_t(F^{Pco}(T_1, T_2))
$$
$$
= \sqrt{\frac{\mathbb{E}_t\left[\left(\frac{dF_t^{Pco}(T_1,T_2)}{F_t^{Pco}(T_1,T_2)} \right)^2 \right]}{dt}}
$$
$$
= \sqrt{\mathbb{E}_t\left[\frac{1}{dt} \left(\frac{F_t^{CO}(T_1)}{F_t^{Pco}(T_1, T_2)} \theta\sigma_{CO^i} \left(\sum_{s=T_1}^{T_2} \frac{e^{-rT_1}}{\sum_{u=T_1}^{T_2} e^{-ru}} \right) d\widetilde{W}_t^{CO^i} \right. \right.}
$$
$$
\left. + \frac{F_t(T_1, T_2)}{F_t^{Pco}(T_1, T_2)} e^{-\kappa_M(T_1-t)} \sigma_M \left(\frac{\sum_{s=T_1}^{T_2} e^{-rs} e^{-\kappa_M(s-T_1)} F_t(s)}{\sum_{s=T_1}^{T_2} e^{-rs} F_t(s)} \right) d\widetilde{W}_t^M
$$
$$
\left. \left. + \frac{F_t(T_1, T_2)}{F_t^{Pco}(T_1, T_2)} \sigma_L d\widetilde{W}_t^L \right)^2 \right]}
$$
$$
= \sqrt{\begin{aligned}
&\frac{F_t(T_1, T_2)^2}{F_t^{Pco}(T_1, T_2)^2} \left(e^{-2\kappa_M(T_1-t)} \sigma_M^2 \left(\frac{\sum_{s=T_1}^{T_2} e^{-rs} e^{-\kappa_M(s-T_1)} F_t(s)}{\sum_{s=T_1}^{T_2} e^{-rs} F_t(s)} \right)^2 + \sigma_L^2 \right) \\
&+ \frac{F_t^{CO}(T_1)^2}{F_t^{Pco}(T_1, T_2)^2} \theta^2 \sigma_{CO^i}^2 \left(\sum_{s=T_1}^{T_2} \frac{e^{-rT_1}}{\sum_{u=T_1}^{T_2} e^{-ru}} \right)^2
\end{aligned}} \qquad (A.51)
$$

$\square$

Damit ergibt sich für den in der Black-Formel benötigten Varianzterm einer in T_0 fälligen Option

$$
\mathbb{Var}_t[\ln F_{T_0}^{Pco}(T_1, T_2)] = \frac{F_t(T_1, T_2)^2}{F_t^{Pco}(T_1, T_2)^2} \left(\frac{\sigma_M^2}{2\kappa_M} \left(e^{-2\kappa_M(T_1 - T_0)} - e^{-2\kappa_M(T_1 - t)} \right) \right.
$$
$$
\left(\frac{\sum_{s=T_1}^{T_2} e^{-rs} e^{-\kappa_M(s-T_1)}}{\sum_{s=T_1}^{T_2} e^{-rs}} \right)^2 + \sigma_L^2(T_0 - t) \right)
$$
$$
+ \frac{F_t^{CO}(T_1)^2}{F_t^{Pco}(T_1, T_2)^2} \theta^2 \sigma_{CO^i}^2 \left(\sum_{s=T_1}^{T_2} \frac{e^{-rT_1}}{\sum_{u=T_1}^{T_2} e^{-ru}} \right)^2 (T_0 - t) \text{(A.52)}
$$

Beweis:

$$
\mathbb{Var}_t[\ln F_{T_0}^{Pco}(T_1, T_2)]
$$
$$
= \int_t^{T_0} \sigma_v(F^{Pco}(T_1, T_2))^2 dv
$$
$$
= \int_t^{T_0} \frac{F_v(T_1, T_2)^2}{F_v^{Pco}(T_1, T_2)^2} \left(e^{-2\kappa_M(T_1 - v)} \sigma_M^2 \left(\frac{\sum_{s=T_1}^{T_2} e^{-rs} e^{-\kappa_M(s-T_1)} F_v(s)}{\sum_{s=T_1}^{T_2} e^{-rs} F_v(s)} \right)^2 + \sigma_L^2 \right)
$$
$$
+ \frac{F_v^{CO}(T_1)^2}{F_v^{Pco}(T_1, T_2)^2} \theta^2 \sigma_{CO^i}^2 \left(\sum_{s=T_1}^{T_2} \frac{e^{-rT_1}}{\sum_{u=T_1}^{T_2} e^{-ru}} \right)^2 dv
$$
$$
\approx \int_t^{T_0} \frac{F_t(T_1, T_2)^2}{F_t^{Pco}(T_1, T_2)^2} \left(e^{-2\kappa_M(T_1 - v)} \sigma_M^2 \left(\frac{\sum_{s=T_1}^{T_2} e^{-rs} e^{-\kappa_M(s-T_1)} F_t(s)}{\sum_{s=T_1}^{T_2} e^{-rs} F_t(s)} \right)^2 + \sigma_L^2 \right)
$$
$$
+ \frac{F_t^{CO}(T_1)^2}{F_t^{Pco}(T_1, T_2)^2} \theta^2 \sigma_{CO^i}^2 \left(\sum_{s=T_1}^{T_2} \frac{e^{-rT_1}}{\sum_{u=T_1}^{T_2} e^{-ru}} \right)^2 dv
$$
$$
\approx \int_t^{T_0} \frac{F_t(T_1, T_2)^2}{F_t^{Pco}(T_1, T_2)^2} \left(e^{-2\kappa_M(T_1 - v)} \sigma_M^2 \left(\frac{\sum_{s=T_1}^{T_2} e^{-rs} e^{-\kappa_M(s-T_1)}}{\sum_{s=T_1}^{T_2} e^{-rs}} \right)^2 + \sigma_L^2 \right)
$$
$$
+ \frac{F_t^{CO}(T_1)^2}{F_t^{Pco}(T_1, T_2)^2} \theta^2 \sigma_{CO^i}^2 \left(\sum_{s=T_1}^{T_2} \frac{e^{-rT_1}}{\sum_{u=T_1}^{T_2} e^{-ru}} \right)^2 dv
$$
$$
= \left[\frac{F_t(T_1, T_2)^2}{F_t^{Pco}(T_1, T_2)^2} \left(e^{-2\kappa_M(T_1 - v)} \frac{\sigma_M^2}{2\kappa_M} \left(\frac{\sum_{s=T_1}^{T_2} e^{-rs} e^{-\kappa_M(s-T_1)}}{\sum_{s=T_1}^{T_2} e^{-rs}} \right)^2 + \sigma_L^2 v \right) \right.
$$
$$
\left. + \frac{F_t^{CO}(T_1)^2}{F_t^{Pco}(T_1, T_2)^2} \theta^2 \sigma_{CO^i}^2 \left(\sum_{s=T_1}^{T_2} \frac{e^{-rT_1}}{\sum_{u=T_1}^{T_2} e^{-ru}} \right)^2 v \right]_t^{T_0}
$$

$$= \frac{F_t(T_1, T_2)^2}{F_t^{Pco}(T_1, T_2)^2} \left(\frac{\sigma_M^2}{2\kappa_M} \left(e^{-2\kappa_M(T_1 - T_0)} - e^{-2\kappa_M(T_1 - t)} \right) \right.$$

$$\left. \left(\frac{\sum_{s=T_1}^{T_2} e^{-rs} e^{-\kappa_M(s-T_1)}}{\sum_{s=T_1}^{T_2} e^{-rs}} \right)^2 + \sigma_L^2(T_0 - t) \right)$$

$$+ \frac{F_t^{CO}(T_1)^2}{F_t^{Pco}(T_1, T_2)^2} \theta^2 \sigma_{CO^i}^2 \left(\sum_{s=T_1}^{T_2} \frac{e^{-rT_1}}{\sum_{u=T_1}^{T_2} e^{-ru}} \right)^2 (T_0 - t) \qquad \text{(A.53)}$$

$\square$

A.6 $dF_t^{Pco}(T)$ mit Preissprüngen im CO_2 Preis

Aus (7.22) lässt sich die Dynamik des Terminpreises $F_t^{Pco}(T)$ ableiten als

$$dF_t^{Pco}(T) = \theta F_t^{CO}(T) \left(\sigma_{CO^i} d\widetilde{W}_t^{CO^i} + \xi_t^{CO^i} d\widetilde{J}_t^{CO^i} \right)$$

$$+ F_t(T) \left(e^{-\kappa_M(T-t)} \sigma_M d\widetilde{W}_t^M + \sigma_L d\widetilde{W}_t^L \right). \qquad \text{(A.54)}$$

Beweis:

Der Terminpreis unter Berücksichtigung der CO_2 Komponente ergibt sich als

$$F_t^{Pco}(T) = \mathbb{E}_t^{\mathbf{Q}} \left[P_T^{CO} \right]$$

$$= \theta \cdot \mathbb{E}_t^{\mathbf{Q}} \left[CO_t \right] + \mathbb{E}_t^{\mathbf{Q}} \left[P_t \right]$$

$$= \theta \cdot F_t^{CO}(T) + F_t(T). \qquad \text{(A.55)}$$

Damit folgt der Terminpreis $F_t^{Pco}(T)$ unter dem risikoneutralen Maß der Dynamik

$$dF_t^{Pco}(T) = \theta \cdot dF_t^{CO}(T) + dF_t(T), \qquad \text{(A.56)}$$

wobei die Dynamik von $dF_t(T)$ unter dem risikoneutralen Prozess schon aus (4.60) bekannt ist.

Mit (7.9) ergibt sich die Dynamik des CO_2 Preises der i-ten Handelsperiode CO_t^i unter dem risikoneutralen Maß als

$$dCO_t^i = rCO_t^i dt + \sigma_{CO^i} CO_t^i d\widetilde{W}_t^{CO^i} + \xi_t^{CO^i} CO_t^i d\widetilde{J}_t^{CO^i} \qquad \text{(A.57)}$$

mit kompensiertem Sprungprozess

$$d\widetilde{J}_t^{CO^i} = dJ_t^{CO^i} - \mu_\xi^{CO^i} h_{CO^i} dt \qquad \text{(A.58)}$$

und somit die Dynamik des Terminpreises auf ein CO$_2$ Zertifikat mit Fälligkeit T als

$$dF_t^{CO}(T) = F_t^{CO}(T)\sigma_{CO^i}d\widetilde{W}_t^{CO^i} + F_t^{CO}(T)\xi_t^{CO^i}d\widetilde{J}_t^{CO^i} \qquad (A.59)$$

Damit folgt für die Dynamik von $F_t^{Pco}(T)$

$$\begin{aligned}
dF_t^{Pco}(T) &= \theta F_t^{CO}(T)\left(\sigma_{CO^i}d\widetilde{W}_t^{CO^i} + \xi_t^{CO^i}d\widetilde{J}_t^{CO^i}\right) \\
&\quad + F_t(T)\left(e^{-\kappa_M(T-t)}\sigma_M d\widetilde{W}_t^M + \sigma_L d\widetilde{W}_t^L\right).
\end{aligned} \qquad (A.60)$$

$\square$

Literaturverzeichnis

[1] Barlow, M. T., 2002, A Diffusion Model for Electricity Prices, *Mathematical Finance* 12, 287-298.

[2] Baronc-Adesi, G. und R. E. Whaley, 1987, Efficient analytic approximation of American option values, *Journal of Finance* 42, 2, 301-320.

[3] Barone-Adesi, G. und A. Gigli, 2002, Electricity Derivatives, Working Paper, FinRisk, National Centre of Competence in Research, Financial Valuation and Risk Management.

[4] Benth, F. E. und S. Koekebakker, 2005, Stochastic modelling of financial electricity contracts, *E-print* 24, Department of Mathematics, University of Oslo.

[5] Benth, F. E., C. Erlwein und R. Mamon, 2007, HMM Filtering and Parameter Estimation of an Electricity Spot Price Model, Working Paper.

[6] Benth, F. E., S. Koekebakker und F. Ollmar, 2007, Extracting and applying smooth forward curves from average-based commodity contracts with seasonal variation, *Journal of Derivatives* 15, 1, 52-66.

[7] Benz, E. und S. Trück, 2006, Modeling CO_2 Emission Allowance Prices, Working Paper.

[8] Besag, J., 1974, Spatial Interaction and the Statistical Analysis of Lattice Systems, *Journal of the Royal Statistical Association Series B* 36, 192-236.

[9] Bierbrauer, M., S. Trück und R. Weron, 2004, Modeling Electricity Prices: Jump Diffusion and Regime Switching, *Physica A* 336, 39-48.

[10] Bjerksund, P., H. Rasmussen und G. Stensland, 2000, Valuation and Risk Management in the Norwegian Electricity Market, Working Paper, Norwegian School of Economics and Business Admisnistration, Bergen.

[11] Black, F., 1976, The Pricing of Commodity Contracts, *Journal of Financial Economics* 3, 1, 167-179.

[12] Black, F. und M. Scholes, 1973, The Pricing of Options and Corporate Liabilities, *Journal of Political Economy* 81, 637-654.

[13] Boerger, R. H., R. Kiesel und G. Schindlmayr, 2007, A Two-Factor Model for the Electricity Forward Market, Working Paper, University of Ulm.

[14] Boogert, A. und C. De Jong, 2008, Gas Storage Valuation Using a Monte Carlo Method, *The Journal of Derivatives* 15, 81 - 98.

[15] Borovkova, S. und F. J. Permana, 2004, Modelling Electricity Prices by the Potential Jump-Diffusion, Working Paper, Stochastic Finance 2004, Autumn School & International Conference.

[16] Boyle, P., 1988, A Lattice Framework for Option Pricing With Two State Variables, *Journal of Financial and Quantitative Analysis* 22, 1-12.

[17] Boyle, P., J. Evnine und S. Gibbs, 1989, Numerical Evaluation of Multivariate Contingent Claims, *Review of Financial Studies* 2, 241-250.

[18] Brennan, M. J. und E. S. Schwartz, 1977, The Valuation of American Put Options, *Journal of Finance* 32, 2, 449-462.

[19] Brigo, D. und F. Mercurio, 2001, *Interest Rate Models - Theory and Practice*, Springer Verlag.

[20] Brockwell, P. J. und R. A. Davis, 2002, *Introduction to Time Series and Forecasting*, Springer, New York.

[21] Bundesministerium für Wirtschaft und Technologie, 2007, Zahlen und Fakten Energiedaten - Nationale und Internationale Entwicklung.

[22] Burger, M., B. Klar, A. Müller und G. Schindlmayr, 2004, A spot market model for pricing derivatives in electricity markets, *Quantitative Finance* 4, 109-122.

[23] Carr, P., R. Jarrow und R. Myneni, 1992, Alternative Characterization of American Puts, *Mathematical Finance* 2, 87-106.

[24] Cartea, Á. und M. G. Figueroa, 2005, Pricing in Electricity Markets: a Mean Reverting Jump Diffusion Model with Seasonality, *Applied Mathematical Finance* 12, 4, 313-335.

[25] Carmona, R. und V. Durrleman, 2003, Pricing and Hedging Spread Options, *SIAM Review* 45, 4, 627-685.

[26] Carnero, M. A., S. J. Koopman und M. Ooms, 2005, Periodic Seasonal Reg-ARFIMA-GARCH Models for Daily Electricity Spot Prices, Working Paper, Tinbergen Institute.

[27] Chen, Y., J. Sijm, B. Hobbs und W. Lise, 2006, Analyzing the Implications of Emissions Trading on the Short-run Price of Electricity using Market Models, Working Paper, CWPE 0639 und EPRG 0617.

[28] Clewlow, L. und C. Strickland, 1999a, Valuing Energy Options in a One Factor Model Fitted to Forward Prices, Working Paper, Sydney.

[29] Clewlow, L. und C. Strickland, 1999b, A Multifactor Model for Energy Derivatives, Working Paper, Sydney.

[30] Cox, J., S. Ross und M. Rubinstein, 1979, Option Pricing: A Simplified Approach, *Journal of Financial Economics* 7, 229-263.

[31] Culot, M., V. Goffin, S. Lawford, S. de Menten und Y. Smeers, 2006, An Affine Jump Diffusion Model for Electricity, Working Paper.

[32] Dahlgren, M., 2005, A Continuous Time Model to Price Commodity-Based Swing Options, *Review of Derivatives Research* 8, 27-47.

[33] Daskalakis, G., R. N. Markellos und D. Psychoyios, 2009, Modeling CO_2 Emission Allowance Prices and Derivatives: Evidence from the European Markets, *Journal of Banking & Finance*, In Press, Accepted Manuscript, Available online.

[34] Deng, S. J., 2000, Pricing Electricity Derivatives under Alternative Stochastic Spot Price Models, *Proceedings of the 33rd Hawaii International Conference on System Sciences*.

[35] Deng, S. J., B. Johnson und A. Sogomonian, 2001, Exotic electricity options and the valuation of electricity generation and transmission assets, *Decision Support Systems* 30, 383-392.

[36] Deng, S. J. und S. S. Oren, 2003, Incorporating operational characteristics and startup costs in option-based valuation of power generation capacity, *Probability in Engineering and Informational Sciences* 17, 2, 155-181.

[37] Deng, S. J. und S. S. Oren, 2006, Electricity derivatives and risk management, *Energy* 31, 940-953.

[38] Ditze, T. und S. Kiselis, 2003, Entwicklung einer stündlichen Price Forward Curve, *Zeitschrift für Energie, Markt, Wettbewerb* 4, 3.

[39] Dones, R., T. Heck und S. Hirschberg, 2004, Greenhouse Gas Emissions from Energy Systems, Comparison and Overview, *Encyclopedia of Energy* 3, Elsevier Inc.

[40] EEX, 2006, Einführung in den Börsenhandel an der EEX auf Xetra und Eurex, Dokumentversion 0001B, Release 0012A, Leipzig.

[41] EEX, 2007a, EEX Produktbroschüre Strom, Dokumentversion 001A, Release 0012A, Leipzig.

[42] EEX, 2007b, EEX: 2006 bestes Handelsjahr seit Börsenstart, Pressemitteilung, Release 0001A, Leipzig.

[43] E.ON Sales and Trading GmbH, 2007, Neues Stromprodukt für Großkunden erfolgreich versteigert, Pressemitteilung, 20. September.

[44] Eraker, B., M. Johannes und N. Polson, 2003, The Impact of Jumps in Volatility and Returns, *Journal of Finance* 58, 3, 1269-1300.

[45] Escribano, Á., J. I. Peña und P. Villaplana, 2002, Modeling Electricity Prices: International Evidence, Working Paper no. 02-27, Economic Series 08, Universidad Carlos III de Madrid, Departamento de Economia.

[46] Figueroa, M. G., 2006, Pricing Multiple Interruptible-Swing Contracts, Working Paper.

[47] Fleten, S. E. und J. Lemming, 2003, Constructing forward price curves in electricity markets, *Energy Economics* 25, 409-424.

[48] Franke, G., 2005, What Can We Expect From the New Trade of CO_2-Allowances?, *Mechanism of Economic Regulation* 24, 32-36.

[49] Gardner, D. und Y. Zhuang, 2000, Valuation of power generation assets: a real options approach, *ALGO Research Quarterly* 3, 3, 9-20.

[50] Geman, S. und D. Geman, 1984, Stochastic relaxation, Gibbs distributions and the Bayesian restoration of images, *IEEE Trans. on Pattern Analysis and Machine Intelligence* 6, 721-741.

[51] Geman, H. und A. Roncoroni, 2006, Understanding the Fine Structure of Electricity Prices, *Journal of Business* 79, 3, 1225-1261.

[52] Geske, R. und H. E. Johnson, 1984, The american put valued analytically, *Journal of Finance* 39, 5, 1511-1524.

[53] Haldrup, N. und M. Ø. Nielsen, 2006, A Regime Switching Long Memory Model for Electricity Prices, *Journal of Econometrics* 135, 349-376.

[54] Hambly, B. M., S. Howison und T. Kluge, 2007, Modelling spikes and pricing swing options in electricity markets, Working Paper.

[55] Hammersley, J. und P. Clifford, 1970, Markov fields on finite graphs and lattices, Unpublished Manuscipt.

[56] Heath, D., R. Jarrow und A. Morton, 1992, Bond Pricing and the Term Structure of Interest Rates: A New Methodology for Contingent Claims Valuation, *Econometrica* 60, 1, 77-105.

[57] Henneke, J. S., S. T. Rachev und F. J. Fabozzi, 2007, MCMC Based Estimation of Markov Switching ARMA-GARCH Models, Working Paper.

[58] Heston, S., 1993, A Closed-Form solution for options with stochastic volatility with applications to bond and currency options, *Review of Financial Studies* 6, 327-343.

[59] Huisman, R. und C. Huurman, 2003, Fat Tails in Power Prices, Working Paper.

[60] Huisman, R. und C. de Jong, 2003, Option Pricing for Power Prices with Spikes, *Energy Power Risk Management* 7, 11, 12-16.

[61] Huisman, R. und R. Mahieu, 2003, Regime Jumps in Electricity Prices, *Energy Economics* 25, 425-434.

[62] Hull, J. und A. White, 1990, Pricing interest-rate derivative securities, *The Review of Financial Studies* 3, 4, 573-592.

[63] Ibanez, A., 2004, Valuation by Simulation of Contingent Claims with Multiple Early Exercise Opportunities, *Mathematical Finance* 14, 2, 223-248.

[64] Ibanez, A. und F. Zapatero, 2004, Monte Carlo Valuation of American Options through Computation of the Optimal Exercise Frontier, *Journal of Financial and Quantitative Analysis* 39, 2, 253-275.

[65] Jacquier, E., N. G. Polson und P. E. Rossi, 1994, Bayesian Analysis of Stochastic Volatility Models, *Journal of Business & Economic Statistics* 12, 4, 371-389.

[66] Jaillet P., E. I. Ronn und S. Tompaidis, 2004, Valuation of Commodity-based Swing-Options, *Management Science* 50, 7, 909-921.

[67] Johannes, M., R. Kumar und N. Polson, 1999, State Dependend Jump Models, Working Paper.

[68] Johannes, M. und N. Polson, 2003, MCMC Methods for Continuous-Time Financial Econometrics, In Y. Aït-Sahalia und L. Hansen, Ed., *Handbook of Financial Econometrics*, Elsevier, New York.

[69] Kern, S. G., 2006, Die stochastische Modellierung des EEX-Spotmarktes und die Bewertung von Swing Optionen, Dissertation, TU Graz.

[70] Keppo, J., 2004, Pricing of Electricity Swing Options, *The Journal of Derivatives* 11, 26-43.

[71] Kim, S., N. Shephard und S. Chib, 1998, Stochastic Volatility - Likelihood Inference and Comparison with ARCH Models, *The Review of Economic Studies* 65, 3, 361-393.

[72] Knittel, C. R. und M. R. Roberts, 2005, An empirical examination of restructured electricity prices, *Energy Economics* 27, 791-817.

[73] Koekebakker, S. und F. Ollmar, 2005, Forward Curve Dynamics in the Nordic Electricity Market, *Managerial Finance* 31, 6, 73-94.

[74] Levy, C., 2005, Impact of Emission Trading on Power Prices - A Case Study from the European Emission Trading Scheme , Working Paper, Université Paris Dauphine.

[75] Lin, S. J. und M. T. Huang, 2002, Estimating Jump Diffusion models using the MCMC Simulation, Working Paper.

[76] Longstaff, F. A. und E. S. Schwartz, 2001, Valuing American Options by Simulation - A Simple Least-Squares Approach, *The Review of Financial Studies* 14, 1, 113-147.

[77] Lu, Z. Q. und L. M. Berliner, 1999, Markov Switching Time Series Models with Application to a Daily Runoff Series, *Water Resources Research* 35, 2, 523-534,

[78] Lucia, J. J. und E. S. Schwartz, 2002, Electricity Prices and Power Derivatives: Evidance from the Nordic Power Exchange, *Review of Derivatives Research* 5, 5-50.

[79] Margrabe, W., 1978, The Value of an Option to Exchange One Asset for Another, *Journal of Finance* 33, 1, 177-186.

[80] Meinshausen, N. und B. M. Hambly, 2004, Monte Carlo Methods for the valuation of Multiple Exercise Options, *Mathematical Finance* 14, 4, 557-583.

[81] Misiorek, A. und R. Weron, 2005, Forecasting Spot Electricity Prices with Time Series Models, *International Conference „The European Electricity Market" Proceedings Volume*, 133-141.

[82] Mugele, C., S. T. Rachev und S. Trück, 2005, Stable Modeling of Different European Power Markets, Working Paper.

[83] Paolella, M. S. und L. Taschini, 2008, An Econometric Analysis of Emission Trading Allowances, *Journal of Banking & Finance* 32, 10, 2022-2032.

[84] Polson, N. G., J. R. Stroud und P. Müller, 2002, Affine State-Dependent Variance Models, Working Paper.

[85] Reinaud, J., 2003, Emissions Trading and its Possible Impacts on Investments in the Power Sector, IEA Information Paper, IEA, Paris.

[86] Reinaud, J., 2005, Impact of Carbon Emission Trading on Electricity Generation Costs, Energy Prices & Taxes, 2nd Quarter, IEA.

[87] Reinaud, J., 2007, CO_2 Allowances & Electricity Price Interaction: Impact on Industry's Electricity Purchasing Strategies in Europe, IEA Information Paper, IEA, Paris.

[88] Rosenblatt, M., 1952. Remarks on a multivariate transformation. *Annals of Mathematical Statistics* 23, 470-472.

[89] Sanford, A. D und G. M. Martin, 2005, Simulation-based Bayesian Estimation of an Affine Term Structure Model, *Computational Statistics & Data Analysis* 49, 527-554.

[90] Schindlmayr, G., 2005, A Regime-Switching Model for Electricity Spot Prices, Working Paper.

[91] Schwartz, E. S., 1997, The Stochastic Behavior of Commodity Prices: Implications for Valuation and Hedging, *Journal of Finance* 52, 3, 923-973.

[92] Schwartz, E. S. und J. E. Smith, 2000, Short-Term Variations and Long-Term Dynamics in Commodity Prices, *Management Science* 46, 7, 893-911.

[93] Scott, S. L., 2002, Bayesian Methods for Hidden Markov Models, *Journal of the American Statistical Association* 97, 337-351.

[94] Seifert, J. und M. Uhrig-Homburg, 2007, Modelling Jumps in Electricity Prices - Theory and Empirical Evidence, *Review of Derivatives Research* 10, 59-85.

[95] Seifert, J., M. Uhrig-Homburg und M. Wagner, 2008, Dynamic Behavior of CO_2 Spot Prices, *Journal of Environmental Economics and Management* 56, 2, 180-194.

[96] Serna, G. und P. Villaplana, 2006, Modelling Higher Moments of Electricity Prices, Working Paper.

[97] Sijm, J., S. Bakker, Y. Chen, H. Harmsen und W. Lise, 2005, CO_2 Price Dynamics - The Implications of EU Emissions Trading for the Price of Electricity, Working Paper, ECN-C–05-081.

[98] Sijm, J., Y. Chen, M. Donkelaar, J. Hers und M. Scheepers, 2006, CO_2 Price Dynamics - A Follow-Up Analysis of the Implications of EU Emissions Trading for the Price of Electricity, Working Paper, ECN-C–06-015.

[99] Sijm, J., J. Neuhoff und Y. Chen, 2006, CO_2 Cost Pass Through and Windfall Profits in the Power Sector, *Climate Policy* 6, 1, 49-72.

[100] Simonsen, I., R. Weron und P. Wilman, 2004, Modeling Highly Volatile and Seasonal Markets: evidence from the Nord Pool electricity market, In H. Takayasu, Ed., *The Application of Econophysics*, Springer, Tokyo, 182-191.

[101] Thompson, M., M. Davison und H. Rasmussen, 2004, Valuation and optimal operation of electric power plants in competitive markets. *Operations Research* 52, 546-562.

[102] Tseng, C. L. und G. Barz, 2002, Short-term generation asset valuation: a real options approach, *Operations Research* 50, 2, 297-310.

[103] Uhrig-Homburg, M. und M. Wagner, 2007a, Futures Price Dynamics of CO_2 Emission Certificates - An Empirical Analysis, Working Paper.

[104] Uhrig-Homburg, M. und M. Wagner, 2007b, CO_2 Options - Model Calibration, Model Risk and Design Implications, Working Paper.

[105] Uhrig-Homburg, M. und M. Wagner, 2008, Derivative Instruments in the EU Emissions Trading Scheme - An Early Market Perspective, *Energy & Environment* 19, 5, 635-655.

[106] Villaplana, P., 2003, Pricing Power Derivatives: a two-factor jump-diffusion approach, Working Paper 03-18, Business Economics Series 05, Departamento de Economía de la Empresa, Universidad Carlos III de Madrid.

[107] Weron, R., 2005, Heavy tails and electricity prices, The Deutsche Bundesbank 2005 Annual Fall Conference.

[108] Weron, R., I. Simonsen und P. Wilman, 2004, Modeling highly volatile and seasonal markets: evidence from the Nord Pool electricity market, in H. Takayasu, ed., *The Application of Econophysics*, Springer, Tokyo, 182-191.

[109] Wilkens, S. und J. Wimschulte, 2007, The Pricing of Electricity Futures - Evidence from the European Energy Exchange, *The Journal of Futures Markets* 27, 4, 387-410.